신탁부동산 NPL 투자 이론 완전 정복

신탁부동산
NPL
투자 이론
완전 정복

오수근, 박수호 지음

두드림미디어

들어가며

이 책은 신탁부동산 NPL의 기초부터 심층적인 내용까지 모두 담은 최초의 시도로, 분량이 많아 총 2권으로 나누어 출간하게 되었습니다.

신탁부동산 NPL은 소유자가 부동산의 소유권을 수탁자에게 이전하고 수탁자가 우선수익권 증서를 발행했을 때, 금융기관 등 채권자가 우선수익권을 담보로 취득 후 실행한 대출(우선수익권의 피담보채권)이 3개월 이상 연체되었을 시에, 이 대출채권을 신탁부동산의 우선수익권부 NPL(Non-Performing-Loan, 3개월 이상 연체된 대출채권)이라고 칭합니다.

신탁부동산 NPL에 관한 지식은 여기저기 흩어져 있었고, 체계적으로 정리한 책이 없어 투자자들이 접근하는 데 어려움이 많았습니다. 또한 리스크 분석을 제대로 할 수 없어 현재까지는 일반 근저당권부 NPL에 비해 상대적으로 신탁부동산 NPL 투자자가 적은 편입니다. 신탁부동산 NPL의 모든 것을 담은 이 책이 신탁부동산 NPL 투자의 길잡이가 되어 투자가 더욱 활성화되기를 바랍니다.

신탁부동산 NPL 투자의 장점은 취득 후 수탁자인 신탁회사의 공매 절차(보통 낙찰까지 1~2개월 소요)를 거쳐 빠른 환가로 투자금을 바로 회수할 수 있다는 점입니다. 그리고 인터넷 전자 입찰시스템인 온비드에서 전자입찰을 할 수 있어, 법원 경매와 달리 전국 어디서나 편리하게 전자 시스템을 통해 NPL 투자자가 유입취득 등을 위한 입찰 참여를 할 수 있습니다. 반면 단점은 불법 점유자 등이 존재하는 신탁부동산의 경우 유입취득 낙찰 후 명도소송으로 낙찰 부동산의 인수가 지연될 수 있다는 점이 있습니다.

현재 신탁부동산 NPL 시장은 제2금융권 등의 부동산담보신탁 대출의 연체율이 급증하면서 NPL도 함께 쌓이고 있는 상황입니다. 따라서 지금이 NPL 할인매입 투자 등을 시작하기에 적기입니다. 특히 부동산 호황기에 제2금융권에서 동일인 대출한도 제한 등으로 인해 여러 기관의 협약을 통해 부동산 PF대출 등을 많이 실행했는데, 이후 부동산 경기 침체로 이들 기관에 NPL이 다수 발생하고 있습니다.

또한 신탁대출은 부동산의 담보 여력에서 임차인의 소액보증금을 차감하지 않아서 일반 근저당권부 대출보다 대출한도를 높여 대출해주었고, 결과적으로 채무자의 상대적인 대출이자 부담도 과중하게 되어 연체에 더 취약한 상태에 놓여 있습니다.

책의 내용 및 구성에 관해

1. 부동산 신탁 제도에는 어떤 장점이 있는가?

부동산 신탁 제도는 신탁재산을 강하게 보호합니다. 신탁재산은 수탁자의 고유재산과 독립한 재산이 되고, 위탁자의 재산으로부터도 분리되며, 신탁재산에 대해서는 강제집행, 담보권 실행 등을 위한 경매, 보전처분 또는 국세 등 체납처분을 할 수 없습니다. 또한 수탁자가 사망하거나 파산하더라도 신탁재산은 보호됩니다.

2. NPL 조각 투자 또는 NPL 토큰증권 투자는 무엇인가?

책에서는 향후 유행할 NPL 토큰증권 투자(NPL-Security Token Offering, NPL-STO)에 대한 투자 구조 및 방법과 투자 시 주의 사항 등을 최초로 서술했습니다. 특히 NPL 신탁 제도는 NPL 조각 투자 내지 NPL 토큰증권 발행에 활용할 수 있습니다.

만약 거액의 NPL의 유동화가 필요한 위탁자가 보유한 근저당권부 NPL 등을 신탁사에 수탁으로 이전한다면, 수탁사는 이를 기초로 해서 5,000원 정도로 분할한 조각 수익증권을 개미 투자자들에게 판매하게 됩니다. 이후 수탁사가 근저당권부 NPL의 원리금을 채무자로부터 자진 변제, 재매각 및 경매 배당 등으로 회수해서 개미 투자자들에게 그 수익을 돌려주는 방식을 NPL 조각 투자라고 합니다.

즉 NPL 투자회사는 취득한 NPL을 토큰증권화해서 자산유동화로 쉽게 자금을 조달할 수 있게 됩니다. 현재는 금융위원회로부터 혁신금융으로 승인을 받아야 거래할 수 있지만, 이를 일반적으로 인정하는 법제화가 진행되고 있습니다. 이에 법제화 전에 NPL 투자회사 및 개인 투자자 등을 위해서 NPL 조각 투자 방법 등을 최초로 정리했습니다.

3. 신탁부동산 NPL 및 우선수익권에 대한 대위변제, 채권양수도 투자 및 질권설정 시 주의할 점은 무엇인가?

우선수익권은 경제적으로 NPL에 대한 담보로 기능할 뿐 피담보 NPL에 대한 부종성이 없이 NPL과는 독립한, 신탁계약상의 별개의 권리입니다.

이에 우선수익권이 붙어 있는 NPL 양수도 계약에 따라 NPL 양수, 우선수익권부 NPL에 대한 압류 및 전부명령 신청, 우선수익권부 NPL 임의 대위변제, 우선수익권부 NPL 질권설정 등의 경우 NPL만 대상으로 이전 절차를 취하면 우선수익권은 양수인 등에게 승계 이전되지 않습니다. 따라서 NPL 취득 시에는 NPL과 추가로 우선수익권 등 2건의 채권 모두에 대해서 승계 이전 조치를 취해야 합니다.

또 주의할 점은 우선수익권에 대한 양도 및 질권설정 시 반드시 수탁자로부터 승낙을 받아야 이것이 유효하고, 양도 통지나 질권설정 통지를 할 경우는 무효가 된다는 점입니다. 그러한 경우에는 수탁자에게 대항력이 없어 공매 배당정산금을 청구할 수 없습니다.

4. 우선수익권부 NPL의 매입가격 산정은 어떻게 하는가?

우선수익권부 NPL의 예상 공매 배당정산액을 기준으로 NPL의 취득가격을 산정합니다. 다만 여기서 우선수익권보다 선순위인 근저당 채권, 수탁자가 부담한 기존 발생 비용(관리비 및 공과금 등)과 미지급 재산관리 보수 및 예상 신탁보수, 매각조건인 건물분 부가가치세 10% 및 그 밖에 낙찰자가 인수하는 각종 부담액도 차감 후 NPL 매입가격을 산정합니다.

5. 신탁부동산 NPL 투자 (취득) 전 공매 낙찰자가 인수 · 부담하는 리스크 조사 사항은 어떠한 것이 있는가?

기본적이면서도 중요한 사항인 공매 부동산의 현장 조사를 철저히 해야 합니다. 또한 공매 낙찰자가 인수·부담하는 내용은 공매 공고 내용에 대부분 적시되어 있습니다. 따라서 이를 근거로 낙찰자가 부담할 리스크를 분석해야 합니다. 수탁자의 동의 없는 위탁자의 무단 임대차 계약 체결 여부, 신탁부동산 임차인의 공매 낙찰자에 대한 대항력 여부 등 낙찰자가 부담할 리스크를 반영해서 NPL 매입가격 산정 등 투자를 해야 합니다.

6. 신탁부동산 NPL의 투자 수익 창출 방법은 어떤 것이 있는가?

신탁부동산 NPL의 투자 수익 창출 방법도 일반 근저당권부 NPL의 수익 창출 방법과 기본적으로 같습니다. 따라서 NPL 연체이자 배당수익, NPL 할인차익, NPL채권자의 유입 후 재매각 차익 및 개발수익, 유입 후 부동산 조각 투자 유동화로 차익 실현 등의 방법이 있습니다.

일반 근저당권부 NPL과 차이점이 있다면, 신탁부동산 NPL 투자에는 NPL 및 우선수익권 양수인의 신탁 특약상 우선매수권 또는 매수인 지정권 행사를 통한 특별한 투자법이 있습니다. 또한 신탁부동산 NPL에는 할인양수인이 신탁부동산 할인매수 및 위탁자 지위 이전 약정으로 이중의 할인차익을 향유하는 방법 등도 있습니다.

7. 신탁부동산 NPL 투자자의 유입취득 등을 위한 공매 절차는 어떻게 진행되는가?

신탁대출 채무자가 연체로 기한이익 상실 등 환가사유 발생 시 NPL 채권자인 우선수익자의 청구로 공매 절차가 시작됩니다. 수탁자는 환가요청 접수 사실을 위탁자 등에게 통지합니다. 이후 기한이익 상실 해소 촉구 및 환가를 위한 공매 등 매각 절차를 개시합니다. 이후 낙찰자와 신탁부동산의 매매계약을 체결하고, 공매대금 배당정산을 한 후 신탁계약은 종료됩니다.

한편 특수 매각 방식인 스토킹 호스 비딩(Stalking Horse Bidding) 공매 절차도 존재하는데, 이는 수의계약 및 경쟁 입찰의 유리한 점을 혼합한 매각 방식입니다.

8. 독자 여러분께 진심으로 감사드립니다

NPL 수강생 및 독자 여러분들의 신탁부동산 NPL 질문 등을 접하면서 필자들은 그 해답을 찾기 위해서 강제로 공부하고 연구할 수밖에 없었습니다. 그 답변 및 연구와 소송 등의 산물이 강의 자료가 되고 책이 되었습니다. 앞으로도 신탁부동산 NPL 강의를 진행하면서 더 많은 자료가 쌓이고 축적될 것입니다. 이는 강의 과정에서 필자들과 수강생들 간의 상호 선순환이 이루어진 결과입니다. 여러분께 진심으로 감사드립니다.

차례

PART 02

NPL 신탁과 관련된 NPL 조각 투자 내지 NPL 토큰증권(NPL-STO, NPL-Security Token Offering) 투자

PART 07

우선수익권부 NPL 취득 후 공매 낙찰가 하락 요인의 제거 조치

PART 10

신탁부동산 NPL 투자자의 유입취득 등을 위한 공매 절차

PART

01

신탁부동산
우선수익권부
NPL의 개요

신탁부동산 NPL이란?

　신탁부동산 NPL은 소유자가 부동산의 소유권을 수탁자에게 이전하고 수탁자가 우선수익권 증서를 발행했을 때, 금융기관 등 채권자가 우선수익권을 담보로 취득 후 실행한 대출(우선수익권의 피담보채권)이 3개월 이상 연체될 경우 이를 신탁부동산의 우선수익권부 NPL(Non-Performing-Loan, 3개월 이상 연체된 대출채권)이라고 한다.

　이는 신탁부동산의 우선수익권으로 담보되는 NPL이며, 이를 편의상 '신탁부동산 NPL'이라고 칭하기로 한다. 신탁부동산 NPL의 최대 장점은 신탁등기로 인해 후발적인 임차인의 최우선변제권 등이 차단되어, 우선수익자인 대출기관이 임차인의 최우선변제 소액보증금을 차감하지 않고, 그만큼 대출한도를 늘려서 대출할 수 있다는 점이다.

　신탁부동산 NPL 채권자는 신탁부동산을 공매로 처분해서 우선수익금을 배당·정산받아 NPL을 회수한다. 부동산담보신탁 제도는 사적 자치를 폭넓게 인정하고 있다. 사적 자치의 원칙은 시장 경제 질서의 기초가 되는 헌법상의 원리다. 이러한 사적 자치의 원칙이 법률행위의 영역에서 나타난 형태인 계약 자유의 원칙은, 예를 들면 신탁부동산의 처분 시 계약의 체결 여부, 계약의 상대방, 계약의 방식과 내용 등을 당사자의 자유로운 의사로 다채롭게 결정하는 자유를 말한다.

이는 신탁부동산의 처분 시장에 참여한 우선수익자 및 매수인 등이 저마다 자유로운 경쟁 아래에서 최적의 계약조건을 탐색하고, 자신의 조건을 수정하는 과정을 거친 끝에 서로 간에 의사가 합치되는 지점을 찾아낸 경우, 그 지점에서 계약이 이루어지도록 하는 것이 가장 합리적이고, 효율적인 의사결정 방법이 된다는 시장 경제에 대한 믿음을 바탕으로 한다. 즉 이는 각자의 의사결정으로 인한 이익 또는 불이익도 스스로 향유하거나 부담하는 것을 의미한다. 그래서 신탁부동산의 처분 방식과 내용도 다양하다.

한편 민사집행법에 따른 경매 절차, 체납세금 회수를 위한 국세 징수법 또는 지방세 징수법에 따른 공매 절차 등은 법률에서 정하는 절차에 따라 진행되고, 민사집행법에 따른 경매 절차 등은 법원과 같은 공적 기관이 담당해서 배당까지 마무리하며, 부동산 경매 절차에서는 배당표가 확정되거나 채권자가 배당금을 수령해야만 비로소 변제의 효력이 발생한다(대법원 2018. 3. 27. 선고 2015다70822 판결 등 참조).

그런데 담보신탁을 근거로 한 매매는 신탁계약에서 공매에 의한다고 정하고 있을 뿐이고, 공매의 개념과 절차를 정하는 특별한 법률 규정도 없으며, 담보신탁을 근거로 한 매매는 수탁자가 매각대금을 받아서 배당정산 등을 처리한다(대법원 2018. 10. 18. 선고 2016다220143 전원합의체 판결 참조). 즉 신탁부동산 공매의 경우 민사집행법에 따른 경매 절차와 달리 공적 기관이 담당해서 배당을 마무리하지 않고, 수탁자가 매각대금을 받아서 배당정산 등을 처리해야 비로소 우선수익자(NPL채권자)에 대한 변제의 효력이 발생한다(서울고등법원 2020. 4. 16. 선고 2019나2012211 동산 인도 판결).

신탁부동산 NPL은 신탁 NPL 및 신탁 GPL(Good-Performing-Loan, 대출 원리금이 정상적으로 상환되는 채권)과도 다르다.

'신탁 NPL'이라 함은 신탁된 담보부 NPL을 의미한다. 이는 NPL을 수탁자에게 '신탁을 원인으로 근저당권 이전등기'한 것을 말한다. 예를 들면 신탁된 NPL을 기초자산으로 수익증권을 5,000원 단위로 쪼개서 소액 일반 투자자들에게 발행(판매)하고, 발행(판매) 대금은 NPL 위탁자에게 지급 후, 수탁자가 NPL의 경매 대금을 수령해서 소액 투자자들에게 배당하는 NPL도 신탁 NPL의 일종이다.

'신탁 GPL'이라 함은 신탁된 담보부 GPL을 의미한다. 이는 근저당권자 명의를 수탁자로 설정하고 실제 근저당권자는 피담보 대출채권(GPL)만 보유(근저당권 위탁으로 근저당권자와 피담보채권자의 분리) 후 수시로 피담보채권을 매각하거나, 질권설정 시 근저당권이전등기나 근저당권부질권등기는 하지 않음을 통해 보유 담보채권의 유동화를 쉽고 간편하게 실행하는 것이다.

이는 담보부 GPL의 유동화를 빈번하게 진행할 필요가 있는 경우에 활용하는데, 담보권신탁 제도로 그 근거를 명시하고 있다. 신탁 GPL은 연체 시 결과적으로 신탁 NPL로 전환되기 때문에, 수탁자가 설정자의 부동산을 임의경매 신청한 후 NPL화된 GPL을 채권자가 회수할 수 있다.

이와 같은 신탁부동산 NPL을 이해하기 위해서는 우선 부동산담보신탁 대출의 구조 등을 살펴봐야 한다.

신탁부동산 NPL 이외의 기타 NPL

　일반 NPL은 파워 NPL 거래소(https://www.powernpl.co.kr) 및 사설 경
매정보 사이트에서 NPL을 검색해서 투자하면 된다. 특히 '파워 NPL 거
래소'는 우리나라 최초로 모든 NPL(새마을금고, 신협, 수협, 산림조합 등 2금융권
NPL과 유암코 등 NPL 전문 자산관리회사 및 유동화전문회사의 NPL 등)을 취합해놓아
서 NPL 투자자들이 검색을 쉽고 빠르게 할 수 있다. 이는 클릭 한 번에
모든 NPL을 검색할 수 있는 NPL 전문 검색사이트로써 활용성이 좋다.

출처 : 파워 NPL 거래소

신탁(Trust)의 정의

　신탁은 신탁법 제2조(신탁의 정의)에 따르면 '신탁을 설정하는 자(위탁자)와 신탁을 인수하는 자(수탁자)가 상호 간의 신임관계를 바탕으로, 위탁자가 수탁자에게 특정 재산을 이전하거나 담보권 설정(담보권 신탁 제도) 또는 그 밖의 처분을 하고 수탁자로 하여금 일정한 자(수익자)의 이

| 신탁의 법률관계 도해 |

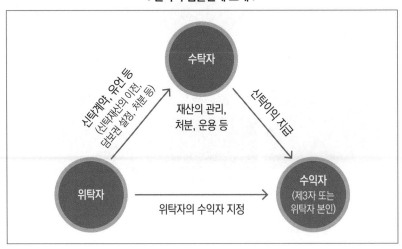

출처 : 법제처, 찾기 쉬운 생활법령정보

익 또는 특정의 목적을 위하여, 그 재산의 관리, 처분, 운용, 개발, 그 밖에 신탁목적의 달성을 위하여 필요한 행위를 하게 하는 법률관계'를 말한다.

이를 자세하게 분류하면 신탁은 수탁자의 의무내용에 따라 신탁재산의 관리만을 목적으로 하는 관리신탁과, 신탁재산의 처분만을 목적으로 하는 처분신탁으로 나눌 수 있다. 물론 신탁재산의 관리와 처분을 동시에 의무로 하는 신탁도 가능하다.

신탁재산의 관리는 신탁의 목적인 물건 또는 권리의 보존, 이용 또는 개량 행위를 말하고, 토지·건물의 임대·수리 등이 이에 속한다. 신탁재산의 처분은 물건 또는 권리의 소멸이나 변경을 하는 행위를 말하고, 토지·건물의 매각, 토지에 대한 지상권 설정, 저당권 설정 등이 이에 속한다.

신탁법 제2조는 신탁목적의 다양성을 고려해서 구 신탁법과 달리 '관리, 처분' 외에 별도로 '운용, 개발, 그 밖에 신탁목적의 달성을 위하여 필요한 행위'를 명시하고 있다.

운용행위는 수탁자가 금전 등 신탁재산을 대여하거나, 신탁재산을 이용해 부동산, 유가증권 그 밖의 유동성 자산을 매입·투자하는 등의 방법으로 신탁재산을 증가시키는 일련의 행위로서, 주로 금전신탁, 담보신탁 등에서 이용된다.

개발행위는 수탁자(신탁회사)가 위탁자로부터 토지의 소유권이나 그 밖의 부동산에 대한 권리를 이전받아 건물을 신축한 후 분양, 임대 등을 해서 수익자에게 그 사업수익을 교부하는 일련의 행위로서, 주로 토지신탁(특히 개발신탁)에서 이용된다.

　이와 같은 신탁목적에 따라 수탁자의 행위는 제한받을 수 있다. 예컨대 신탁목적이 신탁재산의 관리만을 목적으로 하는 때에는 신탁재산을 처분하는 행위는 신탁의 목적에 반하는 것이므로 처분에 따른 소유권이전등기는 수리될 수 없다. 신탁계약은 위탁자와 수탁자 간 계약을 체결하지만 통상 수익자를 포함해서 세 당사자 간에 신탁계약을 체결한다.

신탁 제도의 장점

신탁을 통해 다양한 형태의 신탁 구성 및 설정이 가능해 신탁의 활용도가 높아지고 있다. 개인이나 기업은 신탁을 이용해 자금을 쉽게 조달할 수 있으며(기업의 자산유동화 수단), 자신의 재산을 후손에게 물려주거나 사회에 환원하려는 사람은 신탁을 이용해 다양한 방법으로 상속 등을 할 수 있다. 이러한 신탁 제도의 장점은 다음과 같다.

첫째, 자금 조달이 용이하다. 유한책임신탁(신탁법 제114조~제139조), 수익증권발행신탁(신탁법 제78조~제86조), 신탁사채(신탁법 제87조) 등을 통해 신탁 이용자는 자금을 쉽게 조달할 수 있다.

구분	내용
유한책임신탁	• '신탁법'에서는 신탁거래에 의한 수탁자의 책임을 제한할 수 있는 유한책임신탁 제도를 두고 있다. • 이에 따라 자원, 부동산 등 대규모 개발 사업이나 사업신탁 등에서 이 제도가 널리 이용될 것으로 예상되고, 신탁사업의 연쇄 부도로 인한 피해도 방지할 수 있다.

구분	내용
신탁사채	• '신탁법'에서는 주식회사와 같이 신탁에 대해서도 사채 발행을 허용해서 부동산개발신탁, 사업신탁 등 대규모 신탁에서 자금 조달이 가능하도록 하고 있다. • 다만, 남용을 방지하기 위해 일정 요건(수익증권발행신탁 + 유한책임신탁)을 갖춘 신탁으로 발행을 제한하고 있다.
수익증권발행신탁	• '신탁법'에서는 종전에 특별법에 의해 허용된 불특정금전신탁, 투자신탁, 유동화증권 외에 모든 유형의 신탁에 대해 수익증권을 발행할 수 있도록 규정해서 부동산개발신탁, 저작권신탁 등 다양한 신탁재산에 대해 수익증권 발행을 통한 유동화가 가능하도록 하고 있다.

둘째, 자산관리의 다양성 및 편의성이 증대된다. 신탁 제도 중 유언대용신탁(신탁법 제59조)이나 수익자연속신탁(신탁법 제60조)은 생전 자산관리뿐만 아니라 사후 상속 또는 기부를 위한 재산처분에도 유용하게 이용될 수 있다.

구분	내용
유언대용신탁	• '유언대용신탁'이란 위탁자가 생전에 사망 시를 대비해서 수탁자의 관리하에 자기가 지정한 수익자에게 자신의 재산을 귀속시킬 것을 정한 신탁을 말한다. • 소유자가 자기 재산의 사후 처분을 자신의 의사대로 실현시킬 수 있어 기부 활성화에도 기여할 것으로 예상된다.
수익자연속신탁	• '수익자연속신탁'이란 위탁자가 사망 이후에 자신이 원하는 대로 수익자를 순차적으로 지정할 수 있는 신탁을 말한다. • 유언대용신탁과 같이 재산의 사후 처분에 본인의 의사를 적극 반영할 수 있게 되었고, 이는 기부에도 유용한 제도다.

신탁의 효력

　부동산의 신탁에 있어서 위탁자의 신탁에 의하여 수탁자 앞으로 그 소유권이전등기가 마쳐지게 되면 대내외적으로 소유권이 수탁자에게 완전히 이전되고, 위탁자와의 내부관계에 있어서 소유권이 위탁자에게 유보되어 있는 것도 아니며, 다만 수탁자는 신탁의 목적 범위 내에서 신탁계약에 정하여진 바에 따라 신탁재산을 관리하여야 하는 제한을 부담함에 불과하다(대법원 2003. 8. 19. 선고 2001다47467 판결).

　민법상 명의신탁과의 차이를 살펴보면, 신탁법상 신탁의 경우에는 수탁자에게 재산의 관리·처분 권한이 부여되고 있고, 또한 그 관리·처분 권한은 비록 목적의 제한은 받지만 배타적으로 수탁자에게 귀속된다. 이 점에서 부동산에 관한 물권을 실권리자가 타인과의 사이에서 대내적으로는 실권리자가 보유하기로 하고, 대외적으로는 그에 관한 등기를 그 타인의 명의로 하는 부동산에 관한 명의신탁(부동산실명법 제2조 제1호 본문)과는 구별된다.

　그리고 신탁등기를 마친 부동산의 경우, 위탁자는 현재 유효한 등기

명의인이 아니므로 원칙적으로 신탁등기가 말소되고 위탁자에게 소유권이전등기가 마쳐지기 전에는 위탁자를 등기의무자로 하는 등기신청은 수리할 수 없다.

다만 신탁 전에 설정된 담보물권에 기한 임의경매등기, 신탁 전의 가압류등기에 기한 강제경매등기, 신탁 전의 압류에 기한 공매 공고등기나 공매 이전등기 등의 촉탁은 위탁자를 등기의무자로 한 경우에도 수리해야 한다.

한편 신탁의 해지 등 신탁 종료의 사유가 발생하더라도 수탁자가 신탁재산의 귀속 권리자인 수익자나 위탁자 등에게 새로이 목적 부동산의 소유권 등 신탁재산을 이전할 의무를 부담하게 될 뿐, 신탁재산이 수익자나 위탁자 등에게 당연히 복귀되거나 승계된다고 할 수 없다(대법원 1994. 10. 14. 선고 93다62119 판결).

신탁의 구조

신탁은 위탁자가 수탁자와 ① 신탁계약, ② 유언신탁, ③ 신탁선언 등의 방법으로 자신의 재산에 대해 신탁을 설정하고, 해당 재산을 수탁자에게 이전하면서 시작되며, 수탁자는 신탁재산의 권리자로서 신탁재산의 관리·처분·개발·운용 등을 하고 신탁재산 또는 그로부터 얻는 수익을 신탁설정 시 정한 수익자에게 지급하게 된다(신탁법 제3조 제1항).

신탁선언이라 함은 신탁의 목적, 신탁재산, 수익자(공익신탁법에 따른 공익신탁의 경우에는 신탁법 제67조 제1항의 신탁관리인을 말함) 등을 특정하고 자신을 수탁자로 정한 위탁자의 선언을 말한다. 위탁자가 집행의 면탈이나 그 밖의 부정한 목적으로 신탁선언에 따라 신탁을 설정한 경우 이해관계인은 법원에 신탁의 종료를 청구할 수 있다(신탁법 제3조 제3항).

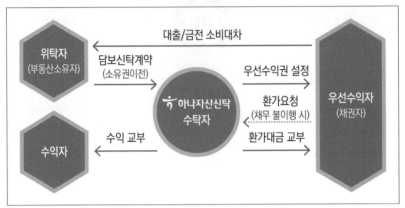

| 부동산담보신탁의 구조 |

출처 : 하나자산신탁

가. 신탁 용어 정의

(1) 부동산담보신탁

이는 위탁자가 수탁자에게 부동산의 소유권을 담보목적으로 이전 후 수탁자가 수익권증서를 발행하면, 이를 담보로 위탁자 등이 대출을 받을 수 있는 제도다.

(2) 위탁자

위탁자(settlor)는 신탁의 기본 구성요소인 자기 소유의 재산을 신탁하기 위해 필요한 소유권 이전 등의 조치를 취하는 신탁설정자를 말한다.

위탁자 권리의 제한

신탁행위로 위탁자의 전부 또는 일부가 신탁법에 따른 위탁자의 권리의 전부 또는 일부를 갖지 않는다는 뜻을 정할 수 있다(신탁법 제9조 제1항). 이에도 불구하고 목적신탁의 경우에는 신탁행위로 신탁법에 따른 위탁자의 권리를 제한할 수 없다(신탁법 제9조 제2항).

위탁자 지위의 이전

위탁자의 지위는 신탁행위로 정한 방법에 따라 제3자에게 이전할 수 있다(신탁법 제10조 제1항).

위탁자의 유언에 따라 신탁이 설정된 경우 위탁자의 상속인은 위탁자의 지위를 승계하지 않는다. 다만 신탁행위로 달리 정한 경우에는 그에 따른다(신탁법 제10조 제3항).

위탁자의 관리·감독 권한

위탁자는 신탁이 계약한 내용대로 진행되고 있는지 수탁자를 관리하고 감독할 다음의 권한을 가진다.

위탁자의 권한	내용
수탁자 사임에 대한 동의권	• 신탁행위로 달리 정한 바가 없는 경우, 위탁자는 수익자와 함께 수탁자의 사임에 대한 동의권을 가진다(신탁법 제14조 제1항).
수탁자 해임 동의권 및 청구권	• 신탁행위로 달리 정한 바가 없는 경우, 위탁자는 수익자와 합의하여 언제든지 수탁자를 해임할 수 있다(신탁법 제16조 제1항). • 위탁자는 수탁자가 그 임무에 위반된 행위를 하거나 그 밖에 중요한 사유가 있는 경우 법원에 수탁자의 해임을 청구할 수 있다(신탁법 제16조 제3항).
신수탁자 선임 동의권 및 청구권	• 신탁행위로 달리 정한 바가 없는 경우, 위탁자는 수탁자의 임무가 종료된 경우 수익자와 합의하여 신수탁자를 선임할 수 있다. 유언에 의해 수탁자로 지정된 자가 신탁을 인수하지 않거나 인수할 수 없는 경우에도 또한 같다(신탁법 제21조 제1항 및 제3항).
신탁재산 강제집행 등에 대한 이의권	• 신탁재산에 대하여는 강제집행, 담보권 실행 등을 위한 경매, 보전처분 또는 국세 등 체납처분을 할 수 없는바, 위탁자는 이를 위반한 강제집행 등이나 국세 등 체납처분에 대하여 이의를 제기할 수 있다(신탁법 제22조 제2항 및 제3항).

위탁자의 권한	내용
서류 열람·복사권 등	• 위탁자는 수탁자나 신탁재산관리인에게 신탁사무 처리와 계산에 관한 장부 및 그 밖의 서류의 열람 또는 복사를 청구하거나 신탁사무의 처리와 계산에 관하여 설명을 요구할 수 있다(신탁법 제40조 제1항).
수탁자의 신탁 위반행위에 대한 원상회복 등의 청구권	• 수탁자가 그 의무를 위반하여 신탁재산에 손해가 생기거나 신탁재산이 변경된 경우 위탁자는 그 수탁자에게 신탁재산의 원상회복을 청구할 수 있다. 다만 원상회복이 불가능하거나 현저하게 곤란한 경우, 원상회복에 과다한 비용이 드는 경우, 그 밖에 원상회복이 적절하지 않은 특별한 사정이 있는 경우에는 손해배상을 청구할 수 있다(신탁법 제43조).
수탁자 보수에 대한 변경 청구권	• 위탁자는 신탁행위에서 정한 보수가 사정의 변경으로 신탁사무의 성질 및 내용에 비추어 적당하지 않게 된 경우 법원에 수탁자의 보수를 증액하거나 감액할 것을 청구할 수 있다(신탁법 제47조 제3항).
신탁 변경 동의권 및 청구권	• 위탁자는 수탁자 및 수익자와 합의하여 신탁을 변경할 수 있다. 또한 신탁행위 당시에 예견하지 못한 특별한 사정이 발생한 경우 신탁의 변경을 법원에 청구할 수 있다(신탁법 제88조 제1항 및 제3항).
신탁 합병 및 분할 승인권	• 신탁을 합병, 분할 또는 분할합병 하려는 경우 위탁자는 수탁자가 작성한 합병계획서, 분할계획서 또는 분할합병계획서에 대한 승인을 해줄 권한이 있다(신탁법 제91조 제2항, 제95조 제2항).
신탁 종료 동의권 및 종료명령 청구권	• 위탁자는 수익자와 합의하여 언제든지 신탁을 종료할 수 있으며, 위탁자가 신탁이익의 전부를 누리는 신탁은 위탁자나 그 상속인이 언제든지 종료할 수 있다(신탁법 제99조 제1항 본문 및 제2항). • 위탁자는 신탁행위 당시에 예측하지 못한 특별한 사정으로 신탁을 종료하는 것이 수익자의 이익에 적합함이 명백한 경우 법원에 신탁의 종료를 청구할 수 있다(신탁법 제100조).
신탁 종료 시 잔여재산 귀속권	• 신탁 종료 후 신탁재산의 귀속에 관하여 수익자와 귀속권리자로 지정된 자가 신탁의 잔여재산에 대한 권리를 포기한 경우 위탁자는 잔여재산에 대한 귀속권을 가진다(신탁법 제101조 제2항).

(3) 수탁자

수탁자(trustee)는 위탁자로부터 법률상의 재산권을 이전받아 당해 재산을 관리 및 처분할 수 있는 관리권 및 처분권(소유권)을 가지는 자를 말한다. 수탁자는 일정한 수탁능력이 있어야 하며, 자연인도 수탁자가 될 수 있다.

신탁은 수탁자에 대한 신임을 기본으로 설정되는 것이며, 수탁자는 법률적으로 완전한 소유자로서 타인의 재산을 관리·처분하는 지위에 있다. 이 점에 비추어 볼 때 수탁자가 경제적 능력이 부족한 경우 수익자에게 손해가 발생할 수 있으므로 수탁자의 자격은 일정한 범위로 제한하고 있다.

이에 따라 신탁법에서는 미성년자, 금치산자(피성년후견인을 말함), 한정치산자(피한정후견인을 말함) 및 파산선고를 받은 자는 수탁자가 될 수 없도록 하고 있다(신탁법 제11조). 이와 같은 자격 제한이 없는 한 자연인도 수탁자가 될 수 있다(2003. 1. 20. 제정, 등기선례 제7-403호 참조).

수탁자의 의무와 책임

수탁자는 신탁사무를 처리할 때 일정한 의무 사항을 지켜야 한다.

① 수탁자의 선관의무
수탁자는 선량한 관리자의 주의(注意)로 신탁사무를 처리해야 한다. 다만, 신탁행위로 달리 정한 경우에는 그에 따른다(신탁법 제32조).

② 수탁자의 충실의무
수탁자는 수익자의 이익을 위하여 신탁사무를 처리해야 한다(신탁법 제33조).

③ 이익에 반하는 행위의 금지의무
수탁자는 누구의 명의(名義)로도 다음의 행위를 하지 못한다(신탁법 제34조 제1

항).

1. 신탁재산을 고유재산으로 하거나 신탁재산에 관한 권리를 고유재산에 귀속시키는 행위
2. 고유재산을 신탁재산으로 하거나 고유재산에 관한 권리를 신탁재산에 귀속시키는 행위
3. 여러 개의 신탁을 인수한 경우 하나의 신탁재산 또는 그에 관한 권리를 다른 신탁의 신탁재산에 귀속시키는 행위
4. 제3자의 신탁재산에 대한 행위에서 제3자를 대리하는 행위
5. 그 밖에 수익자의 이익에 반하는 행위

이에 불구하고 수탁자는 다음의 어느 하나에 해당하는 경우 위 1.부터 5.까지의 행위를 할 수 있다. 다만, 3.의 경우 수탁자는 법원에 허가를 신청함과 동시에 수익자에게 그 사실을 통지해야 한다(신탁법 제34조 제2항).
– 신탁행위로 허용한 경우
– 수익자에게 그 행위에 관련된 사실을 고지하고 수익자의 승인을 받은 경우
– 법원의 허가를 받은 경우

이익에 반하는 행위의 금지 규정에도 불구하고 수탁자는 상속 등 수탁자의 의사에 기하지 않은 경우에는 신탁재산에 관한 권리를 포괄적으로 승계할 수 있다. 이 경우 해당 재산의 혼동에 관하여는 신탁법 제26조를 준용한다(신탁법 제34조 제3항).

④ 공평의무
수익자가 여럿인 경우 수탁자는 각 수익자를 위하여 공평하게 신탁사무를 처리해야 한다. 다만, 신탁행위로 달리 정한 경우에는 그에 따른다(신탁법 제35조).

⑤ 수탁자의 이익향수금지
수탁자는 누구의 명의로도 신탁의 이익을 누리지 못한다. 다만, 수탁자가 공동수익자의 1인인 경우에는 그렇지 않다(신탁법 제36조).

⑥ 수탁자의 분별 관리의무
수탁자는 신탁재산을 수탁자의 고유재산과 분별하여 관리하고 신탁재산임을 표시해야 한다(신탁법 제37조 제1항). 여러 개의 신탁을 인수한 수탁자는 각 신탁재산

을 분별하여 관리하고 서로 다른 신탁재산임을 표시해야 한다(신탁법 제37조 제2항). 위의 신탁재산이 금전이나 그 밖의 대체물인 경우에는 그 계산을 명확히 하는 방법으로 분별하여 관리할 수 있다(신탁법 제37조 제3항).

※ 분별 관리의무 위반에 관한 특례
수탁자가 분별 관리의무를 위반하여 신탁재산에 손실이 생긴 경우 수탁자는 분별하여 관리하였더라도 손실이 생겼으리라는 것을 증명하지 않으면 그 책임을 면하지 못한다(신탁법 제44조).

⑦ 위탁자 또는 수익자의 신탁사무 서류 열람 및 복사 청구
위탁자나 수익자는 수탁자나 신탁재산 관리인에게 신탁사무의 처리와 계산에 관한 장부 및 그 밖의 서류의 열람 또는 복사를 청구하거나 신탁사무의 처리와 계산에 관하여 설명을 요구할 수 있다(신탁법 제40조 제1항).

위탁자와 수익자를 제외한 이해관계인은 수탁자나 신탁재산 관리인에게 신탁의 재산목록 등 신탁사무의 계산에 관한 장부 및 그 밖의 서류의 열람 또는 복사를 청구할 수 있다(신탁법 제40조 제2항).

⑧ 신탁사무에 대한 법원의 감독
신탁사무는 법원이 감독한다. 다만, 신탁의 인수를 업(業)으로 하는 경우는 그렇지 않다(신탁법 제105조 제1항). 법원은 이해관계인의 청구에 의하여 또는 직권으로 신탁사무 처리의 검사, 검사인의 선임, 그 밖에 필요한 처분을 명할 수 있다(신탁법 제105조 제2항).

(4) 우선수익자

우선수익자(beneficiary)는 당해 재산으로부터 궁극적인 이익을 받는 사람이나 단체 중 우선적으로 수익을 받을 수 있는 자를 말한다.

수익권의 제한 금지

다음에 해당하는 수익자의 권리는 신탁행위로도 제한할 수 없다(신탁법 제61조).

- 신탁법에 따라 법원에 청구할 수 있는 권리
- 신탁법 제22조 제2항 또는 제3항에 따라 강제집행 등 또는 국세 등 체납처분에 대하여 이의를 제기할 수 있는 권리
- 신탁법 제40조 제1항에 따라 장부 등의 열람 또는 복사를 청구할 수 있는 권리
- 신탁법 제43조 및 제45조에 따라 원상회복 또는 손해배상 등을 청구할 수 있는 권리
- 신탁법 제57조 제1항에 따라 수익권을 포기할 수 있는 권리
- 신탁법 제75조 제1항에 따라 신탁위반의 법률행위를 취소할 수 있는 권리
- 신탁법 제77조에 따라 유지를 청구할 수 있는 권리
- 신탁법 제89조, 제91조 제3항 및 제95조 제3항에 따라 수익권의 매수를 청구할 수 있는 권리
- 그 밖에 신탁의 본질에 비추어 수익자 보호를 위하여 필요하다고 신탁법 시행령으로 정하는 권리

(5) 우선수익권

우선수익권은 부동산담보신탁 대출이 연체로 인해 NPL이 될 경우 NPL채권자가 부동산 수탁자에게 담보목적으로 신탁등기 된 부동산을 공매(온비드 등을 통해서 일반 대중에게 공개경쟁 매각으로 낙찰자와 사매매계약으로 매각) 청구해서 공매 후 매각대금으로부터 우선배당(배분)을 받을 수 있는 우선수익자가 가지는 권리를 말한다.

우선수익권 한도(대출원금의 120% 내지 130% 설정)는 우선수익권으로 담보되는 피담보채무의 최고한도로서 근저당권의 채권최고액과 유사한 개념이다.

우선수익권의 피담보채무의 범위
(서울중앙지방법원 2017. 4. 27. 선고 2015가단5298272 건물명도 판결 참조)

〈부동산담보신탁 특약사항〉

위탁자 겸 수익자 A(이하 '위탁자'라 함)와 수탁자 아시아신탁(이하 '수탁자'라 함)은 담보신탁계약(이하 '본 계약'이라 함)체결을 근거로 다음과 같이 특약('본 계약'과 '특약사항'을 합하여 '신탁계약'이라 함)을 정하기로 한다.

제1조[여신거래의 정의]

① 이 신탁계약서에서 "여신거래 계약"이라 함은 우선수익자가 행하는 여신거래 일체에 관하여 발생하는 계약을 말한다.

② 본 계약 제7조 제1항의 "원금"이라 함은 현재 및 장래에 부담하는 어음대출, 어음할인, 증서대출, 당좌대출, 지급보증(사채보증 포함), 매출채권거래, 당해 사업을 영위하기 위하여 대출하는 보증채무, 어음 또는 수표상의 의무, 상호 부금거래, 유가증권대여, 외국환거래, 회사채발행관련 채무, 기타의 여신거래로 말미암은 채무의 원금을 말한다.

제1조의2[피담보채무의 범위]

신탁계약에 따라 우선수익자의 수익권에 의하여 담보되는 피담보채무의 범위는 다음과 같다.

구분	피담보채무의 범위
특정 · 한정 근담보형	채무자가 우선수익자에 대하여 다음 약정서(계약서) 또는 거래로 말미암아 현재 및 장래에 부담하는 모든 채무 2013. 2. 13 대출약정서, 2013. 10. 11 추가약정서

(6) 우선수익권 증서

우선수익권 증서는 수탁자가 우선수익자에게 동인이 신탁상 보유하는 우선수익권을 서면으로 표시해서 교부한 증서다. 그 법적 성질은 '증거증권, 즉 재산법상의 일정 사실을 기재해 그 권리의 존재를 증명하는 증권'으로서 우선수익권 증서에 표기된 해당 우선수익권의 존재 사실을 증명한다.

(7) 일반수익권 및 일반수익권 증서

일반수익권은 우선수익권 다음 순위로 배당받을 수 있는 권리를 말하고, 이를 입증하는 증서를 일반수익권 증서라고 하는데 이는 보통 위탁자가 가지는 권리다. 우선수익권 증서 및 일반수익권 증서 모두 유가증권인 수익증권과 다르다.

(8) 신탁원부

이는 등기사항전부증명서, 신탁원부 표지 및 부동산담보신탁계약서를 한 세트로 작성해서, 이를 등기사항전부증명서로 보아 공시함으로써 공시된 부동산담보신탁계약서 내용에 따라 계약당사자는 제3자에게 대항할 수 있다.

나. 부동산담보신탁과 근저당권 제도의 비교

구분	부동산담보신탁	근저당권 제도
① 담보 설정 방법	양도담보와 유사 (수탁회사로 소유권 이전)	근저당권 설정
② 재산 가치 보전	신탁등기 후 제3자의 권리침해 방지 등 수탁자가 관리, 보전	채권기관에서 관리, 보전 제3채권자의 압류 등 가능 (후순위근저당권, 부동산가압류 신청 등)
③ 추가 담보 설정	추가 담보신탁 용이 (추가로 부동산 이전등기)	새로운 설정계약 등 복잡
④ 후순위 권리자의 강제집행	원칙적 불가 (선순위자의 동의를 득하는 경우 예외적 공매 가능)	제3의 채권자가 강제경매 신청 또는 후순위 근저당권자의 임의경매 신청 가능

구분	부동산담보신탁	근저당권 제도
⑤ 강제집행 방법	신탁회사의 공개 매각(공매) (단기/간편/저비용) 처분가격 및 절차의 융통성 (사적자치)	법원의 임의경매 (장기/복잡/고비용) 처분가격 및 절차의 경직성
⑥ 파산재단 포함 여부	파산재단에서 제외, 위탁자의 도산위험 절연	파산재단에 포함

다. 부동산 신탁 제도는 신탁재산을 강하게 보호한다

부동산 신탁 제도는 신탁재산을 강하게 보호하며, 이에 따라 부동산 담보신탁은 담보부동산을 강하게 보호한다.

(1) 신탁재산은 수탁자의 고유재산과 독립한 재산이 되고, 위탁자의 재산으로부터도 분리된다

신탁재산은 신탁재산의 감소 방지와 수익자의 보호 등을 위해 수탁자의 고유재산과 신탁재산은 분별해 관리해야 하고 양자는 별개 독립의 것으로 취급해야 한다(대법원 2007. 9. 20. 선고 2005다48956 판결).

신탁재산의 관리, 처분, 운용, 개발, 멸실, 훼손, 그 밖의 사유로 수탁자가 얻은 재산은 신탁재산에 속하고(신탁법 제27조), 신탁재산과 고유재산 간에 귀속 관계를 구분할 수 없는 경우 그 재산은 신탁재산에 속한 것으로 추정하며(신탁법 제29조 제1항), 서로 다른 신탁재산 간에 귀속관계를 구분할 수 없는 경우 그 재산은 각 신탁재산 간에 균등하게 귀속된 것으로 추정한다(신탁법 제29조 제2항).

(2) 신탁재산에 대해서는 강제집행, 담보권 실행 등을 위한 경매, 보전처분 또는 국세 등 체납처분을 할 수 없다

다만, 신탁 전의 원인으로 발생한 권리 또는 신탁사무의 처리상 발생한 권리에 기한 경우에는 강제집행 등이 가능하다(신탁법 제22조 제1항).

위탁자, 수익자나 수탁자는 위의 규정을 위반한 강제집행 등에 대하여 이의를 제기할 수 있고, 이 경우 민사집행법 제48조의 제3자이의의 소를 준용한다(신탁법 제22조 제2항).

제3자이의의 소(訴)라 함은 제3자가 강제집행의 목적물에 대하여 소유권을 주장하거나 목적물의 양도나 인도를 저지하는 권리를 주장하기 위하여 채권자를 상대로 제기하는 강제집행에 대한 이의의 소를 말한다(민사집행법 제48조).

강제집행의 목적물에 대한 제3자이의의 소는 강제집행 개시 후 그 종료 전에만 이를 제기할 수 있고, 이 소는 원칙적으로 집행법원의 관할에 속한다. 이의의 원인이 되는 제3자의 권리는 소유권(所有權) · 지상권(地上權) · 전세권(傳貰權) · 등기한 임차권(賃借權) 및 점유권(占有權) 등이다.

위탁자, 수익자나 수탁자는 강제집행 등의 금지를 위반한 국세 등 체납처분에 대하여 이의를 제기할 수 있고, 이 경우 국세 등 체납처분에 대한 불복절차를 준용한다(신탁법 제22조 제3항).

(3) 수탁자가 사망하거나 파산해도 신탁재산은 보호된다

신탁재산은 수탁자의 상속재산에 속하지 않으며, 수탁자의 이혼에 따른 재산분할의 대상이 되지 않고(신탁법 제23조), 신탁재산은 수탁자의 파산재단, 회생절차의 관리인이 관리 및 처분 권한을 갖고 있는 채무자의 재산이나 개인회생재단을 구성하지 않는다(신탁법 제24조).

(4) 신탁재산은 상계가 금지되고, 혼동으로 권리가 소멸하지 않는다

신탁재산에 속하는 채권과 신탁재산에 속하지 않는 채무는 상계(相計)하지 못한다. 다만, 양 채권·채무가 동일한 재산에 속하지 않음에 대하여 제3자가 선의이며 과실이 없을 때에는 그렇지 아니하다(신탁법 제25조 제1항).

신탁재산에 속하는 채무에 대한 책임이 신탁재산만으로 한정되는 경우에는 신탁재산에 속하지 않는 채권과 신탁재산에 속하는 채무는 상계하지 못한다. 다만, 양 채권·채무가 동일한 재산에 속하지 않음에 대하여 제3자가 선의이며 과실이 없을 때에는 그렇지 아니하다(신탁법 제25조 제2항).

다음의 경우 혼동(混同)으로 인하여 권리가 소멸하지 아니한다(신탁법 제26조). 동일한 물건에 대한 소유권과 그 밖의 물권이 각각 신탁재산과 고유재산 또는 서로 다른 신탁재산에 귀속하는 경우, 소유권 외의 물권과 이를 목적으로 하는 권리가 각각 신탁재산과 고유재산 또는 서로 다른 신탁재산에 귀속하는 경우, 신탁재산에 대한 채무가 수탁자에게 귀속하거나 수탁자에 대한 채권이 신탁재산에 귀속하는 경우 등이다.

혼동이란 채무자가 채권자를 상속하는 것과 같이 채권자의 지위와 채무자의 지위가 동일한 주체(동일인)에 귀속하는 것을 말한다. 이런 경우에는 채권을 존속시킬 필요가 없으므로 소멸시킨다(민법 제507조 본문). 다만, 이 채권이 제3자의 권리, 예컨대 질권의 목적인 때에는 혼동으로 질권의 목적물을 소멸시켜서는 안 되므로 예외적으로 채권은 여전히 존속한다(민법 제507조 단서).

라. 신탁등기의 의의

신탁등기는 어떠한 부동산이 신탁의 목적물인지 여부를 대외적으로 공시하기 위해 존재한다. 수탁자에게 부동산을 신탁등기 시 지방세법에 의거해서 형식적인 소유권 이전인 신탁등기에 대한 취득세는 면제되고 등록세로 건당 7,200원(정액 등록세로 신탁재산의 귀속으로 인한 신탁등기 말소 시에도 7,200원으로 동일)을 위탁자가 부담한다.

신탁으로 재산의 이전, 담보권의 설정 또는 그 밖의 처분이 있는 경우에 수탁자는 신탁재산을 자기의 고유재산과는 구별해서 관리해야 하므로(신탁재산의 독립성), 그 재산이 신탁재산인지 여부를 제3자가 확실히 알 수 있도록 대외적으로 공시할 필요성이 있다.

이는 신탁행위를 원인으로 해서 소유권이전등기 등이 이루어지는 것을 전제로 단지 수탁자 명의의 소유권 등이 신탁목적의 제한을 받는다는 것을 공시하는 등기를 말한다.

신탁법 제4조 제1항은 '등기 또는 등록할 수 있는 재산권에 관하여는 신탁의 등기 또는 등록을 함으로써 그 재산이 신탁재산에 속한 것임을 제3자에게 대항할 수 있다'라고 신탁의 등기를 제3자에 대한 대항요건으로 규정하고 있다.

따라서 신탁행위를 원인으로 재산의 이전, 담보권의 설정 또는 그 밖의 처분에 관한 통상의 등기를 했다고 하더라도 신탁등기를 하지 않는 한, 그 재산이 신탁재산임을 제3자에게 주장할 수 없다.

예컨대 수탁자 개인의 채권자가 신탁재산이 수탁자의 고유재산임을 전제로 그에 대한 강제집행을 신청한 경우에, 신탁등기가 되어 있지 않으면 수탁자는 그 재산이 신탁재산임을 주장해서 강제집행을 배제할 수 없는 것이다.

신탁등기는 신탁관계의 성립요건은 아니기 때문에 신탁관계를 설정한 경우에 신탁등기를 할 것인지 여부는 당사자의 의사에 달려 있다. 그러나 일단 신탁등기를 한 경우에는 다른 임의적 기록사항에 관한 등기의 경우와 마찬가지로, 등기와 실체관계를 부합시키기 위한 신탁에 관한 변경등기에 대해서는 당사자에게 그 변경등기의 의무를 부과하고 있다.

신탁설정의 등기신청인을 살펴보면, 신탁재산에 속하는 부동산의 신탁등기는 수탁자가 단독으로 신청한다(부동산등기법 제23조 제7항, 신설 2013. 5. 28, 시행 2013. 8. 29).

수탁자가 신탁법 제3조 제5항에 따라 타인에게 신탁재산에 대하여 신탁을 설정하는 경우에는 해당 신탁재산에 속하는 부동산의 신탁등기는 새로운 신탁의 수탁자가 단독으로 신청한다(부동산등기법 제23조 제8항 후단).

신탁등기의 신청은 해당 부동산에 관한 권리의 설정등기, 보존등기, 이전등기 또는 변경등기의 신청과 동시에 하여야 하며(부동산등기법 제82조 제1항), 이를 1건의 신청정보로 일괄하여 하여야 한다(동 규칙 제139조 제1항).

수익자나 위탁자는 수탁자를 대위하여 신탁등기를 단독으로 신청할 수 있다(부동산등기법 제82조 제2항).

부동산등기법이 2013년 5월 28일에 일부개정(법률 11826호, 2013. 8. 29. 시행)되기 전에는 신탁등기도 등기권리자와 등기의무자가 공동으로 신청함이 원칙이었다(구법 제117조, 앞선 개정법 전의 개정법 제23조, 제82조 제2항).

그런데 신탁등기는 권리에 관한 등기이기는 하지만, 직접 권리를 이전·설정하는 등의 효력이 있는 것은 아니고, 단지 어떠한 부동산이 신탁재산에 속한다는 사실을 공시하여 대항력을 발생하게 하는 등기에 불과하므로(신탁법 제4조 제1항), 수탁자의 단독 신청에 의하더라도 등기 신청의 진정성이 충분히 담보될 수 있다. 앞선 2013. 5. 28. 개정법은 신탁등기의 공동신청주의를 규정하던 부동산등기법 제82조 제2항 및 제3항을 삭제하고, 제23조 제7항을 신설해 신탁등기는 수탁자가 단독으로 신청하는 것으로 개정했다.

마. 신탁부동산 NPL 및 우선수익권의 양도 또는 임의 대위 변제 시 우선수익자 변경등기 신청 등의 실무 절차

투자자가 신탁부동산 NPL을 양수 또는 임의 대위변제 시에도 수탁자로부터 별도로 우선수익권 양도 승낙을 얻어야 한다. 그 후 우선수익권을 승계한 NPL의 양수인 또는 대위변제자를 위해서 우선수익권 양도계약서 또는 우선수익권의 대위변제 증서(수탁자로부터 우선수익권의 대위변제 승낙서 또는 우선수익권의 양도 승낙서를 대위변제자가 취득 시에만 우선수익권의 행사가 가능함)를 첨부해서 수탁자가 단독으로 우선수익자의 변경등기를 신청해야 한다. 우선수익자 변경등기 신청 등의 실무 절차는 다음과 같다.

(1) 수탁자는 신탁원부 기록의 변경등기 신청 의무에 따라 수익자 또는 신탁관리인이 변경된 경우나 위탁자, 수익자 및 신탁관리인의 성명(명칭), 주소(사무소 소재지)가 변경된 경우에는 수탁자는 지체 없이 신탁원부 기록의 변경등기를 신청하여야 한다(2021. 6. 4.개정, 2021. 6. 9. 시행, 신탁등기 사무처리에 관한 등기 예규 제1726호).

또한 수익자를 지정하거나 변경할 수 있는 권한을 갖는 자의 성명(명칭) 및 주소(사무소 소재지), 수익자를 지정하거나 변경할 방법, 수익권의 발생 또는 소멸에 관한 조건, 부동산등기법 제81조 제1항 제6호에서 제12호까지의 신탁인 뜻, 신탁의 목적, 신탁재산의 관리방법, 신탁종료의 사유, 그 밖의 신탁조항을 변경한 경우에도 수탁자는 지체 없이 신탁원부 기록의 변경등기를 신청해야 한다.

(2) 이에 부동산담보신탁의 기존 우선수익자와 양수인 간 우선수익권 양도계약 체결 및 부동산담보신탁계약상 의무사항인 수탁자의 양도승낙을 얻은 후, 수탁자가 우선수익자의 변경을 증명하는 서면인 우선수익권 양도계약서(우선수익권의 대위변제 증서 포함)를 첨부해서 수탁자 단독으로 우선수익자 변경(우선수익권 양도 또는 대위변제)을 원인으로 한 신탁원부 기재 변경등기를 신청할 수 있다(변경 전 우선수익자, 변경 후 우선수익자 기재). 그리고 이 경우 종전 우선수익자의 승낙서를 첨부할 필요는 없다. 또한 수탁자의 우선수익자 변경등기 신청 자체가 수탁자의 양도 승낙을 내포 내지는 전제하고 있기 때문에, 등기소의 요청이 없는 한 수탁자의 양도 승낙서는 별도로 첨부할 필요가 없다고 할 것이다.

(가) 수익자 변경에 따른 수탁자의 신탁원부 기재 변경등기 신청 여부(적극) 및 위탁자와 수익자가 상이한 경우 신탁해지에 따른 소유권이전등기 시 등록세 납부 여부(적극, 제정 시행 2002. 9. 17. 등기선례 제7-392호).

지역주택조합이 조합원 갑으로부터 신탁된 금전으로 제3자 소유의 토지를 매매계약으로 취득하여, 소유권이전등기 및 조합원 갑을 위탁자 겸 수익자로 하고 자신을 수탁자로 하는 신탁등기를 경료한 후, 신탁수익권 양도계약 등에 의하여 수익자가 갑에서 을로 변경된 경우 수탁자인 지역주택조합은 수익자 변경을 증명하는 서면을 첨부하여 신탁원부 기재 변경등기를 신청할 수 있다. 한편, 나중에 신탁해지에 따라 신탁부동산을 수탁자로부터 수익자에게 이전하는 경우 지방세법 제133조 제1호 소정의 세율에 따른 등록세를 납부하여야 한다(2002. 9. 17. 등기 3402-514 질의회답, 참조 : 등기 예규 제958호).

(나) 지역주택조합의 조합원이 그 지위를 양도(증여)한 경우 시장·군수 또는 구청장이 그 조합원 변경을 인가한 주택 조합 변경 인가필증 및 수익자 변경을 증명하는 서면을 첨부하여 수탁자 단독으로 수익자 변경을 원인으로 한 신탁원부 기재 변경등기를 신청할 수 있으며, 그 후 신탁이 종료된 경우 신탁재산의 귀속을 원인으로 수탁자로부터 변경된 수익자 앞으로 소유권이전등기를 신청할 수 있다(제정 시행 2007. 2. 14. 등기선례 제200702-8호).

(3) 신탁원부상 신탁조항에 수익자 변경권이 위탁자 및 수탁자에게 유보되어 있다는 취지가 기재되어 있다면 수탁자가 수익자의 변경으로 신탁원부 기재 변경등기를 신청하는 경우 수익자 변경을 증명하는 서면 이외에 종전 수익자의 승낙서를 첨부할 필요는 없다(제정 시행 2002. 11. 28. 등기선례 제7-401호).

상기 위탁자가 관여할 수 있는 신탁 변경계약 체결 시에는 변경계약서 말미에 위탁자, 수탁자, 변경 후 우선수익자(양수인) 등이 인감증명서와 함께 서명날인 한 변경계약서를 첨부해 수탁자가 단독으로 신탁원부 기록의 변경등기를 신청할 수 있다.

(4) 후순위 우선수익자 및 수익자가 존재하는 상태에서 선순위 우선수익권 한도를 증액하거나 선순위 우선수익권 한도가 증가되는 우선수익자를 추가할 경우, 신탁원부상 명시 조항에 따라 수익권을 침해받는 후순위 우선수익자 및 수익자와 위탁자의 동의를 얻어(인감증명서를 첨부한 서명날인의 동의서 징구) 신탁 변경계약을 체결해야 한다.

변경등기는 원시 신탁계약서 뒤에 간지[1]를 넣고, 변경계약서 또는 우선수익자 변경 내역(변경 전 우선수익자, 변경 후 부분에 양수인인 우선수익자 명칭 기재)을 첨부하는 방식으로 완료된다.

이와 같이 신탁 변경 내역으로 신탁 변경계약서 등이 간지 뒤에 첨부되면 이를 포함한 전체가 변경된 신탁원부가 되며, 신탁원부 번호는 기존 변경 전의 번호가 그대로 유지되고 새로운 번호가 부여되지는 않는다.

(5) 신탁원부 기록 변경등기 실제 사례

| 등기사항전부증명서상 부동산담보신탁등기 및
신탁원부 제2019-12871호 생성(동작구 상도동 소재 토지) |

39	소유권이전	2019년 10월 18일 제159159호	2019년 10월 18일 신탁재산의귀속	소유자 주식회사 개발 110111- 84544 서울특별시 중구 다산로47길 6층 (신당동)
	36번신탁등기말소		신탁재산의 귀속	
40	소유권이전	2019년 10월 18일	2019년 10월 17일	수탁자 자산신탁주식회사 110111- 03236

		제159161호	신탁	서울특별시 강남구 대혜란로 20층 (삼성동)
	신탁			신탁원부 제2019-12871호
40-1	40번물기병의인료시 변경	2020년 2월 10일 제22361호	2019년 12월 30일 상호변경	자산신탁주식회사의 성명(명칭) 자산신탁주식회사

---

1) 간지(間紙)는 책장과 책장 사이에 끼워 두는 종이를 말하는데, 신탁등기 변경 시 간지는 기존 신탁계약서와 변경 신탁계약서 등을 구분하기 위해서 두 계약서 등의 사이에 끼워 넣는 여백(종이)을 말한다.

이 사건 신탁원부 제2019-12871호 기록(기본 신탁원부) 변경등기 내역(세 차례 변경등기)

신탁원부 제2019-12871호 변경내역표

일련 번호	접수일자	접수번호	변경내역
1	2019년 10월 18일	159161	신탁원부 제2019-12871호
2	2019년 12월 27일	205101	별지와 같이 신탁원부 기재사항의 변경
3	2022년 11월 25일	173812	별지와 같이 신탁원부 기재사항의 변경
4	2023년 3월 28일	40121	별지와 같이 신탁원부 기재사항의 변경

간지

일련 번호	접수일자	접수번호	변경내역
1	2019년 10월 18일	159161	신탁원부 제2019-12871호

신 탁 원 부

제   호

위탁자   주식회사   개발
수탁자   자산신탁 주식회사
위 대리인
서울특별시 서초구 서초대로
2층 (서초동,   빌딩)

토지신탁
제3사신2-19-02호

관리형토지신탁계약서

(서울시   공동주택 개발사업)

2019. 10. [17].

위탁자 : 주식회사   개발
수탁자 :   자산신탁 주식회사
1순위 우선수익자 :   개발투자 유한회사
2순위 우선수익자 겸 시공사 : 주식회사,   건설
대리금융기관 :   증권 주식회사

관리형토지신탁계약서

관리형토지신탁 특약사항

(가) 위탁자와 수탁자 간 합의로 기존 신탁보수 19억 2,000만 원을 12억 2,000만 원으로 감축하는 신탁 1차 변경계약을 체결하여 신탁원부 기재사항인 신탁보수를 변경등기함(기본계약 제39조).

간지

일련 번호	접수일자	접수번호	변경 내역
2	2019년 12월 27일	205101	별지와 같이 신탁원부 기재사항의 변경

신 탁 원 부

관리형토지신탁 (1차) 변경계약서

제 1 조 (목적)

본 변경계약의 목적은 위탁자 겸 수익자 주식회사   개발(이하 "甲"이라 한다.), 수탁자 부산신탁 주식회사(이하 "乙"이라 한다.), 주식회사   건설(이하 "丙"이라 한다.),   개발투자 유한회사(이하 "丁"이라 한다.),   증권 주식회사(이하 "대리금융기관"이라 한다.) 간 체결한 별임 1을 신탁부동산으로 하는 관리형토지신탁계약(2019. 10. 17. 체결)(이하 "본 계약"이라 한다)의 내용을 제2조와 같이 변경하는데 있다.

제 2 조 (변경내용)

"본 계약" [별지4] 신탁보수 내용 중 1. 보수총액 및 2. 방법 및 지급시기 변경

변경 전

[별지 4]

신 탁 보 수

1. 보수총액 : 금일십구억이천만원정(₩1,920,000,000-)
2. 방법 및 지급시기
   가. 신탁보수는 "甲"의 부담으로 지급하기로 하되, "甲"이 지급하지 않을 경우 신탁재산에서 지급받기로 한다.
   나. 신탁보수의 지급시기는 다음과 같다.

신탁계약(본 계약 및 특약사항)의 체결사실 및 그 내용을 증명하기 위하여 [4]부를 작성하여, "甲", "乙", "丙", "丁", 대리금융기관이 기명날인 후 "甲", "대리금융기관", "乙"이 각 1 부를 보관하고, 나머지 1 부를 신탁등기용으로 사용하며, 우선수익자에게는 사본으로 교부하기로 한다.

2019년[10]월[17]일

위 탁 자 (甲)
법 인 명 : 주식회사   개발 대표자 사내이사 김   (인)
법인등록번호 : 110111-   4544
주 소 : 서울시 중구 다산로   6층(신당동)

수 탁 자 (乙)
법 인 명 :   다산신탁 주식회사 대표이사 이   (인)
법인등록번호 : 110111-   3236
주 소 : 서울시 강남구 테헤란로   20층(삼성동,

시공자 겸 제2순위 우선수익자 (丙)
법 인 명 : 주식회사   건설 대표이사 김   (인)
법인등록번호 : 110111-   7895
주 소 : 서울시 중구 을지로   동(을지로4가,

제1순위 우선수익자 (丁)
법 인 명 :   개발투자 유한회사 대표이사   (인)
법인등록번호 : 110114-   9895
주 소 : 서울시 영등포구

대리금융기관
법 인 명 :   증권 주식회사 대표이사   (인)
법인등록번호 : 110111-0335
주 소 : 서울시 서초구 시초대로   니(서초동,

```
┌─────────────────────────────────────────────────────────┐
│                      변경 후                               │
│ [별지 4]                                                   │
│                                                            │
│                      신 탁 보 수                           │
│                                                            │
│ 1. 보수총액 : 금일십이억이천만원정(₩1,220,000,000-)        │
│ 2. 방법 및 지급시기                                        │
│     가. 신탁보수는 "甲"의 부담으로 지급하기로 하되, "甲"이  │
│         지급하지 않을 경우 신탁재산에서 지급받기로 한다.    │
│     나. 신탁보수의 지급시기는 다음과 같다.                 │
├─────────────────────────────────────────────────────────┤
│ 본 계약을 증명하기 위하여 계약서 3부를 작성하여 "甲", "乙"이│
│ 기명날인 후 "甲", "乙"이 각 원본 1부를 보관하고 나머지 1부는│
│ 신탁등기용으로 사용하기로 한다.                            │
│                                                            │
│                    2019. 12. 26.                          │
│                                                            │
│ 위 탁 자 (甲)                                             │
│ 상        호 : 주식회사        개발                        │
│ 법인등록번호 : 110111- .544                                │
│ 주        소 : 서울시 중구 다산로      6층(신당동)          │
│ 사 내 이 사 : 김            (인)                           │
│                                                            │
│ 수 탁 자 (乙)                                             │
│ 상        호 :      자산신탁 주식회사                      │
│ 법인등록번호 : 110111-   236                               │
│ 주        소 : 서울특별시 강남구 태헤란로    20층(삼성동)    │
│ 대 표 이 사 : 이            (인)                           │
└─────────────────────────────────────────────────────────┘
```

신탁 기본계약 제39조(신탁원부 기재사항 변경 특약 근거 조항 명시)

```
┌─────────────────────────────────────────────────────────┐
│ 제 39 조 【신탁계약의 특약 및 변경】                        │
│ ① 수탁자는 신탁계약에서 정하지 아니한 사항 또는 신탁계약과 │
│    달리 정하고자 하는 사항이 있는 경우 특약을 체결할 수 있다.│
│ ② 수탁자는 신탁계약 체결 후 수익자, 우선수익자와의 합의로  │
│    그 내용을 변경할 수 있다.                               │
└─────────────────────────────────────────────────────────┘
```

(나) 위탁자 및 수탁자가 우선수익자 변경권이 있어 위탁자, 수탁자 및 새로운 우선수익자들 간 토지신탁 2차 변경계약을 체결하여 신탁원부 기재사항인 기존 1순위 및 2순위 우선수익자를 공동 1순위, 2순위, 3순위 및 4순위 우선수익자로 분할하여 변경등기함(기본계약 제39조).

관리형토지신탁 (2차)변경계약서

제 1 조 (목적)

본 변경계약의 목적은 위탁자 겸 수익자 주식회사　　　개발(이하 "甲"이라 한다.), 수탁자　　　자산신탁 주식회사(이하 "乙"이라 한다.), 주식회사　　　건설(이하 "丙"이라 한다.),　　　개발투자 유한회사(이하 "丁"이라 한다.),　　　증권 주식회사(이하 "대리금융기관"이라 한다.) 간 체결한 분임 1읍 신탁부동산으로 하는 관리형토지신탁계약(2019.10.17. 체결), 1차 변경계약(2019.12.26. 체결, 관리형토지신탁계약과 1차 변경계약을 총칭하여 "본 계약"이라 한다)의 내용을 제2조와 같이 변경하는데 있다.

제 2 조 (변경내용)

① "본 계약" 특약사항

항목	변경 전	변경 후
전문	위탁자 겸 수익자 주식회사　　　개발(이하 "甲"이라 함), 수탁자　　　자산신탁 주식회사(이하 "乙"이라 함), 시공사 겸 제2순위 우선수익자 주식회사　　　건설(이하 "丙"이라 함), 제1순위 우선수익자　　　개발투자 유한회사(이하 "丁"이라 함), "丁"의 업무를 대리하는　　　증권 주식회사(이하 "대리금융기관"이라 함)는 서울시 동작구 상도동　　　일원의 공동주택 신축사업(이하 "본 사업"이라 함) 관련 관리형토지신탁계약(이하 "기본계약"이라 함) 제39조를 근거로 아래와 같이 특약사항을 정하기로 한다.	위탁자 겸 수익자 주식회사　　　개발(이하 "甲"이라 함), 수탁자　　　자산신탁 주식회사(이하 "乙"이라 함), 시공사 겸 제2순위 겸 제3순위 우선수익자 주식회사　　　건설(이하 "丙"이라 함), 공동 1순위 겸 공동 4순위 우선수익자　　　주식회사,　　　주식회사,　　　주식회사,　　　주식회사,　　　주식회사,　　　주식회사(이하 총칭하여 "丁"이라 함), "丁"의 업무를 대리하는　　　증권 주식회사(이하 "대리금융기관"이라 함)는 서울시 동작구 상도동　　　번지 일원의 공동주택 신축사업(이하 "본 사업"이라 함) 관련 관리형토지신탁계약(이하 "기본계약"이라 함) 제39조를 근거로 아래와 같이 특약사항을 정하기로 한다.

(다) 위탁자 및 수탁자가 우선수익자 변경권을 가지고 있어 위탁자, 수탁자 및 공제회의 3자 간 토지신탁 3차 변경계약 체결을 통해, 공제회를 공동 1순위 및 4순위의 우선수익자로 추가하는 변경등기를 했다.

간지

일련 번호	접수일자	접수번호	변경내역
4	2023년 3월 28일	40121	별지와 같이 신탁원부 기재사항의 변경

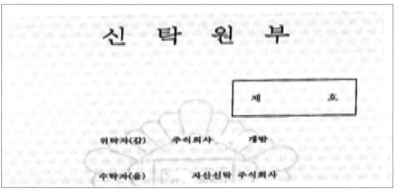

신 탁 원 부

제   호

위탁자(갑)   주식회사   개발

수탁자(을)   자산신탁 주식회사

본 계약을 증명하기 위하여 계약서 3부를 작성하여 "甲", "乙", 변경 후 "丁" 이 기명날인
후 "甲", "乙" 이 각 원본 1부를 보관하고 나머지 1부는 신탁등기용으로 사용하기로 한다.

2023. 03. [   ].

위 탁 자 (甲)
상   호 : 주식회사   개발
법인등록번호 : 110111-52.
주   소 : 서울시 중구 다산로   6층(신당동)
사 내 이 사 : 김.   (인)

수 탁 자 (乙)
상   호 :   자산신탁 주식회사
법인등록번호 : 110111- ...323
주   소 : 서울특별시 강남구   13층(역삼동)
대 표 이 사 : 이   (인)

신규 공동1순위 겸 공동4순위 우선수익자 (丁)
상   호 :   공제회
법인등록번호 : 114271-000.
주   소 : 서울특별시 강남구 남부순환로
대표자 이사장 : 정   (인)

바. 우선수익권 양도에 따른 우선수익자 변경등기 실제 사례

다음의 사례에서는 금감원 등록 대부법인이 신협의 신탁부동산 NPL 및 1순위 우선수익권 2건을 NPL의 전액인 50억 원에 매입한 건이다. 이때 법인은 매각한 신협으로부터 매입대금의 90%인 45억 원의 질권대출을 받고, 자기자본 5억 원을 투입해서 NPL의 매입대금 50억 원을 지급했다.

이 건의 서초구 양재동 소재 신탁부동산(근린생활시설)은 시세가 180억 원으로 담보 여력이 충분해서 원리금의 100%를 지급 후 NPL을 매입했고, 수탁자로부터 우선수익권의 양도 승낙을 받고 신탁원부 변경계약서를 첨부해 양수인 명의로 우선수익자의 변경등기를 완료했다.

이 사건 NPL의 연체이자율은 연 12%이므로 양수인은 공매 신청을 최대한 지연시키면 최대 10억 원(수익권한도금액 60억 원 - 매입원금 50억 원)의 연체이자 배당차익을 얻을 수 있다.

앞서 언급한 것과 같이 우선수익권 양도계약서를 첨부해서 수탁자가 우선수익자의 변경등기를 신청할 수 있다. 또 다른 방법으로는 기존 우선수익자 및 양수인과 수탁자 간 신탁원부 변경계약서를 작성하고, 이를 첨부해서 수탁자가 다음과 같이 우선수익자의 변경등기를 신청할 수도 있다.

(1) 등기사항전부증명서상 부동산담보신탁등기 및 신탁원부 제 2023-12250호 생성

- 서초구 소재 근린생활시설에 부동산담보신탁등기 설정 및 신협의 우선수익권 2건 60억 원 취득(대출원금 2건 합계 50억 원)

6	소유권이전	2023년 10월 24일 제160048호	2023년 10월 24일 신탁재산의귀속	소유자 건철산업주식회사 110111-0 서울특별시 서초구
	5번신탁등기말소		신탁재산의귀속	
7	소유권이전	2023년 10월 24일 제160049호	2023년 10월 24일 신탁	수탁자 신탁주식회사 110111-2 서울특별시 강남구
	신탁			신탁원부 제 호

(2) 채무자 겸 위탁자가 2023년 10월 24일에 신협에서 부동산담보 신탁 대출을 받음(2건 원금 합계 50억 원, 수익권 한도 금액 60억 원, 신탁원부 제2023-12250호)

신탁원부 제2023-12250호 변경내역표

일련 번호	접수일자	접수번호	변경내역
1	2023년 10월 24일	160049	신탁원부 제2023-12250호
2	2024년 7월 29일	130870	별지와 같이 신탁원부 기재사항의 변경

간지

일련 번호	접수일자	접수번호	변경내역
1	2023년 10월 24일	160049	신탁원부 제2023-12250호

(3) 신탁원부 제2023-12250호

위탁자, 수탁자, 1순위, 2순위 및 3순위 우선수익자 등 5인이 부동산 담보신탁계약서를 작성함.

신 탁 원 부		
신 탁 원 부 제 호		
위 탁 자	건설산업 주식회사	
수 탁 자	신탁 주식회사	
신 청 대 리 인	법무법인 (대표자 :) 서울특별시 강남구 영동대로 (삼성동 빌딩)	
신 청 서 접 수	2023 년 월 일 제 호	
1	재문시 겁 위탁자의 성명과 주소	건설산업 주식회사 (법인등록번호 110111-0) 서울특별시 서초구 동산로
2	수탁자의 성명과 주소	신탁 주식회사 (법인등록번호 110111 29 서울특별시 강남구
3	공동1순위 우선수익자 성명과 주소	신용협동조합 (법인등록번호 114941-000 서울특별시 광진구 공항대로
4	2순위 우선수익자 성명과 주소	철강 주식회사 (법인등록번호 180111-02 부산광역시
5	3순위 우선수익자 성명과 주소	부동산신탁 주식회사(법인등록번호 110111-134 서울특별시 강남구
6	신 탁 조 항	별첨 부동산 담보신탁 계약서와 같음
7	부 동 산 의 표 시	별첨 부동산 담보신탁 계약서<별지>와 같음

이 신탁계약을 증명하기 위해 계약서를 6부 작성하여 원탁자와 수탁자, 우선수익자가 각각 1부씩 보관하며, 1부는 신탁 등기에 사용한다.

2023 년 10 월 24 일

위탁자
성 명(상호) :   건일창업 주식회사
주   소 :   서울시 서초구 용산로
대표이사 : 이   (인)
생년월일(법인등록번호) : 110113-0

수탁자
상   호 :   신탁 주식회사
주   소 :   서울특별시 강남구 테헤란로
대표이사 :   (인)
법인등록번호 : 110111-29

공동 1순위 우선수익자
상   호 :   신용협동조합
주   소 :   서울시 강서구 양천로 공항대로
대표이사 : 조 경 현
법인등록번호 : 114941-00

2순위 우선수익자
상   호 :   철강 주식회사
주   소 :   부산광역시 사상구
대표이사 : 박
법인등록번호 : 180113-02

3순위 우선수익자
상   호 :   부동산신탁 주식회사
주   소 :   서울특별시 강남구
대표이사 : 신
법인등록번호 : 110111-1

-별 첨-
1. 신탁부동산의 표시
2. 우선수익자 및 수익자의 표시
3. 신탁보수
4. 신탁특약
5. 제한권리사항

(4) 신협의 1순위 우선수익권 양도에 따른 신탁원부 변경등기 내역

우선수익자를 신협에서 양수인인 ○○에이엠씨 주식회사로 2024년 7월 29일에 변경등기하고, 신탁원부 번호는 기존대로 유지됨.

간지			
일련 번호	접수일자	접수번호	변경 내역
2	2024년7월29일	130870	별지와 같이 신탁원부 기재사항의 변경

신탁원부 기재사항 변경

수 탁 자 :   신탁 주식회사

2024. 07. 29.

위 신청대리인 : 법무사

(5) 우선수익권 양도인 및 양수인이 수탁자의 동의를 얻어 우선수익
 자를 변경등기하기 위해서 2024년 7월 29일에 부동산담보신탁
 원부 변경계약서를 작성하고 간지 뒤에 추가함

부동산담보신탁원부변경계약서
[1차변경]

위탁자 :　　　건설산업(주)
수탁자 :　　　신탁 주식회사

(6) 변경 전 신협의 2건의 우선수익권 등기 내역(대출 원금 50억 원, 우선
수익권 한도금액 60억 원)

부동산담보신탁원부변경계약서(1차)

신탁부동산의 표시 : 별지 기재와 같음
수탁자   신탁(주)와 위탁자 겸 수익자인   건설산업(주)(이하 "을"이라 함) 간 2023년 10월 24일
자 부동산담보신탁계약에 따라 신탁등기한 부동산 담보신탁계약의 신탁원부 일부를 다음과 같이 변경
(이하 "변경계약"이라 함)한다.

1. 변경할 사항
   가. [별첨2] 우선수익자 및 수익자의 표시(공동1순위 우선수익자 변경)

	순위		우선수익자	
변경 전	공동1순위	성 명(상 호)	신동협동조합	
		법인등록번호	114841-000	
		주 소	서울특별시	
		피담보채권	[채무자]와[제1순위 우선수익자] 사이에 체결된[여신거래약정]에 따라 우선수익자가[대출원리금 등]을 지급받을 권리	
		피담보채권원금액	4,000,000,000원	
		우선수익권금액	4,000,000,000원	
	공동1순위	성 명(상 호)	신풍협동조합	
		법인등록번호	114941-000	
		주 소	서울특별시	
		피담보채권	[채무자]와[제1순위 우선수익자] 사이에 체결된[여신거래약정]에 따라 우선수익자가[대출원리금 등]을 지급받을 권리	
		피담보채권원금액	1,000,000,000원	
		우선수익권금액	1,200,000,000원	
	2순위	성 명(상 호)	철강주식회사	
		법인등록번호	180111-02	
		주 소	부산광역시	
		피담보채권	[채무자]와[제2순위 우선수익자] 사이에 체결된[담보제공 합의서]에 따라 우선수익자가[채무자에 대하여 갖는 채권 등]을 지급받을 권리	
		피담보채권금액	2,000,000,000원	
		우선수익권금액	2,000,000,000원	
	3순위	성 명(상 호)	부동산신탁주식회사	
		법인등록번호	110111-13	
		주 소	서울특별시강남구	
		피담보채권	[채무자]와[제3순위 우선수익자] 사이에 체결된 [담보제공 합의서]에 따라 우선수익자가[채무자에 대하여 갖는 채권 등]을 지급받을 권리	
		피담보채권원금액	14,263,287,500원	
		우선수익권금액	18,542,273,750원	

(7) 우선수익자를 신협에서 양수인인 ○○에이엠씨대부로 변경 후 등기 내역

순위		우선수익자	
공동1순위	성 명(상 호)	에이엠씨대부 주식회사	
	법인등록번호	201111-00	
	주 소	경기도 광주시	
	피담보채권	[신용협동조합]와 [에이엠씨대부(주)] 사이에 체결된 [채권양도양수계약]에 따라 우선수익자가 [대출원리금 등]을 지급받을 권리	
	피담보채권한도금액	3,970,000,000원	
	우선수익권금액	4,764,000,000원(대출 금액의 120%)	
공동1순위	성 명(상 호)	에이엠씨대부 주식회사	
	법인등록번호	201111-00	
	주 소	경기도 광주시	
	피담보채권	[신용협동조합]와 [에이엠씨대부(주)] 사이에 체결된 [채권양도양수계약]에 따라 우선수익자가 [대출원리금 등]을 지급받을 권리	
	피담보채권한도금액	1,000,000,000원	
	우선수익권금액	1,200,000,000원(대출 금액의 120%)	
2순위	성 명(상 호)	칠강주식회사	
	법인등록번호	160111-02	
	주 소	부산광역시	
	피담보채권	[채무자]와[제2순위 우선수익자] 사이에 체결된 [담보제공 합의서]에 따라 우선수익자가 [채무자에 대하여 갖는 채권 등]을 지급받을 권리	
	피담보채권한도금액	2,000,000,000원	
	우선수익권금액	2,000,000,000원	
3순위	성 명(상 호)	부동산신탁 주식회사	
	법인등록번호	110111-15	
	주 소	서울특별시 강남구	
	피담보채권	[채무자]와[제3순위 우선수익자] 사이에 체결된 [담보제공 합의서]에 따라 우선수익자가 [채무자에 대하여 갖는 채권 등]을 지급받을 권리	
	피담보채권한도금액	14,263,287,500원	
	우선수익권금액	18,542,273,750원	

나. 특약사항의 추가
다음사항을 특약사항에 추가한다.

제10조【추가된 우선적용】
이 변경계약은 이 변경계약, 2023년 10월 24일자 신탁등기된 신탁계약특약사항, 본계약 순으로 효력이 발생하며, 이 변경계약에서 정하지 아니한 사항은 2023년 10월 24일자 신탁계약 및 특약사항 그대로 효력을 유지한다.

제11조【추가된 신탁보수】
① 추가된 재산관리보수는 금 일백만원정(₩1,000,000-)을 본 계약 체결 시 수탁자의 계좌에 우선수익자

(8) 신탁부동산 NPL 및 우선수익권의 양도인인 신협 및 양수인이 수탁자의 동의를 얻어 3자 간 합의로 신탁원부 변경계약서를 작성하고 우선수익자를 양수인 명의로 변경등기함

에이엠씨대부 주식회사 부담으로 입금하여야 한다.
② 재산처분보수는 환가요인 발생시에 신탁계약서 별첨3의2 환가처분보수요율(VAT별도)을 적용한다.
③ 신탁계약이 중도해지되는 경우 기 납부한 보수는 반환하지 아니하며 기 지급보수를 해지보수로 갈음하여 대체한다.
④ (세금)계산서는 위탁자에게 발행한다. 단, 신탁보수를 우선수익자가 부담하고 우선수익자의 요청이 있는 경우에는 우선수익자에게 발행할 수 있다.

이 변경계약을 증명하기 위하여 변경계약서 4부를 작성하여 수탁자, 우선수익자는 각 1부씩 보관하며, 나머지 1부는 등기 시 사용한다.

제12조 [선순위 제한권리 관련]
우선수익자는 별지2의 선순위 제한권리 현황을 인지하고 있으며, 이로 인하여 발생할 수 있는 문제점에 대해 수탁자는 어떠한 책임도 없음을 확인하며, 우선수익자의 채권보다 우선함을 인지하고 있다.

2024 년 7 월 29 일

수탁자
상 호   :   신탁 주식회사
주 소   :   서울특별시
대표이사 :   이
법인등록번호 : 110111-29

(변경 전) 제1순위 우선수익자
상 호   :   신용협동조합
주 소   :   서울특별시 양천구 공항대로
대표이사 :   조   (인)
법인등록번호 : 114941-000

(변경 후) 제1순위 우선수익자
상 호   :   에이엠씨대부 주식회사
주 소   :   경기도 광주시 중앙로
사내이사 :   강   (인)
법인등록번호 : 201111-00

(9) 별지1. 신탁부동산의 표시

[별지1]

신탁부동산의 표시

1. 1동의건물의표시
서울특별시서초구
[도로명주소]서울특별시서초구
전유부분의건물의표시
1. 건물의번호: 제3층제301호
구조및면적: 철근콘크리트라멘조517.26㎡
전유부분의대지권의표시
토지의표시
1. 서울특별시서초구   대1983.5㎡
대지권의종류: 소유권
대지권의비율: 1983.5 분의219.01

2. 1동의건물의표시
서울특별시서초구
[도로명주소]서울특별시서초구
전유부분의건물의표시
1. 건물의번호: 제4층제401호
구조및면적: 철근콘크리트라멘조517.26㎡
전유부분의대지권의표시
토지의표시
1. 서울특별시서초구   대1983.5㎡
대지권의종류: 소유권
대지권의비율: 1983.5 분의219.01

3.
1동의건물의표시
서울특별시서초구
[도로명주소]서울특별시서초구
전유부분의건물의표시
1. 건물의번호: 제5층제501호
구조및면적: 철근콘크리트라멘조517.26㎡
전유부분의대지권의표시
토지의표시
1. 서울특별시서초구   대1983.5㎡
대지권의종류: 소유권
대지권의비율: 1983.5 분의219.01

이상

(10) 별지2. 신탁등기 전 선순위 임차권 및 근저당권 설정 내역

(합계 65억 5,000만 원)

[별지2]

제한권리 현황

1. 임대차현황

순번	임대차목적물	임대인	임차인	보증금(원)	월임료(원)	임대기간	보증금 및 임대료 수주 주체
1	서울특별시 서초구 회관3층 전체(336평)	건설산업 주식회사	주식회사 에●●●●	200,000,000~	7,560,000	2022.01.01 ~2023.12.31	임탁자
2	서울특별시 서초구 회관5층 일부(286평)	건설산업 주식회사	주식회사 테●●	350,000,000~	4,500,000	2021.09.01 ~2024.08.31	임탁자

2. 선순위 근저당권

순번	채권자	채무자	채권최고액(원)	등기목적
1	주식회사 로	건설산업 주식회사	300,000,000~	근저당권 설정
2	한국 은행	건설산업 주식회사	2,400,000,000~	근저당권 설정
3	한국 은행	건설산업 주식회사	1,100,000,000~	근저당권 설정
4	주식회사 아이	건설산업 주식회사	200,000,000~	근저당권 설정
5	한국 은행	건설산업 주식회사	1,400,000,000~	근저당권 설정
6	한국 은행	건설산업 주식회사	1,100,000,000~	근저당권 설정
7	주식회사 로	건설산업 주식회사	50,000,000~	근저당권 설정
	합계		6,550,000,000	

신탁부동산 NPL 투자의 장단점
(근저당권부 NPL 투자와의 차이점)

가. 신탁 공매 실행은 최단 30일 이내에 가능하다

우선수익권자인 금융기관의 환가요청(공매 신청) 접수(1~2일), 채무자에게 이행최고(20일, 우선수익자 요구로 단축 가능), 공매 공고 및 공고 10일 후 공매 착수 등으로 절차를 빠르게 진행시킬 수 있다. 이에 반해 법원 경매 절차는 보통 12개월 정도로 장시간이 소요된다.

우선수익권부 NPL은 부동산담보신탁된 부동산을 일반 공매를 통해 회수하는데, 이는 NPL을 앞선 법원 경매보다 조기에 회수할 수 있으나, 절차상 기간이 2~3개월 정도만 소요되어 연체이자 배당수익 발생 기간이 짧다. 다만 법원 경매는 그 기간이 길어서 보통 12개월 정도의 연체이자 배당수익을 얻을 수 있다.

물론 신탁 NPL채권자는 대출 연체 시 수탁사에 공매 절차 진행 신청권이 있기 때문에 공매 절차 연기, 철회 또는 취소 신청도 가능하므로 연기 신청을 통해 어느 정도 연체이자 배당수익을 증가시킬 수는 있다.

신탁 공매는 빠른 유입취득이 가능하므로 개발 목적일 경우 빠른 유입 및 개발 진행도 가능하다.

나. NPL 할인을 많이 받아야 할인 배당차익 취득이 가능하다

신탁부동산 NPL은 지금처럼 부동산 하락 시 NPL 배당손실이 일반 담보부 NPL보다 크므로, 할인을 상대적으로 많이 받아야 할인 배당차익을 얻을 수 있다.

신탁 NPL은 부동산 임대차에 대한 소액보증금 공제 없이 대출한도를 높게 산정하므로, 일반 근저당권부 NPL보다 소액보증금만큼 대출한도가 더 많이 실행된다. 이에 신탁 NPL 할인매입 시 일반 담보부 NPL보다는 소액보증금 상당의 과다 대출금까지 추가 할인해서 매입해야 NPL 할인 실익이 있다.

신탁부동산 NPL은 신탁등기 후 차주의 법률적 리스크 차단, 신규 임대차 및 후순위 권리 설정을 배제할 수 있는 장점이 있으나, 그 밖의 모든 물적, 법적 하자를 매수인이 인수·부담하는 리스크도 있기 때문에 저가 매수 후 기존의 리스크를 해결하면 많은 수익을 취할 수 있다.

NPL 신탁과 관련된 NPL 조각 투자 내지 NPL 토큰증권(NPL-STO, NPL-Security Token Offering) 투자

NPL 조각 투자 개요
(담보부 NPL 디지털 수익증권, NPL-DAS)

가. NPL 조각 투자의 정의

금융위원회가 정의한 조각 투자란 2인 이상의 투자자가 실물자산, 그 밖에 재산적 가치가 있는 권리를 분할한 청구권에 투자·거래하는 신종 투자 형태를 말한다.

NPL 조각 투자란 NPL을 '디지털(Digital) 형태의 신탁 수익증권 또는 비신탁 투자계약증권(NPL-DAS : NPL-Digital Asset Security)'으로 쪼개서 NPL 플랫폼(장외 증권거래소)에서 개인 등이 NPL을 주식(증권)처럼 사고파는 투자 방식을 말한다. 이는 NPL을 기초자산으로 해서 수익권을 디지털 증권화해, 전자 장부에 등록한 후 거래하는 신규 투자법이다. 현재 여러 NPL 플랫폼이 설립을 준비 중이고, 곧 시장을 오픈할 예정이다. 필자는 아직 시행되지는 않았지만 곧 도래하고, 대중화될 NPL 조각 투자 시장을 예상해 설명하고자 한다.

나. NPL 조각증권과 NPL 토큰증권의 차이점

NPL 조각(증권) 투자는 아직 법제화가 안 된 상태에서 금융혁신지원 특례법 등에 따라 금융위원회의 승인을 받아, 2년간 한시적으로 장외 거래소에서 디지털증권(NPL-DAS)으로 운영하는 임시적인 투자를 의미한다.

정부는 이러한 NPL 등을 포함한 조각증권 투자를 정식으로 법제화시켜 제도권 시장인 증권거래소 등으로 편입시키는 작업을 추진 중인데, 편입되면 이러한 디지털 조각증권은 디지털 토큰증권으로 전환된다. 장외 거래소의 NPL 조각증권이 법제화되면 장내 거래의 NPL 토큰증권이 되는 것이다. 그렇다면 2년간의 한시적인 NPL 조각증권 투자는 상시적인 NPL 토큰증권으로 개명되어 영구적인 투자 상품으로 탈바꿈될 것이다. 따라서 다음에서는 NPL 토큰증권의 전 단계인 NPL 조각증권 투자에 관해 설명할 예정이지만, 이는 NPL 토큰증권 투자로 대체해서 이해해도 문제 없다.

증권의 종류(금융 투자 상품 6가지)

금융 투자 상품인 증권은 그 성격에 따라 다음과 같이 6가지로 구분되는데, 신탁상품은 그중 수익증권에 해당된다. 자본시장법에서는 금융상품을 원본 손실 가능성에 따라 금융 투자 상품과 비금융 투자 상품으로 구분하고, 금융 투자 상품은 다시 원본 초과손실 가능성에 따라 파생상품과 증권으로 분류한다.

명칭		정의	예
전통적 증권	채무증권	채무를 나타내는 것	국채, 지방채, 사채, 기업어음 등
	지분증권	출자지분을 나타내는 것	주식, 신주인수권, 출자증권, 출자지분 등
	수익증권	수익권을 나타내는 것	신탁 수익증권, 투자신탁 수익증권 등
	증권예탁증권	증권의 예탁을 받은 자가 발행하는 증권	KDR, GDR, ADR 등
투자계약(Investment Contract) 증권		이익을 기대해 공동사업에 금전을 투자하고 타인의 노력 결과에 따라 손익을 귀속받는 계약	집합투자증권, 비정형간접투자증권, 주식, 출자지분 등
파생결합증권 (Securitized Derivatives)		기초자산의 가격 등의 변동과 연계되어 이익을 얻거나 손실을 회피할 목적의 계약상의 권리	주가연계증권(DLS), ELW 환율연계증권, FRN, CLN

다. 근저당권자보다 신탁의 수익권자가 강하게 보호받는다

부동산을 명의신탁한 경우 대외적으로는 수탁자가 소유자이므로 명의신탁된 토지의 수용에 따른 손실보상청구권은 등기부상 소유명의자인 명의수탁자에게 귀속된다(대법원 1993. 6. 29. 선고 91누2342).

부동산의 손실보상은 명의수탁자에게 귀속되어 신탁재산이 되고(신탁법 제27조), 여기서 우선수익권자(담보신탁 시 담보권자 포함)는 당연히 별도의 절차 없이 우선배당을 받는다. 이처럼 우선수익자인 담보권자는 강한 보호를 받는다.

그러나 근저당권자는 부동산의 손실보상금이 소유자에게 지급되기 전에 물상대위에 의한 압류 및 전부(추심)명령 신청을 해야 보호받는다. 만약 손실보상금이 근저당권자가 압류를 하지 않은 사이에 소유자에게 지급될 시, 근저당권자는 소유자를 상대로 부당이득반환 청구를 할 수 있을 뿐이다.

적용 법률

① **신탁법 제27조**(신탁재산의 범위)
신탁재산의 관리, 처분, 운용, 개발, 멸실, 훼손, 그 밖의 사유로 수탁자가 얻은 재산은 신탁재산에 속한다.

② **토지보상법 제47조**(담보물권과 보상금)
담보물권의 목적물이 수용되거나 사용된 경우 그 담보물권은 그 목적물의 수용 또는 사용으로 인하여 채무자가 받을 보상금에 대하여 행사할 수 있다. 다만, 그 보상금이 채무자에게 지급되기 전에 압류하여야 한다.

③ **민법 제342조**(물상대위)
질권(근저당권에 준용되어 근저당권으로 대체해서 적용가능)은 질물의 멸실, 훼손 또는 공용징수로 인하여 질권설정자가 받을 금전 기타 물건에 대하여도 이를 행사할 수 있다. 이 경우에는 그 지급 또는 인도 전에 압류하여야 한다.

제370조(준용규정)
제214조, 제321조, 제333조, 제340조, 제341조 및 제342조의 규정은 저당권에 준용한다.

① 대법원 1975. 4. 8. 선고 73다29

경매 진행 중인 근저당목적물이 제3자의 불법행위로 멸실되어 근저당권이 소멸한 경우 소유자가 불법행위자로부터 보상을 받았으면 근저당권자였던 사람은 소유자에게 부당이득반환을 청구할 수 있다.

② 대법원 2017. 7. 18. 선고 2017다218796

[1] 근저당권자가 근저당목적물의 공용징수 등으로 인하여 근저당목적물의 소유자가 받을 금전의 지급청구권을 압류하기 전에 그 소유자가 지급청구권에 기하여 금전을 수령함으로써 근저당권자가 물상대위권을 행사할 수 없는 경우, 근저당목적물의 소유자가 근저당권자에게 부당이득을 반환할 의무를 지는지 여부(적극) 및 이러한 법리는 근저당목적물을 양수한 제3취득자에 대한 경우뿐만 아니라 근저당목적물의 소유자가 피담보채권의 채무자인 경우에도 마찬가지로 적용되는지 여부(적극)

[2] 법률상 원인 없이 제3자에 대한 채권을 취득하였으나 아직 채권을 현실적으로 추심하지 못한 경우, 부당이득반환청구권의 행사 방법(= 채권 양도와 양도 통지의 이행청구)

한편 법률상 원인 없이 제3자에 대한 채권을 취득한 경우 만약 채권의 이득자가 이미 그 채권을 변제받은 때에는 그 변제받은 금액이 이득이 되어 이를 반환하여야 한다. 그러나 채권의 이득자가 그 채권을 현실적으로 추심하지 못한 때에는 손실자는 이득자에게 그 채권의 반환을 구하여야 하는데 이는 결국 부당이득한 채권의 양도와 그 채권 양도의 통지를 그 채권의 채무자에게 하여 줄 것을 청구하는 형태가 된다(대법원 1995. 12. 5. 선고 95다22061 판결, 대법원 2013. 4. 26.자 2009마1932 결정 등 참조).

③ 대법원 2022. 8. 11. 선고 2017다256668호

물상대위권에 기한 압류 및 추심명령 신청 시 신청일까지의 원리금만 청구금액으로 확정했어도 추후 배당기일까지의 부대채권을 확장하여 우선배당을 받을 수 있다.

[2] 저당권자가 물상대위권을 행사하여 채권압류 및 추심명령 또는 전부명령을 신청하면서 청구채권 중 이자 · 지연손해금 등 부대채권의 범위를 신청일 무렵까지의

확정금액으로 기재한 경우, 배당기일까지의 부대 채권을 포함하여 원래 우선변제권을 행사할 수 있는 범위에서 우선배당을 받을 수 있는지 여부(원칙적 적극)

3. 위와 같은 사실관계를 앞서 본 법리에 비추어 살펴본다. 원고는 이 사건 제1, 2순위 근저당권에 기한 물상대위권을 행사하여 이 사건 압류 및 추심명령을 신청할 당시의 민사집행 실무에서 요구하는 바에 따라 청구채권 중 부대채권의 범위를 신청일 무렵까지의 확정금액으로 기재한 것으로 보일 뿐이다. 더구나 원고는 배당기일 전 집행법원에 이 사건 제1, 2순위 근저당권의 피담보채권액 중 부대채권의 범위를 배당기일 전날까지로 산정한 채권계산서를 제출하기도 하였다. 이와 같은 신청 경위에 비추어 보면, 원고가 신청일까지의 부대채권액만 배당받겠다는 의사를 명확하게 표시하였다는 등의 특별한 사정이 있다고 보기 어렵다. 따라서 원고는 배당기일까지의 부대채권을 포함하여 이 사건 제1, 2순위 근저당권자로서 원래 우선변제권을 행사할 수 있는 범위 내에서 원고가 구하는 바에 따라 우선배당을 받을 수 있다. 원고가 우선적으로 배당받을 수 있는 채권금액에 배당기일까지의 부대채권이 포함된다는 취지의 원심판단은 일부 적절하지 않은 부분이 있지만, 거기에 상고이유 주장과 같이 물상대위에 의한 채권압류 및 추심명령, 경매 절차에서 청구금액 확장의 허용 여부나 시한, 배당이의 소에서 원고적격과 소의 이익 등에 관한 법리를 오해하는 등의 잘못이 없다.

담보부 NPL의 조각 투자
금융플랫폼 (예상) 구조도

| NPL 조각 투자 금융플랫폼 (예상) 구조도 |

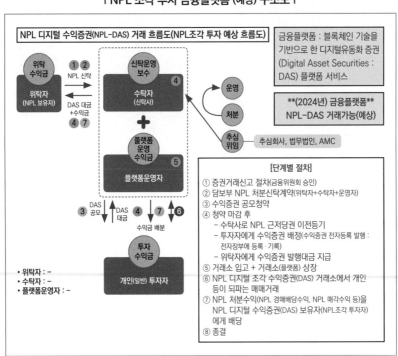

NPL 조각 투자자 보호 장치

가. NPL 거래에 블록체인 기술 결합 시 NPL 이중양도 등의 피해 예방 가능

NPL 블록체인은 NPL의 거래 기록을 저장한 데이터베이스로, NPL 거래 장부다. 이는 현재 개발을 진행하고 있다. 블록체인 기술은 NPL 조각 투자 거래 내역을 기록한 블록을 만들어 거래당사자인 개인 사이의 컴퓨터에 분산 저장하고, 거래 시 이를 확인할 수 있어 이중양도 등의 피해를 예방할 수 있을 것으로 보인다.

> **블록체인이란?**
>
> **블록체인(Block Chain)은 공공 거래 장부, 분산 거래 장부를 말한다.**
>
> 구체적으로 이는 '블록(Block)'을 잇따라 '연결(Chain)'한 모음을 말한다. 블록체인 기술이 쓰인 가장 유명한 사례는 암호화폐인 '비트코인(Bitcoin)'이다.
>
> '블록체인(Block Chain)' 기술에서 블록에는 일정 시간 동안 확정된 거래 내역이

담긴다. 온라인에서 거래 내용이 담긴 블록이 형성되는 것이다. 거래 내역을 결정하는 주체는 사용자다. 이 블록은 네트워크에 있는 모든 참여자에게 전송된다. 참여자들은 해당 거래의 타당성 여부를 확인한다. 승인된 블록만이 기존 블록체인에 연결되면서 송금이 이루어진다. 이는 신용 기반이 아니다. 시스템으로 네트워크를 구성해 제3자가 거래를 보증하지 않고도 거래당사자끼리 가치를 교환할 수 있다는 것이 블록체인 구상이다.

비트코인 기술을 처음 고안한 사람은 '사토시 나카모토'라는 개발자다. 비트코인은 생긴 지 5년 만에 시가총액으로 세계 100대 화폐 안에 들어갈 정도로 성장했다. 그는 '비트코인 : P2P 전자화폐 시스템'이라는 논문에서 비트코인을 전적으로 거래당사자 사이에서만 오가는 전자화폐로 정의했다. P2P(Peer to Peer) 네트워크를 이용해 이중지불을 막아준다는 것이다. 즉, P2P 네트워크를 통해 이중지불을 막는 데 쓰이는 기술이 바로 블록체인이다.

비트코인은 특정 관리자나 주인이 없다. P2P 방식으로 작동하기 때문이다. P2P는 개인 간 거래를 의미한다. 인터넷으로 다른 사용자 컴퓨터에 접속해 파일을 교환 · 공유할 수 있는 서비스다. 비트코인은 개인이나 회사가 아닌 여러 이용자 컴퓨터에 분산 저장된다.

비트코인에서 10분에 한 번씩 만드는 거래 내역 묶음이 '블록'이다. 즉 블록체인은 비트코인의 거래 기록을 저장한 거래 장부다. 데이터베이스(DB)로 이해하면 쉽다. 거래 장부를 공개하고 분산해 관리한다는 의미에서 '공공 거래 장부'나 '분산 거래 장부(Distributed Ledgers)'로도 불린다.

출처 : TTA 정보통신용어사전

"온라인 금융 거래 정보를 블록으로 연결하여 피투피(P2P) 네트워크 분산 환경에서 중앙 관리 서버가 아닌 참여자(피어, peer)들의 개인 디지털 장비에 분산 · 저장시켜 공동으로 관리하는 방식. 블록체인의 기본 구조는 블록(block)을 잇따라 연결한(chain) 모음의 형태이며 피투피(P2P) 방식을 기반으로 한다. 일정 시간 동안 반수 이상의 사용자가 거래 내역을 서로 교환해 확인하고 승인하는 과정을 거쳐, 디지털 서명으로 동의한 금융 거래 내역만 하나의 블록으로 만든다. 그리고 새로 만들어진 블록을 이전 블록체인에 연결하고, 그 사본을 만들어 각 사용자 컴퓨터에 분산시켜 저장한다. 따라서 기존 은행처럼 거래 장부용 데이터베이스로 관리할 필요가 없어 관리 비용이 절감되며, 분산 처리로 해킹이 어려워 금융 거래의 안전성도 향상된다. 블록체인 방식은 주식, 부동산 등의 거래에도 적용 가능하며, 토지 권리 양도나 가정 현관 키 등 보안에 관련된 다양한 분야에 활용될 수 있다. 블록체인을 사용한 대표적인 예가 가상 화폐인 비트코인(Bitcoin)이다."

출처 : 매경 시사 용어사전

블록체인은 이와 같은 분산형 데이터 저장 기술로 공공 거래 장부라고도 불린다. 중앙 집중형 서버에 거래 기록을 보관하지 않고 거래에 참여하는 모든 사용자에게 거래 내역을 보내주며, 거래 때마다 모든 거래 참여자들이 정보를 공유하고 이를 대조해 데이터 위조나 변조를 할 수 없도록 되어 있다. 2019년 10월에는 시진핑 중국 주석이 블록체인 기술 발전에 적극적으로 나서겠다는 강력한 의지를 내보여 기반 기술주 주가가 반등하기도 했다.

나. 투자자 보호 강화 목적 NPL 신탁등기

(1) 개미를 위한 NPL 조각 투자 플랫폼이 필요하다

현재는 근저당권부 NPL(연체 금전채권) 신탁으로 수익증권 발행이 가능하다. 이는 담보부 연체 금전채권을 할인매입 등으로 취득 후 고가로 재매각 또는 경매 시 고배당으로 이자나 할인차익을 받아 이를 수익증권 소지자에게 지급하는 투자법이다. 그런데 이러한 거액의 수익증권은 기관 투자자 등의 전유물이어서 개인 투자자가 소액으로 접근하기 힘들다. 이에 개미 투자자들도 이러한 NPL 수익증권을 잘게 조각내서 5,000원 정도의 소액으로 부담 없이 투자할 수 있는 제도권 밖의 시장이 필요한 시기가 도래했다.

한편 금융위원회(금융위)는 2년의 범위 내에서 금융 관련 법령에 우선해 규제 적용의 특례를 인정받는 혁신금융 서비스를 지정할 수 있다(금융혁신지원 특별법 제3조, 제4조). 현재 부동산과 고가 자동차, 송아지, 미술품, 음원저작권 사용료, 고급 명품 등도 금융위원회로부터 지정받은 각종 조각 투자 플랫폼을 통해 개인 투자자들이 5,000원 정도의 소액으로 투자할 수 있도록 하는 플랫폼이 만들어진 상태다.

그러나 NPL에 대한 조각 투자 플랫폼은 아직 없다. 따라서 개미 NPL 투자자들의 투자 열기에 부응하기 위해서는 금융혁신지원 특별법의 특례에 따라 금융위원회의 승인을 받은 NPL 조각 투자 플랫폼이 필요하다. 또한 NPL 조각 투자 플랫폼이 금융위원회의 승인을 받아 시장에 등장한다면 그 투자는 NPL 신탁 제도를 통해 안전성 역시 보장될 것이다.

이는 고액 NPL의 유동화가 필요한 위탁자가 보유한 근저당권부 NPL을 신탁사에 수탁하면, 수탁사는 이를 기초로 해서 5,000원 정도로 분할한 조각 수익증권을 개미 투자자들에게 판매한다. 그리고 수탁사가 근저당권부 NPL의 원리금을 채무자로부터 자진 변제, 재매각 및 경매배당 등으로 회수해서 개미 투자자들에게 그 수익을 돌려주는 방식이다.

앞서 이야기한 NPL 신탁 제도가 개미 투자자들의 안전 장치가 되는 이유는 다음과 같다.

(2) 신탁재산의 위탁자로부터의 보호 장치를 살펴보자

NPL 관리처분신탁은 NPL 위탁자에게 투자자로부터 받은 수익증권 발행대금을 지급하고, 위탁자의 NPL을 수탁자가 이전받은 후 이를 처분해서 NPL 조각 투자자에게 수익 배당 시 이용하는 신탁 제도다.

제3자인 수탁자 앞으로 신탁에 의한 근저당부 NPL이 이전등기 되면 대외적으로는 NPL에 대한 권리가 신탁자에게서 수탁사인 제3자에게 이전된 것이므로, 위탁자에게 채권자가 수탁된 근저당권부 NPL에 대한 가압류 신청, 압류 및 추심명령(또는 전부명령) 신청, 세금 체납에 따른 NPL 압류 등을 하지 못하는 등 위탁자의 채권자들로부터 강제집행을 당할 위험을 사전에 차단할 수 있다. 또한 수탁된 NPL은 위탁자가 다른 채권자에게 질권설정 및 근담보권 설정 등의 담보 제공을 하거나 타인에게 양도 등 처분을 할 수 없다.

수탁자에게 처분신탁으로 NPL이 이전등기가 되면, 신탁된 NPL은 위탁자가 개인회생 신청이나 파산 신청을 하더라도 위탁자의 개인회생재단에 속하지 않는다. 또한 수탁된 NPL은 위탁자 및 수탁자의 파산재단에도 속하지 않게 된다.

이와 같이 근저당권부 NPL 신탁 제도는 근저당권 자체를 직접 보호함으로써, NPL 조각 투자자들이 수탁된 NPL의 처분수익에서 안전하게 배당받을 수 있게 한다.

이처럼 NPL 신탁은 NPL 조각 투자자들을 보호하기 위한 강력한 방화 장치로써 위탁자로부터 전이될 수 있는 각종 법률적, 경제적 위험을 사전에 차단하는 기능을 한다. 그래서 금융위원회에서 NPL 증권거래 플랫폼 사업 승인 시 가장 중요하게 보는 부분이 투자 대상 자산의 신탁을 위한 신탁사 편입 부분이다.

(3) 신탁재산의 수탁자로부터의 보호 장치를 살펴보자

신탁재산은 수탁자의 고유재산이 아니므로 이와 분리되어 수탁자의 각종 법률적, 경제적 위험으로부터 보호된다. 즉 수탁자의 채권자로부터 강제집행 등이 금지되는 점, 수탁자의 상속재산에 속하지 아니하는 점, 수탁자가 이혼 시 재산분할 대상이 되지 않는 점, 수탁자의 파산재단 및 개인회생재단을 구성하지 않는 점, 신탁재산에 속하는 채권과 신탁재산에 속하지 않는 채무는 서로 상계하지 못하는 점, 신탁재산과 고유재산 사이에 혼동이 안 되는 점 등 신탁재산은 법인 수탁자뿐만 아니라 개인 수탁자의 사적인 법률상 위험으로부터도 강력하게 보호된다.

한편 NPL 신탁 시 위탁자가 타 채권자의 가압류나 강제집행을 면탈할 목적으로 신탁등기를 하면 안 되며, 이 경우 사해행위 취소소송의 대상이 되어 신탁등기가 말소될 수 있다.

참고로 NPL 담보신탁은 위탁자의 대출 담보를 목적으로 위탁자의 NPL을 신탁으로 이전받아 담보권(일종의 양도담보권) 설정 후 위탁자가 대출 완제 시 담보를 해지하고, 신탁재산의 귀속으로 위탁자에게 NPL을 다시 이전등기해서 권리를 원상회복하는 제도다. 연체 시에는 수탁사가 NPL을 타에 매각 또는 NPL로 담보 부동산을 경매 신청해서 회수된 대금으로 대출채권자인 수익증권 보유자에게 교부해, 이를 대출금에 변제 충당하게 된다.

관련 법률

신탁법 제3장 신탁재산

제22조(강제집행 등의 금지)
① 신탁재산에 대하여는 강제집행, 담보권 실행 등을 위한 경매, 보전처분(이하 "강제집행등"이라 한다) 또는 국세 등 체납처분을 할 수 없다. 다만, 신탁 전의 원인으로 발생한 권리 또는 신탁사무의 처리상 발생한 권리에 기한 경우에는 그러하지 아니하다.
② 위탁자, 수익자나 수탁자는 제1항을 위반한 강제집행 등에 대하여 이의를 제기

할 수 있다. 이 경우 '민사집행법' 제48조를 준용한다.

③ 위탁자, 수익자나 수탁자는 제1항을 위반한 국세 등 체납처분에 대하여 이의를 제기할 수 있다. 이 경우 국세 등 체납처분에 대한 불복절차를 준용한다.

제23조(수탁자의 사망 등과 신탁재산) 신탁재산은 수탁자의 상속재산에 속하지 아니하며, 수탁자의 이혼에 따른 재산분할의 대상이 되지 아니한다.

제24조(수탁자의 파산 등과 신탁재산) 신탁재산은 수탁자의 파산재단, 회생절차의 관리인이 관리 및 처분 권한을 갖고 있는 채무자의 재산이나 개인회생재단을 구성하지 아니한다.

제25조(상계 금지)

① 신탁재산에 속하는 채권과 신탁재산에 속하지 아니하는 채무는 상계(相計)하지 못한다. 다만, 양 채권·채무가 동일한 재산에 속하지 아니함에 대하여 제3자가 선의이며 과실이 없을 때에는 그러하지 아니하다.

② 신탁재산에 속하는 채무에 대한 책임이 신탁재산만으로 한정되는 경우에는 신탁재산에 속하지 아니하는 채권과 신탁재산에 속하는 채무는 상계하지 못한다. 다만, 양 채권·채무가 동일한 재산에 속하지 아니함에 대하여 제3자가 선의이며 과실이 없을 때에는 그러하지 아니하다.

제26조(신탁재산에 대한 혼동의 특칙) 다음 각 호의 경우 혼동(混同)으로 인하여 권리가 소멸하지 아니한다.

1. 동일한 물건에 대한 소유권과 그 밖의 물권이 각각 신탁재산과 고유재산 또는 서로 다른 신탁재산에 귀속하는 경우
2. 소유권 외의 물권과 이를 목적으로 하는 권리가 각각 신탁재산과 고유재산 또는 서로 다른 신탁재산에 귀속하는 경우
3. 신탁재산에 대한 채무가 수탁자에게 귀속하거나 수탁자에 대한 채권이 신탁재산에 귀속하는 경우

제27조(신탁재산의 범위) 신탁재산의 관리, 처분, 운용, 개발, 멸실, 훼손, 그 밖의 사유로 수탁자가 얻은 재산은 신탁재산에 속한다.

제28조(신탁재산의 첨부) 신탁재산과 고유재산 또는 서로 다른 신탁재산에 속한 물건 간의 부합(附合), 혼화(混和) 또는 가공(加工)에 관하여는 각각 다른 소유자에게 속하는 것으로 보아 '민법' 제256조부터 제261조까지의 규정을 준용한다. 다만, 가공자가 악의인 경우에는 가공으로 인한 가액의 증가가 원재료의 가액보다 많을 때에도 법원은 가공으로 인하여 생긴 물건을 원재료 소유자에게 귀속시킬 수 있다.

제29조(신탁재산의 귀속 추정)
① 신탁재산과 고유재산 간에 귀속관계를 구분할 수 없는 경우 그 재산은 신탁재산에 속한 것으로 추정한다.
② 서로 다른 신탁재산 간에 귀속관계를 구분할 수 없는 경우 그 재산은 각 신탁재산 간에 균등하게 귀속된 것으로 추정한다.

제30조(점유하자의 승계) 수탁자는 신탁재산의 점유에 관하여 위탁자의 점유의 하자를 승계한다.

다. 투자 수익의 기초자산에 대한 손실 담보를 위한 보험 가입

NPL 수익증권의 기초자산 손실을 담보하기 위한 보험에 가입해야 한다. NPL 담보 주택이라면 화재보험에 가입하고, 하자부 NPL이라면 하자 손실보험에 가입해야 할 것이다.

관련 법률

신탁법 제8조(사해신탁)
① 채무자가 채권자를 해함을 알면서 신탁을 설정한 경우 채권자는 수탁자가 선의일지라도 수탁자나 수익자에게 '민법' 제406조 제1항의 취소 및 원상회복을 청구할 수 있다. 다만, 수익자가 수익권을 취득할 당시 채권자를 해함을 알지 못한 경우에는 그러하지 아니하다.

② 제1항 단서의 경우에 여러 명의 수익자 중 일부가 수익권을 취득할 당시 채권자를 해함을 알지 못한 경우에는 악의의 수익자만을 상대로 제1항 본문의 취소 및 원상회복을 청구할 수 있다.

③ 제1항 본문의 경우에 채권자는 선의의 수탁자에게 현존하는 신탁재산의 범위 내에서 원상회복을 청구할 수 있다.

④ 신탁이 취소되어 신탁재산이 원상회복된 경우 위탁자는 취소된 신탁과 관련하여 그 신탁의 수탁자와 거래한 선의의 제3자에 대하여 원상회복된 신탁재산의 한도 내에서 책임을 진다.

⑤ 채권자는 악의의 수익자에게 그가 취득한 수익권을 위탁자에게 양도할 것을 청구할 수 있다. 이때 '민법' 제406조 제2항을 준용한다.

⑥ 제1항의 경우 위탁자와 사해신탁(詐害信託)의 설정을 공모하거나 위탁자에게 사해신탁의 설정을 교사·방조한 수익자 또는 수탁자는 위탁자와 연대하여 이로 인하여 채권자가 받은 손해를 배상할 책임을 진다.

제66조(수익권에 대한 질권)

① 수익자는 수익권을 질권의 목적으로 할 수 있다. 다만, 수익권의 성질이 질권의 설정을 허용하지 아니하는 경우에는 그러하지 아니하다.

② 제1항에도 불구하고 수익권을 목적으로 하는 질권의 설정에 대하여 신탁행위로 달리 정한 경우에는 그에 따른다. 다만, 그 정함으로써 선의의 제3자에게 대항하지 못한다.

③ 수익권을 목적으로 하는 질권의 설정에 관하여는 수익권 양도의 대항요건과 수탁자의 항변사유에 관한 제65조를 준용한다. 이 경우 제65조 중 "양도인"은 "수익자"로, "양수인"은 "질권자"로 보고, 같은 조 제1항 중 "수익권의 양수 사실"은 "수익권에 대하여 질권이 설정된 사실"로 본다.

④ 수익권을 목적으로 하는 질권은 그 수익권에 기한 수익채권과 이 법 또는 신탁행위에 따라 그 수익권을 갈음하여 수익자가 받을 금전이나 그 밖의 재산에도 존재한다.

⑤ 수익권의 질권자는 직접 수탁자로부터 금전을 지급받아 다른 채권자에 우선하여 자기 채권의 변제에 충당할 수 있다.

⑥ 질권자의 채권이 변제기에 이르지 아니한 경우 질권자는 수탁자에게 그 변제금액의 공탁을 청구할 수 있다. 이 경우 질권은 그 공탁금에 존재한다.

제83조(수익증권발행신탁 수익권에 대한 질권)

① 수익증권발행신탁의 경우 수익권을 질권의 목적으로 할 때에는 그 수익권을 표시하는 수익증권을 질권자에게 교부하여야 한다.

② 제1항에 따라 수익증권을 교부받은 질권자는 계속하여 수익증권을 점유하지 아니하면 그 질권으로써 수탁자 및 제3자에게 대항하지 못한다.

③ 제78조 제1항 후단에 따라 특정 수익권에 대하여 수익증권을 발행하지 아니한다는 뜻을 정한 수익증권발행신탁의 경우 해당 수익권에 대한 질권은 그 질권자의 성명 또는 명칭과 주소를 수익자명부에 적지 아니하면 수탁자 및 제3자에게 대항하지 못한다.

④ 수익증권발행신탁에서 수익권을 표시하는 수익증권을 발행하는 정함이 있는 수익권의 경우 수익증권 발행 전에 한 수익권에 대한 질권의 설정은 수탁자에 대하여 효력이 없다. 다만, 수익증권을 발행하여야 하는 날부터 6개월이 경과한 경우에는 그러하지 아니하다.

관련 법률

자본 시장과 금융 투자업에 관한 법률 제3조(금융 투자 상품)

① 이 법에서 "금융 투자 상품"이란 이익을 얻거나 손실을 회피할 목적으로 현재 또는 장래의 특정(特定) 시점에 금전, 그 밖의 재산적 가치가 있는 것(이하 "금전 등"이라 한다)을 지급하기로 약정함으로써 취득하는 권리로서, 그 권리를 취득하기 위하여 지급하였거나 지급하여야 할 금전 등의 총액(판매수수료 등 대통령령으로 정하는 금액을 제외한다)이 그 권리로부터 회수하였거나 회수할 수 있는 금전 등의 총액(해지수수료 등 대통령령으로 정하는 금액을 포함한다)을 초과하게 될 위험(이하 "투자성"이라 한다)이 있는 것을 말한다. **다만, 다음 각 호의 어느 하나에 해당하는 것을 제외한다.** 〈개정 2011. 7. 25., 2013. 5. 28.〉

1. 원화로 표시된 양도성 예금증서

2. '신탁법' 제78조 제1항에 따른 수익증권발행신탁이 아닌 신탁으로서 다음 각 목의 어느 하나에 해당하는 신탁(제103조 제1항 제1호의 재산을 신탁받는 경우는 제외하고 수탁자가 '신탁법' 제46조부터 제48조까지의 규정에 따라 처분 권한을 행사하는 경우는 포함한다. 이하 **"관리형신탁"이라 한다)의 수익권**

가. **위탁자(신탁계약에 따라 처분권한을 가지고 있는 수익자를 포함한다)의 지시에 따라서만 신탁재산의 처분이 이루어지는 신탁**

나. 신탁계약에 따라 신탁재산에 대하여 보존행위 또는 그 신탁재산의 성질을 변경하지 아니하는 범위에서 **이용·개량 행위만을 하는 신탁**

3. 그 밖에 해당 금융 투자 상품의 특성 등을 고려하여 금융 투자 상품에서 제외하더라도 투자자 보호 및 건전한 거래질서를 해할 우려가 없는 것으로서 대통령령으로 정하는 금융 투자 상품

② 제1항의 금융 투자 상품은 다음 각 호와 같이 구분한다.

1. 증권
2. 파생상품
   가. 장내파생상품
   나. 장외파생상품

제4조(증권)

① 이 법에서 "증권"이란 내국인 또는 외국인이 발행한 금융 투자 상품으로서 투자자가 취득과 동시에 지급한 금전 등 외에 어떠한 명목으로든지 추가로 지급의무(투자자가 기초자산에 대한 매매를 성립시킬 수 있는 권리를 행사하게 됨으로써 부담하게 되는 지급의무를 제외한다)를 부담하지 아니하는 것을 말한다.

⑤ 이 법에서 "수익증권"이란 제110조의 수익증권, 제189조의 수익증권, 그 밖에 이와 유사한 것으로서 신탁의 수익권이 표시된 것을 말한다.

⑥ 이 법에서 **"투자계약증권"**이란 특정 투자자가 그 투자자와 타인(다른 투자자를 포함한다. 이하 이 항에서 같다) 간의 공동사업에 금전 등을 투자하고 주로 타인이 수행한 공동사업의 결과에 따른 손익을 귀속받는 계약상의 권리가 표시된 것을 말한다.

제110조(수익증권)

① 신탁업자는 금전신탁계약에 의한 수익권이 표시된 수익증권을 발행할 수 있다.

⑤ 수익증권에는 다음 각 호의 사항을 기재하고 신탁업자의 대표자가 이에 기명날인 또는 서명하여야 한다.

1. 신탁업자의 상호
2. 기명식의 경우에는 수익자의 성명 또는 명칭

3. 액면액

4. 운용방법을 정한 경우 그 내용

5. 제103조 제3항에 따른 손실의 보전 또는 이익의 보장에 관한 계약을 체결한 경우에는 그 내용

6. 신탁계약기간

7. 신탁의 원금의 상환과 수익분배의 기간 및 장소

8. 신탁보수의 계산방법

9. 그 밖에 대통령령으로 정하는 사항

제111조(수익증권의 매수) 신탁업자는 대통령령으로 정하는 방법에 따라 수익증권을 그 고유재산으로 매수할 수 있다. 〈개정 2011. 7. 25.〉

제189조(투자신탁의 수익권 등)

① 투자신탁을 설정한 집합투자업자는 투자신탁의 수익권을 균등하게 분할하여 수익증권을 발행한다. 〈개정 2016. 3. 22.〉

② 수익자는 신탁원본의 상환 및 이익의 분배 등에 관하여 수익증권의 좌수에 따라 균등한 권리를 가진다.

③ 투자신탁을 설정한 집합투자업자는 신탁계약에서 정한 신탁원본 전액이 납입된 경우 신탁업자의 확인을 받아 '주식·사채 등의 전자등록에 관한 법률'에 따른 전자등록의 방법으로 투자신탁의 수익권을 발행하여야 한다. 〈개정 2016. 3. 22.〉

④ 수익증권은 무액면 기명식으로 한다.

⑤ 투자신탁을 설정한 집합투자업자는 제3항에 따른 수익증권을 발행하는 경우에는 다음 각 호의 사항이 '주식·사채 등의 전자등록에 관한 법률'에 따라 전자등록 또는 기록되도록 하여야 한다. 이 경우 그 집합투자업자 및 그 투자신탁재산을 보관·관리하는 신탁업자의 대표이사(집행임원 설치회사의 경우 대표집행임원을 말한다)로부터 대통령령으로 정하는 방법과 절차에 따라 확인을 받아야 한다. 〈개정 2013. 5. 28., 2016. 3. 22.〉

1. 집합투자업자 및 신탁업자의 상호

2. 수익자의 성명 또는 명칭

3. 신탁계약을 체결할 당시의 신탁원본의 가액 및 수익증권의 총좌수

4. 수익증권의 발행일

5. 삭제 〈2016. 3. 22.〉

⑥ 투자신탁을 설정한 집합투자업자는 수익자명부의 작성에 관한 업무를 '주식·사채 등의 전자등록에 관한 법률' 제2조 제6호에 따른 전자등록기관(이하 "전자등록기관"이라 한다)에 위탁하여야 한다. 〈개정 2016. 3. 22.〉

⑦ 전자등록기관은 제6항에 따라 위탁을 받은 경우 다음 각 호의 사항을 기재한 수익자명부를 작성·비치하여야 한다. 〈개정 2016. 3. 22.〉

1. 수익자의 주소 및 성명

2. 수익자가 소유하는 수익증권의 좌수

3. 삭제 〈2016. 3. 22.〉

⑧ 전자등록기관은 제7항 각 호에 관한 정보를 타인에게 제공해서는 아니 된다. 다만, 수익자총회 개최를 위하여 집합투자업자에게 제공하는 경우, 그 밖에 대통령령으로 정하는 경우에는 이를 제공할 수 있다. 〈개정 2016. 3. 22.〉

⑨ '상법' 제337조, 제339조, 제340조 및 '주식·사채 등의 전자등록에 관한 법률' 제35조 제3항 후단은 수익권 및 수익증권에 관하여 준용하며, '상법' 제353조 및 제354조는 수익자명부에 관하여 준용한다. 〈개정 2016. 3. 22.〉

NPL 조각 투자의 장점

NPL 조각 투자는 NPL 보유자와 투자자 모두에게 유익하다. NPL 조각 투자가 향후 금융위원회의 금융혁신지원 특례법 등에 따라 승인을 받아 시행될 경우에는 다음과 같이 NPL 보유자의 자산유동화 욕구와 개미 투자자들의 NPL 소액 투자 욕구를 모두 충족해주는 기회를 제공할 것이다.

가. NPL 보유자의 유리한 점

NPL 조각 투자 시 NPL 보유자는 비유동 NPL을 NPL 조각 투자 거래를 통해 유동화해서 바로 현금을 확보할 수 있다. DSR 규제로 담보대출을 받을 수 없는 개인인 NPL 보유자도 NPL 조각 거래를 통해 자금 조달이 보다 쉬워진다.

NPL 보유자는 NPL 매입가격의 75% 정도로 대출 담보비율이 제한 적용되어 대출한도도 제한되는데, 조각 거래 시에는 100% 자금 조달이 가능해진다. 또한 NPL 보유자가 NPL 질권대출 또는 NPL-ABS 회사채 발행 시 8~9%에 달하는 고리의 금리 부담에서 벗어날 수 있다. 바로 매각이 안 되는 NPL도 유동화가 가능하기 때문에 매각효과를 누릴 수 있다.

나. 개미 NPL 조각 투자자의 장점

NPL 조각 투자 시 개미 NPL 조각 투자자는 NPL이 수탁사로 이전되어 디지털 수익증권 형태로 거래되므로, NPL 보유자로부터의 법률적, 경제적 위험이 차단되어 투자금이 보호된다. 또한 대중은 카카오톡으로 NPL 조각 투자를 실시간으로 쉽고 빠르게 할 수 있게 된다.

구입이 불가능한 거액의 NPL도 조각으로 분할되어 개인이 자금 부담 없이 5,000원 정도의 소액으로 매입이 가능해지고, 손실위험도 분산된다. 사실상 거대 기관 투자자들의 전유물이었던 고수익 NPL 투자 시장이 조각 거래로 인해 개인의 진입이 가능해져서, 고수익 NPL의 이익을 함께 얻을 수 있는 이익 공유의 기회가 열리는 것이다.

NPL 거래 플랫폼을 통해 NPL 조각증권을 주식처럼 실시간으로 거래할 수 있고, NPL의 기초인 부동산은 결국 낙찰로 처분되므로 NPL 조각 투자금의 환금성도 좋다. NPL 조각 투자는 기존 인근 부동산의 경매 낙찰가율을 반영한 예상 배당액을 산정해서 부동산 가격 거품을 완전히 제거하고, 할인 등으로 매입한 다음 조각을 내서 판매하므로 가격 변동성이 많이 줄어든다. 또한 기존 인근 부동산의 유사 낙찰가율의 존재로 NPL 가격의 조작 가능성이 거의 없어지고, 객관적으로 가격 검증이 가능해진다.

이에 주식 또는 가격 검증이 어려운 자산의 조각 투자는 경제 상황에 따라 변동성이나 리스크가 상대적으로 있지만, NPL은 부동산 가격의 거품을 제거한 저가 할인매입 등으로 리스크가 작고, 경우에 따라서 고수익을 올릴 수도 있을 것이다. 또한 이는 은행 예금보다 높은 수익을 얻을 수도 있다. 부동산 가격의 하락으로 NPL도 저평가 할인되어 자산 보유자에게 넘어가고, 이를 상장하므로 수탁사가 전문 회수기관과 협력해서 회수를 극대화할 경우 투자자에게 할인차익이 돌아갈 수도 있다.

경매 배당 후 잔존채권으로 채무자의 일반 재산을 추적해서 강제회수 시 조각 투자자의 수익도 증가한다. 잠재 부실 우려가 있는 개인사업자 대출의 만기유예 및 이자상환유예 채권과 아파트 미분양 및 미입주로 인한 PF채권이 시간이 지날수록 NPL로 대량 전환됨으로써 부동산 시장의 불황을 먹고 자라는 NPL 시장은 향후 몇 년간 호황을 맞아 개미 조각 투자자들에게 고수익의 투자 기회를 많이 제공할 것이다.

담보부 NPL-DAS 발행 자산유동화 방법

가. 담보부 NPL-DAS 발행 절차

플랫폼사가 금융위원회에 NPL 증권거래신고서 제출(투자 시 투자 위험 분석 부분 사전 검토 후 투자 필요) → 담보부 NPL 처분신탁계약(NPL 유동화 위탁자와 NPL 처분 수탁사) → 수익증권 공모청약 → 청약 마감 후 수탁사로 NPL 근저당권 이전 등기 및 투자자에게 수익증권 배정(수익증권 전자등록 발행 : 전자장부에 등록 · 기록)/위탁자에게 수익증권 발행대금 지급 → 거래소(플랫폼) 입고 → 거래소(플랫폼) 상장 → NPL 디지털 조각 수익증권(NPL-DAS) 거래소에서 개인 등이 되파는 매매 거래 → NPL 처분수익(NPL 경매배당수익, NPL 매각수익 등)을 NPL-DAS 보유 자(NPL 조각 투자자)가 배당받고 종결

나. 수탁사에 NPL 신탁으로 근저당권 이전등기

다음 사례는 국민은행 보유 NPL을 한국씨티은행에 담보신탁으로 이 전등기 후 국민은행이 씨티은행으로부터 대출금 차용 및 수익증권을 발행하고, 대출금 상환을 통해 근저당권이 다시 국민은행으로 신탁재

산 귀속에 따라 복귀(담보 해지)된 것으로 보인다.

이때 NPL 수익청구권을 분할한 NPL 수익증권 토큰(NPL-STO)은 다음과 같은 절차로 발행될 것이다.

> 사례와 같이 NPL 관리처분신탁 등을 위해 NPL을 수탁사(또는 일반법인, SPC 등)로 이전(담보부 NPL은 신탁을 원인으로 근저당권을 수탁사로 이전등기) → 수탁사가 NPL 수익(청구권)증권 분할토큰 발행 → 신탁사가 NPL 회수수익(원리금)을 NPL 수익증권 분할토큰 매입 투자자에게 지급

| 서울동부지원 2015타경 0863XX호 임의경매 |

【 을 구 】			(소유권 이외의 권리에 관한 사항)	
순위번호	등 기 목 적	접 수	등 기 원 인	권 리 자 및 기 타 사 항
1	근저당권설정	2007년3월2일 제16914호	2006년6월1일 설정계약	채권최고액 금409,500,000원 채무자 신○데 서울 성동구 성수동2가 838 성수동 두산위브 근저당권자 주식회사국민은행 110111- 서울 중구 남대문로5가 9-1 (성수동지점)
1-1	1번등기명의인표시변경	2012년11월28일 제71857호	2012년11월28일 취급지점변경	주식회사국민은행의 취급지점 대출실행센터
1-2	1번근저당권이전	2012년11월28일 제71858호	2009년6월14일 신탁	수탁자 주식회사한국씨티은행 110111- 서울특별시 중구 다동 39
1-3	1번근저당권변경	2012년11월28일 제71859호	2012년11월28일 변경계약	채권최고액 금302,100,000원
1-4	1번등기명의인표시변경		2011년10월31일 도로명주소	주식회사한국씨티은행의 주소 서울특별시 중구 청계천로 24(다동) 2013년11월12일 부기
1-5	1번근저당권이전	2014년7월3일 제41434호	2014년7월1일 신탁재산의 귀속	근저당권자 주식회사국민은행 110111- 서울특별시 중구 남대문로 84(을지로2가) (대출실행센터)
2	근저당권설정	2010년6월15일 제29685호	2010년6월14일 설정계약	채권최고액 금216,000,000원 채무자 주식회사 서울시 강동구 상일동 순

무담보(유치권부 채권 포함)
NPL-DAS 발행 자산유동화 방법

무담보(유치권부 채권 포함) NPL-DAS 발행 자산유동화 방법은 다음과 같다.

> 무담보 NPL(유치권부 NPL채권 포함) 근담보권 설정등기 → 신탁으로 수탁사에 근담보권 이전등기 → NPL 투자 수익증권 발행(무담보 NPL-DAS 발행) → 무담보 NPL 회수 시 DAS 투자자들에게 배당(파산위험 및 리스크가 있으나 실익 있는 재산 추적으로 회수 금액이 클 경우 소액 투자로 막대한 배당금을 얻을 수 있음)

NPL-DAS 투자 전
리스크 분석 방법

가. 예상 배당액 산정으로 NPL-DAS 시세 평가

담보 부동산의 최근 실거래가, 인근 유사물건의 낙찰가, 대항력 있는 임차인 존재 여부, 부동산의 법률적 하자 여부 등 분석 후 NPL 투자 수익증권 액면 금액 이상의 수익성이 있을 경우 투자를 실행한다.

나. NPL 위탁자에 대한 리스크 분석

NPL 대부법인 등 위탁자가 채무초과 후 사해신탁 여부를 점검한다 (채권자 취소 가능성 분석). 또한 NPL 사업 기간이 3년 내지 혹은 그 이상인 위탁자의 NPL에 투자하는 것이 좋다. 이는 어느 정도 안정적인 NPL 사업을 계속해서 영위하는 업체가 상장한 것임을 의미하기 때문이다.

위탁자가 현재 법원에 위탁 부동산 및 위탁자 관련 소송 등이 있었거나 현재 소송이 진행 중인지 여부를 조사해서 위탁자 리스크를 점검할 필요가 있다(대법원의 판결사건 조회나 인터넷 뉴스 등 검색 필요). 더불어 위탁 대상 부동산 등기사항전부증명서에 가등기, 가처분 등 법률적, 물적 하자의 존재 여부도 점검이 필요하다.

NPL-DAS 투자 시장 전망

NPL 도매상은 NPL의 수익을 거대 금융회사가 아닌 NPL 소매상인 개미 투자자들과 공유하는 시대를 열고 있다. 바야흐로 개미 투자자들이 NPL을 카카오톡으로 투자하는 시대가 도래한 것이다.

금융위원회의 승인을 전제로 대부업체의 정상 담보채권인 GPL도 신탁을 통해 유동화가 가능하며, 매월 대출이자가 발생하므로 채무자가 대출이자를 정상적으로 납부하면 개미 DAS 투자자들에게 이자 재원으로 매달 배당이 가능하다. 그리고 대출 만기에 완제 시 DAS 투자자들은 투자 원금을 돌려받게 된다.

이와 같이 NPL 및 GPL 모두 조각 투자를 통해서 개미들의 투자금으로 유동화를 할 수 있다. 기존에는 금융회사로부터 NPL 및 GPL을 담보로 질권대출을 받아 유동화했던 것을 이제는 개미들의 집합 자금으로 유동화할 수 있게 된 것이다. 그러나 한편으로는 플랫폼사의 NPL 및 GPL의 심사 소홀(과다 가치평가 등) 및 도덕적 해이(예상배당액 초과 DAS 수익 증권 발행)로 개미 투자자들이 손해를 입을 위험성도 있다.

P2P 대출 업체도 사업 초기에 우후죽순으로 설립 후 사기 및 횡령과 대출심사 소홀로 인해 투자자들은 막대한 손해를 입었고, 이후 금융위원회가 다시 승인을 받은 업체를 한정해서 소수의 우량한 P2P 대출 업체만 현재까지 운영되고 있는 실정이다.

현재 뉴스를 보면 NPL 조각 투자 플랫폼 역시 초기에 다수 설립이 예상되고, 그만큼 부작용도 많이 발생될 수 있으며 부작용이 심화되면 이후 P2P 대출 업체와 같은 과정을 거치게 될 수도 있으리라 생각한다. 그러나 모든 플랫폼은 투명하고 합리적으로 운영되어야 할 것이다.

NPL 조각 투자 상품의 종류
(향후 예상 상품)

가. 토큰증권(Security Token) 투자 개요

토큰증권(Security Token)은 분산(분할)원장 기술을 기반으로 디지털화된 자본시장법상 증권으로서, 토큰이라는 형태의 특성상 거래단위 분할과 이전이 용이해서 높은 유통성을 전제한다. 현행은 분산원장을 활용한 증권 발행이 불가하기 때문에 정부는 증권인 디지털 자산(증권형 코인)의 발행을 위한 자본시장법의 정비를 국정과제로 채택해서 추진 중에 있다. 이는 향후 자본시장법 등 관련 법의 개정을 통해 제도권에서 발행될 것이며, 발행인의 계좌관리 위탁 등을 위해서 증권회사 및 은행과 협업이 필요하다.

이는 거액의 일부 기관 투자자(자본가)들만 투자가 가능한 거대 투자 자산에 대해서 소액의 개인 투자자들도 대중적으로 투자가 가능하도록 투자 단위 금액을 적게 나누고, 자산을 분할해 지분형태로 인터넷상에서 개인들에게 판매하면서 자산을 유동화하는 방식이다. 기관 투자자의 전유물이었던 고수익 거대 투자 상품(NPL 등)에 개미 투자자들도 투자할 수 있는 통로를 만들어 적은 돈으로 고수익을 공유할 수 있도록 금융위원회에서 자본시장법, 전자증권법, 증권의 발행 및 공시 등에 관한 규정 및 법규의 개정을 추진 중에 있으며, 2022년 4월 29일에는 '조각 투자 등 신종증권 사업 관련 가이드라인'을 발표하기도 했다.

나. NPL 토큰증권 투자 방식

NPL-DAS는 향후 토큰증권 형태로 발행되어 일반적인 제도권으로 편입이 예상된다. NPL-DAS 거래는 신종 NPL 투자 방법으로 금융혁신지원 특별법에 따라 금융위원회에 한시적인 특례 적용을 신청(금융 규제 샌드박스 신청)해서 승인을 받거나, 자본시장법에 따른 인허가 등을 거쳐야 시행될 수 있을 것으로 예상된다.

그리고 NPL 토큰증권을 발행한다면 다음과 같은 방식의 발행을 생각해볼 수 있다. 아직 NPL 시장에 NPL 토큰증권이 등장하지는 않았으나 필자는 다음과 같은 NPL 토큰증권의 등장을 예상하고 있으며, 금융위원회가 승인 내지 제도화하면 다음의 NPL 토큰증권 상품이 시장에서 개인 등의 투자자에게 유통될 것으로 예상한다.

(1) NPL 신탁 수익증권을 분할한 NPL 수익증권 조각 투자 방식

이는 NPL 보유자의 NPL을 신탁회사에 신탁으로 이전 후 수탁사가 NPL의 원리금을 회수해서 5,000원 단위로 분할된 NPL 수익증권의 조각 투자자들에게 수익을 지급하는 방식의 투자다. NPL 신탁으로 인해서 위탁자 및 수탁자의 파산위험으로부터 NPL의 배당 가치가 보호되어 투자자는 안정적으로 NPL의 원리금을 배당받을 수 있다. 이 방식은 금융혁신지원 특례법의 특례를 적용해, 금융위원회가 승인하면 바로 시행이 가능할 것이다.

| 금융위원회의 토큰증권 추진 배경 |

□ **토큰 증권**(Security Token)은 **분산원장 기술**을 기반으로 하여 디지털화된 **자본시장법상 증권**

  ○ **토큰**이라는 형태의 특성상 **거래단위 분할**과 **이전**이 용이해, **높은 유통성**을 전제

  ○ **투자자에 부여되는 권리의 내용**은 **현행법상 증권**으로, 자본시장법상 **공시·영업·시장 규제**는 동일하게 **적용**

□ 토큰 증권의 **수요**는 **증권과 디지털자산 시장** 양쪽에서 **제기**

  ○ 다소 경직적인 **규제**와 **시장관행**으로 충족되지 못해 온 **다양한 소액투자 수요**를 위한 새로운 **증권상품** 제공 측면 존재

    - 특히, **자산 유동화**를 위한 **신탁 수익증권**과 **비정형적 권리**의 유통을 위한 토큰화된 **투자계약증권** 관련 **샌드박스** 신청 다수

  ○ 반면, **편의성**과 **규제차익**을 토대로 빠르게 성장해 온 **디지털자산 시장**이 제도권 증권 영역까지 **확장**해 나가려는 측면도 **공존**

□ **현행 제도**에서는 **증권**을 **특정 형태·방식**으로만 발행·유통 가능

  ① **무권화*** 방식을 특정하고 있어 **분산원장**을 활용한 **증권 발행 불가**

    * 실물증서를 발행하지 않고 증권에 대한 권리가 오로지 장부상에 전자기록 형태로 존재하도록 하여 장부상 기재를 통해 권리를 이전하는 것

  ② 사실상 **수익증권**과 **투자계약증권**은 **유통 대상 증권**에서 **제외**

  ③ 해외에 비해 **사모·소액공모 활용도**가 **제한적**이며, 엄격한 **매출 규제**로 **상장 주식시장 중심**으로만 증권이 유통

□ 이에 따라 정부는 **증권**인 **디지털자산**(증권형 코인)의 **발행**을 위한 **자본시장법 규율체계 정비**를 **국정과제***로 채택하여 추진 중

  * 국정과제 35 디지털 자산 인프라 및 규율체계 구축

➡ 증권 규율체계가 시장 질서 확립과 투자자 보호 목적을 달성하면서, 분산원장 기술과 다양한 증권 발행·거래 수요를 포용할 필요

유동화 및 투자가 가능한 신탁대상 NPL(편의상 비금융회사의 일반 연체채권 포함)을 살펴보면 다음과 같다.

- 금융회사의 대출 연체 채권(신용카드 채권 등)
- 비금융회사(개인 포함)의 대출 연체 채권
- 비금융회사(개인 포함)의 비대출 상거래 연체 채권
  (NPR : Non Performing Receivables)
  공사대금, 상거래 미수금, 핸드폰 할부금, 차량할부금, 정수기 할부금 연체 채권,
  리스료 연체 채권, 연체 임대료, 매출 채권 등 연체 금전 채권

NPL 신탁 수익증권 분할 토큰증권 발행에 대해서 현재 많은 업체가 출시를 준비 중에 있는 것으로 보인다. NPL 수익 청구권을 분할한 NPL 신탁 수익증권 토큰증권의 발행 절차는 다음과 같다.

NPL 신탁을 위해 NPL을 수탁사로 이전(담보부 NPL은 신탁을 원인으로 근저당권을 수탁사로 이전등기) → 수탁사가 NPL 수익(청구권)증권 분할 토큰증권 발행 → 신탁사가 NPL 회수 수익을 NPL 수익증권 분할 토큰증권 매입 투자자에게 지급

관련 법률

신탁법 제78조(수익증권의 발행)
③ 수익증권은 기명식(記名式) 또는 무기명식(無記名式)으로 한다. 다만, 담보권을 신탁재산으로 하여 설정된 신탁의 경우에는 기명식으로만 하여야 한다.

참고로 모 부동산 조각 투자 회사의 부동산 신탁 수익증권 발행 형태는 다음과 같다.

> 조각 투자 회사 상업용 빌딩 신탁사에 수탁등기 → 신탁사 수익증권 발행(임대수익 +
> 매각수익) → 개인이 디지털 수익증권 분할매수(DBC, Digital Beneficiary Certificates,
> 최소 투자금액 1주 5,000원) → 개인이 임대료 및 매각이익 수익 청구권 보유

이는 금융회사 NPL 신탁 수익증권 분할 토큰증권과 같은 형태에 해당된다.

앞선 내용과 같이 NPL 신탁 디지털 수익증권(NPL-DBC, Digital Beneficiary Certificates)의 장점은 NPL 신탁자의 위험이 신탁으로 인해 차단됨으로써 수익증권 토큰 투자자는 보호를 받으며 안전하게 NPL 수익을 얻게 된다는 것이다. 상기 부동산 조각 투자 회사의 부동산 신탁 수익증권은 투자자의 수익이 부동산의 임대수익 및 매각수익에 한정된다.

그러나 NPL 신탁 디지털 수익증권은 NPL에서 파생된 다양한 수익(연체이자 배당수익, 채권 할인차익, 발견된 재산에 대한 강제집행으로 수익 확대, NPL 부동산 유입취득 후 재매각 차익 실현, NPL의 지연손해금 증가로 채권액 증가 등)을 얻을 수 있다.

(2) NPL 펀드 수익증권 분할 조각 투자 방식

NPL 펀드 투자자가 받을 수익증권을 여러 개로 분할해서 토큰증권으로 발행하는 방법이 있다.

(3) NPL-ABS증권(채권증권, 출자증권)의 조각(분할) 지분 투자 방식

NPL-ABS증권의 조각을 개인 등이 매수해서 투자하는 형태가 있다.

(4) NPL 보유자와 투자 수익을 분할한 조각 수익권증권을 취득하거나 매수하는 방식(비신탁 투자계약증권)

NPL 자산에서 발생하는 수익에서 지분만큼 청구권을 가지는 경우로, 이는 NPL 투자 수익 분할계약증권이라고 할 수 있고, 비신탁 NPL 투자계약증권에 해당된다.

NPL 투자 수익 분할계약 방식으로 투자하는 경우, 예를 들어 2명의 개인이 등록 대부법인과 NPL 투자계약을 체결하고 NPL 투자계약 증서인 계약서를 교부받은 다음 NPL을 매수할 투자금을 법인에 지급 후 법인은 투자한 NPL의 회수 수익을 NPL 투자 수익 분할계약에 따라 투자금 비율로 2명에게 분할 지급하게 된다.

그런데 NPL 투자 수익 분할계약 방식으로 투자하는 경우에는 NPL 투자계약 증서인 계약서 대신 자본시장법 등에 따라 금융위원회에 증권거래 신고 및 수리를 받아서 NPL 투자 수익 분할계약증권을 발행해야 한다. 이 증권 취득의 방법으로도 NPL 수익 조각 투자를 할 수 있을 것이다.

한편 NPL 투자 수익권을 1차 투자자가 일괄적으로 전부 취득한 다음 이를 분할증권화 해서 2차 투자자에게 판매를 할 수도 있을 것이다.

NPL 자산에서 발생하는 원리금 회수 수익권을 1차 원시 투자자가 전부 취득한 다음, 분할 후 2차 투자자에 분할증권으로 판매를 한다고 생각해보자. 예를 들어 NPL 보유자와 원시 투자자가 투자계약을 체결해서 원시 투자자가 1억 원의 수익을 지급받을 수 있는 투자 수익 지급 청구권이 있는 경우, 원시 투자 수익권자가 1억 원의 투자 수익권(원시 수익권)을 1,000만 원씩 10개로 분할한 수익권(분할 파생수익권)을 증권 형태로 발행(투자계약증권)해서 개미 투자자 10명에게 매각하는 방법으로도 NPL 수익권 조각 투자가 이루어질 수도 있을 것이다. 이렇게 되면 NPL 투자 수익이 NPL 보유자 및 1차 원시 투자 수익권자를 매개로 2차 분할 파생 수익권자(개미 투자자)에게 지급된다.

비신탁 투자계약증권 투자 방식은 NPL 보유자가 파산 시 수탁사 등 방화벽이 없기 때문에, 투자자가 NPL 조각 투자금을 회수하지 못할 위험성이 있어 당장 시행되기는 어렵다. 그러나 비교적 안정성이 담보되는 금융회사, 대기업, 신용상태가 양호한 상장회사 등이 보유하는 NPL 및 충분한 담보물이 붙어 있는 등의 NPL 조각 투자는 경매 배당 등으로 투자 수익을 회수할 수 있어, NPL 조각 투자를 허용해도 될 것이라 생각한다.

그 밖의 신용이 좋지 않은 개인이 보유한 NPL이나 무담보 NPL의 조각 투자는 투자금 손실의 위험성이 있어 당장은 시행되기 어렵지만, 상당한 시간이 흐르면 시행될 것으로 보인다. 무담보 NPL의 조각 투자는 단기 투자에 적합하지 않고, 장기 투자 시에는 위험이 있으나 회수율이 높아지고, 채무자의 숨겨 놓은 재산을 발견하거나 우발적인 상속재산 등으로 대박 수익을 얻을 수도 있다.

무담보 및 담보부 NPL 토큰 투자의 장단점

담보부 NPL은 원금할인 폭이 적어서 경매 배당 시 할인차익이 적고, 채권최고액 이내에서 연체이자 상당의 배당차익을 얻는다. 이에 담보부 NPL 토큰 투자는 무담보 NPL보다는 안정적이나 수익이 적을 수 있다.

무담보 NPL은 매입 시 원금할인 폭이 커서, 채무자 재산 발견 시에 이에 대한 강제집행으로 경매 배당 시의 할인차익이 막대한 경우가 있다. 반면에 채무자가 파산 신청 시 무담보 채권이 소멸되는 위험성이 있다. 이처럼 무담보 NPL 토큰 투자는 담보부 NPL보다는 리스크가 크지만 수익은 더 많을 수 있다. 이미 할인되어 취득한 무담보 NPL은 매입원가가 적어서 분할 매입 투자자도 싼 가격으로 무담보 NPL 토큰을 취득할 수 있어 유리한 점도 있을 것이다.

자산 조각 투자 관련
금융위원회 보도자료(발췌)

🏛️ 금융위원회	**보 도 자 료**	다시 도약하는 대한민국 함께 잘사는 국민의 나라		
보도 일시	**2023. 2. 6.(월) 조간**	**배포 일시**	2023. 2. 3.(금) 10:00	
담당 부서 <총괄>	자본시장국 자본시장과	**책임자**	과 장	이수█ (02-2100-████)
		담당자	사무관	현지█ (02-2100-████)

토큰 증권(Security Token) 발행 · 유통 규율체계 정비방안

- 자본시장법 규율 내에서 STO를 허용하겠습니다. -

[주요 내용]

◆ 디지털 금융 혁신을 위한 국정과제로, 자본시장법 규율 내에서 STO를
  허용하기 위한 토큰 증권 발행 · 유통 규율체계 정비를 추진합니다.

[과제1] 법 위반 가능성을 방지하고 투자자를 보호하기 위해,
        디지털자산의 증권 여부 판단원칙과 적용례를 제공합니다.

[과제2] 3가지 제도개선을 통해 토큰 증권이 제대로 발행·유통될 수 있는
        제도적 기반을 마련하고 정책 방향을 미리 안내합니다.

(1) 토큰 증권을 전자증권법 제도상 증권발행 형태로 수용
(2) 직접 토큰 증권을 등록·관리하는 발행인 계좌관리기관 신설
(3) 투자계약증권·수익증권에 대한 장외거래중개업 신설

➡ 자본시장 제도의 투자자 보호장치 내에서 토큰 증권을 발행·유통할
  수 있게 됩니다.

(1) 조각투자 등 다양한 권리를 손쉽게 증권으로 발행·유통
(2) 비정형적 증권을 유통할 수 있는 소규모 장외시장 형성
(3) 투자자 보호를 위한 증권 제도를 동일하게 적용

1 | 토큰 증권 규율체계와 개념

□ 토큰 증권(Security Token)이란, 분산원장 기술(Distributed Ledger Technology)을 활용해 자본시장법상 증권을 디지털화(Digitalization)한 것을 의미합니다.

  ㅇ 디지털자산 측면에서는 증권이 아닌 디지털자산(소위 '가상자산')과 대비되는 "증권형 디지털자산"입니다.

  ㅇ 증권 제도 측면에서는 실물 증권과 전자 증권에 이은 증권의 새로운 발행 형태라는 점에서 "토큰 증권"으로 명칭을 정리하였습니다.

□ 자본시장법의 규율 대상은 "증권"이며, 발행 형태는 고려하지 않습니다.

  ㅇ 투자자가 얻게 되는 권리가 법상 증권에 해당한다면, 어떤 형태를 하고 있든지 투자자 보호와 시장질서 유지를 위한 공시, 인·허가 제도, 불공정 거래 금지 등 모든 증권 규제가 적용됩니다.

[토큰 증권과 디지털자산의 규율체계]

증권   디지털자산

토큰 증권

자본시장법 규율   디지털자산기본법 규율
(국회 입법 예정)

  ㅇ 따라서, 토큰 증권은 디지털자산 형태로 발행되었을 뿐 증권이므로, 당연히 자본시장법의 규율 대상입니다.

  ㅇ 반면, 증권이 아닌 디지털자산은 자본시장법상 증권 규제가 적용되지 않고, 국회에서 입법이 추진되고 있는 디지털자산 기본법에 따라 규율체계가 마련될 것입니다.

□ 현행 상법과 전자증권법은 증권의 발행형태로 실물 증권과 전자증권법에 따라 권리를 전자적으로 등록하는 전자 증권을 허용하고 있습니다.

  ㅇ 실물 증권과 전자 증권에는 법상 권리 추정력 등*이 부여되어 투자자의 재산권을 보호하고 안정적인 증권 거래가 이루어질 수 있습니다.

    * 예) 실물증권 점유자는 적법한 소지인으로 추정하며 실물증권 교부를 통해 양도
      전자등록계좌부에 등록된 자는 적법한 권리자로 추정하며 계좌간 대체를 통해 양도

□ 자본시장법상 **증권** 개념과 증권 **발행형태**의 관계는 **증권**을 "**음식**"으로, 증권의 **발행형태**를 그 음식을 담는 "**그릇**"으로 비유할 수 있습니다.

ⅰ) **어떤 그릇**에 담겨 있더라도 **음식이 바뀌지 않습니다.** 다시 말하면, **발행형태**가 달라진다고 하여 **증권이라는 본질**이 변하지는 않습니다.

ⅱ) **아무 것**이나 음식을 담는 **그릇으로 쓸 수 없습니다.** 투자자 보호를 위해 **일정한 법적 효력과 요건을 갖춘 발행형태**가 요구되어야 합니다.

ⅲ) **음식 종류에 따라 적합한 그릇**이 다를 수 있습니다. 특히, **비정형적인 증권을 소액 발행**하는 경우에는 증권사를 통해 **중앙집중적**으로 전자등록·관리되는 **기존 전자 증권이 부적합**해, **새로운 발행형태**가 필요합니다.

□ STO(Security Token Offering), 즉 **토큰 증권의 발행·유통을 허용**함으로써, 최근 출현한 **다양한 권리의 증권화**를 지원하고 **분산원장 기술을 활용**하여 **기존 증권의 발행과 거래**도 더욱 **효율적이고 편리***하게 개선하려 합니다.

    * 예) 비상장주식 주주파악 용이, 비상장채권 소액단위 발행·거래 편리 등

[토큰 증권의 개념]

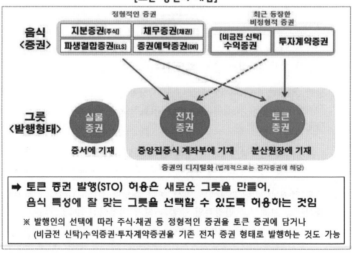

2 | 추진 배경

□ 현행 제도에서는 **특정한 방식**으로만 **디지털 증권의 발행**이 가능하고, 증권을 다자간에 거래할 수 있는 **유통시장도 제한적**입니다.

ㅇ **전자증권법**이 증권을 디지털화하는 방식을 제한하고 있어 **증권사** 등을 통해서만 가능하고, **토큰 증권의 발행**은 아직 **허용되지 않습니다.**

ㅇ 최근 **조각투자** 등과 관련하여 발행 수요가 있는 **투자계약증권이나 비금전 신탁 수익증권**의 경우, **자본시장법**상 **유통**에 대한 제도가 **마련되어 있지 않아 제도권 내에서의 거래가 어렵습니다.**

□ 반면, **토큰 증권의 형태로 다양한 권리를 발행·유통**하려는 **시장 수요**는 여러 측면에서 제기되고 있습니다.

ㅇ **증권 시장** 측면에서는, 기존의 **주식 등 정형적인 증권**과 **거래소 상장 시장 중심**의 제도가 충족하지 못하고 있는 **다양한 비정형적 증권의 소액 발행·투자 및 거래**에 대한 요구가 있습니다.

ㅇ **디지털자산 시장** 측면에서는, 그간 규율공백과 신기술의 편의성을 토대로 빠르게 성장해 온 관련 사업자들이 **제도권인 증권 영역**까지 **진출하려는 시도**가 발생하고 있습니다.

□ 한편, **증권에 해당하는 디지털자산**은 현재도 자본시장법상 **증권 규제를 모두 준수**하며 발행·유통되어야 합니다.

ㅇ **디지털자산 시장의 질서**를 잡아가는 한 과정으로, **증권 여부 판단**에 대한 **불확실성을 최소화**해 법 위반 가능성을 **방지**하고 **투자자를 보호**할 필요가 있습니다.

➡ 디지털 금융 혁신을 위한 국정과제*로, 자본시장법 규율 내에서 STO를 허용하기 위한 토큰 증권 발행·유통 규율체계 정비를 추진합니다.

* **(국정과제 35-2)** 증권형 코인은 투자자 보호장치가 마련된 「자본시장법」 규율체계에 따라 발행될 수 있도록 시장여건 조성 및 규율체계 확립

[과제2] 토큰 증권 발행·유통 규율체계 정비

[토큰 증권 발행·유통 규율체계]

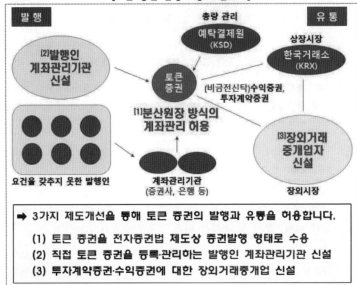

➡ **3가지 제도개선을 통해 토큰 증권의 발행과 유통을 허용합니다.**

   (1) 토큰 증권을 전자증권법 제도상 증권발행 형태로 수용
   (2) 직접 토큰 증권을 등록·관리하는 발행인 계좌관리기관 신설
   (3) 투자계약증권·수익증권에 대한 장외거래중개업 신설

기본 방향

토큰 증권의 혁신성과 자본시장법의 투자자 보호 취지를 균형 있게 추진

□ **토큰 증권의 혁신성**은 증권사 등 금융기관 중심의 전자증권 제도 하에서는 발행이 어려웠던 **다양한 권리를 증권화**하고, 이러한 **비정형적 증권**들이 디지털화됨에 따라 **편리하게 거래**할 수 있다는 점으로 집약될 수 있습니다.

ㅇ 이러한 장점을 수용하면서 **정보비대칭을 해소**하고 **시장 질서를 확립**해 **투자자를 보호**하는 **증권 규제의 목적**이 달성될 수 있도록, 토큰 증권이 **제대로 발행·유통**될 수 있는 **제도적 기반**을 마련하고자 합니다.

	보 도 자 료		

금융위원회 **보 도 자 료** 대한민국 대전환 **한국판뉴딜**

보도 일시	2022. 4. 29.(금) 조간	배포 일시	2022. 4. 28.(목)

담당 부서 <총괄>	금융위원회 자본시장과	책임자	과 장	이수 (02-2100-)
		담당자	사무관	현지 (02-2100-)
			사무관	신용 (02-2100-)
			사무관	장원 (02-2100-)

조각투자 등 신종증권 사업 관련 가이드라인

< 주요 내용 >

□ 금융위원회는 최근 확산 중인 **조각투자*** 관련 **자본시장법규 적용 가능성**과 **사업화에 필요한 고려사항**을 **안내**하기 위하여 「**조각투자 등 신종증권 사업 관련 가이드라인**」을 마련하였습니다.

* 2인 이상의 투자자가 실물자산, 그 밖에 재산적 가치가 있는 권리를 분할한 청구권에 투자·거래하는 신종 투자형태

□ **조각투자 상품의 증권성**은 계약내용, 이용약관 등 투자·거래 관련 **제반 사항을 종합적으로** 감안하여 **사안별로 판단**합니다.

○ 권리를 표시하는 **방법·형식·기술**과 관계없이 표시하는 권리의 **실질적 내용을 기준**으로 하되 **증권 제도의 취지를 감안**하여 해석·적용합니다.

□ **증권인 조각투자 상품**을 발행·유통하려는 사업자는 **자본시장법 및 관련 법령**을 모두 **준수**해야 합니다.

○ 다만, **혁신성 및 필요성**이 특별히 인정되고 **투자자 보호체계와 발행·유통시장 분리**를 갖춘 경우 **금융규제 샌드박스**를 통해 **한시적으로 규제 특례**를 적용받을 수 있습니다.

- 1 -

Ⅰ. 추진 배경

□ **"조각투자"** 는 일반적으로 실물 자산 등의 **소유권을 분할**한 지분에 **투자**하는 것이라고 알려져 있고, 대부분의 **투자자**들도 자신들이 **투자를 통해** 실제 **소유권의 일부(조각)**를 **보유**하고 있다고 인식하고 있습니다.

　○ 이렇게 **소유권을 직접 보유**하는 경우* 투자자들은 **소유의 대상**이 되는 **자산에서 발생하는 수익**을 얻을 수 있고, **조각투자 사업자**의 사업 성패와 **무관**하게 **재산권 등 권리를 행사**할 수 있습니다. 또한, 이는 기본적으로 **실물 거래**로서 원칙적으로 **금융규제 대상**이 **되지 않습니다.**

> ＊ (예) 아파트를 여러 명이 공동으로 투자·보유하면서 그 월세와 매각차익을 나누어 갖는 경우
> → 해당 아파트 매매를 중개한 공인중개사의 사업성패와 아파트의 재산적 가치는 무관

□ 그런데 최근들어 **투자자들의 일반적 인식과 달리**, 자산에 대한 소유권이 아닌 **자산에서 발생하는 수익에 대한 청구권** 등의 형태로 **조각투자 사업자가** 조각투자 상품을 **발행**하거나 **이를 유통**하는 행위가 나타나고 있습니다.

　○ 이러한 조각투자 상품의 경우 **권리 구조, 세부 계약내용** 등 개별 상품의 실질에 따라 **증권에 해당할 가능성**이 있음에도,

　　－ **일부 조각투자 사업자**는 **증권 여부를 면밀히 검토**하지 않고, **투자자 보호** 차원에서 자본시장법에 마련되어 있는 **증권의 발행과 유통** 관련 규제를 **준수하지 않은 채 사업을 영위**하고 있는 것으로 보입니다.

　　－ **투자자**들 또한 **정확한 권리 구조**를 알지 못하고, 막연히 조각투자대상 **실물자산 등을 직접 소유**하는 것으로 **인식**하는 경우가 많습니다.

> ※ '22.4.20일 배포된 금융감독원 보도자료("조각투자"에 대한 소비자경보 발령) 참고

□ 이에 **개별사례별로 매우 다양한 형태**를 갖는 조각투자 사업 및 상품과 관련하여 **잠재적 위법성**과 향후 **투자자 피해 발생 가능성**에 대한 우려가 제기되고 있습니다.

□ 정부는 조각투자 사업과 관련한 **자본시장법규 적용 가능성**과 **투자자 보호에 필요한 고려사항**을 **안내**하기 위하여 「**조각투자 등 신종증권 사업 관련 가이드라인**」(이하 "가이드라인")을 마련하였습니다.

※ 관련 전문가 의견을 폭넓게 수렴하였으며, 증권선물위원회 보고 및 금융발전심의 위원회 자본시장분과 심의를 거쳐 4.27일 금융위원회 정례회의 보고

o 동 가이드라인이 조각투자에 대한 **법규 적용의 예측가능성**을 높여 **위법 행위 발생을 예방**하고, **충실한 투자자 보호**를 토대로 한 **건전한 시장 발전**으로 이어지기를 기대합니다.

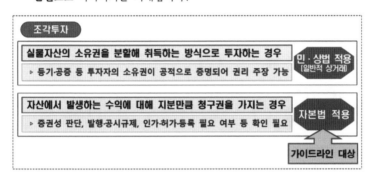

2 | 조각투자 증권 처리원칙

☐ **"조각투자 증권"** 을 발행·유통하려는 사업자는 **자본시장법 및 관련 법령을 모두 준수***해야 하며, 이를 위반하면 관련 법규에 따라 **제재대상**이 됩니다.

> * (예) 증권신고서 제출, 무인가 영업행위 금지, 무허가 시장개설 금지, 부정거래 금지 등

조각투자사업의 적법성 확인 항목

■ 발행하려는 "상품" 이 증권에 해당하는지

증권유형	지분증권	채무증권	수익증권	파생결합증권	투자계약증권

➡ **발행시 증권신고서 제출 등 공시 규제 준수 필요**
   • [예] 뮤직카우

(증권으로 판단될 가능성이 낮은 경우)
• 소유권을 직접 분할 ⇨ 등기(예: 아파트), 소유권에 대해 공적 증명력 있는 방식(예: 공증)
• 사용·수익·처분 가능 ⇨ 직접 사용 목적(예: 회원제 콘도 회원권)

■ 제공하려는 "서비스(업무)" 가 금융투자업에 해당하는지

투자중개업
타인 발행 증권(투자계약증권 外)에 대한 청약의 권유, 청약, 청약의 승낙
➡ **투자중개업 인가 필요**
   • [예] 농장주가 커피농장의 수익을 투자자에게 배분하는 증권을 발행하고, 사업자가 농장주 대신 투자자에게 해당 증권에 대한 투자를 권유

집합투자업
일상적 운용지시를 받지 않고 운용(취득·처분 등)해 결과를 배분
➡ **집합투자업 인가 필요**
   • [예] 사업자가 여러 투자자의 자금을 모아 다이아몬드를 공동구매한 뒤 투자자 지시 없이 자신의 판단으로 매각하고 손익을 투자자에게 배분

거래소
증권(투자계약증권 外)의 매매를 위하여 시장을 개설하거나 운영
➡ **거래소 허가 필요**

※ 예시는 모두 가공의 사례로, 특정 업체와 무관함

■ 자본시장법 외 다른 법률이 적용되는지 여부

[3] 디지털 자산의 증권 판단 예시

□ 아래의 내용은 증권의 법적 요건을 열거한 것이 아니라 디지털
  자산이 증권인지 여부를 판단할 때 고려되는 요소를 예시를 통해
  제시하려는 것으로, 새로운 증권 개념을 제시하거나 기존 증권 범위를
  확대·축소하는 것은 아님

❶ 증권에 해당할 가능성이 높은 경우(예시)

- 사업 운영에 대한 지분권을 갖거나 사업의 운영성과에 따른 배당권
  및 잔여재산에 대한 분배청구권을 갖게 되는 경우 (예: 지분증권)

- 일정기간 경과 후 투자금을 상환 받을 수 있는 경우 (예: 채무증권)

- 신탁의 수익권을 갖게 되는 경우 (예: 수익증권)

- 자본시장법상 기초자산의 가격변동에 연동하여 사전에 정해진
  방식대로 달라지는 회수금액을 지급받는 경우 (예: 파생결합증권)

- 새로 발행될 증권을 청약·취득할 권리가 부여된 경우

- 예탁된 다른 증권에 대한 계약상 권리나 지분 관계를 가지는 경우
  (예: 증권예탁증권)

- 발행인이 투자자의 금전 등으로 사업을 수행하여 그 결과로 발생한
  수익을 귀속시키는 경우. 특히 투자자 모집시 사업을 성공시킬 수 있는
  발행인의 노력·경험과 능력 등에 대한 내용이 적극적으로 제시된 경우
  (예: 투자계약증권)

- 투자자에게 지급되는 금전등이 형식적으로는 투자자 활동의
  대가 형태를 가지더라도, 해당 대가의 주된 원천이 발행인이
  투자자의 금전 등으로 사업을 수행한 결과로 발생한 수익이고
  해당 대가가 투자자 활동보다는 사업 성과와 비례적인 관계에 있어
  실질적으로 사업 수익을 분배하는 것에 해당하는 경우. 특히 투자자
  모집시 사업 성과에 따른 수익 분배 성격이 적극적으로 제시된 경우
  (예: 투자계약증권)

신탁부동산 NPL 및 우선수익권에 대한 대위변제 또는 채권양수도 투자법

신탁부동산 NPL 및 우선수익권에 대한 대위변제 투자법

부동산담보신탁 대출 연체 시 우선수익권부 신탁 NPL의 취득(투자) 방법에는 이와 같이 일반 ① 채권양수도(론세일) 계약 방식과 ② 대위변제로 취득하는 방식이 있다.

신탁 NPL채권자는 공매대금에 대한 우선배당권인 우선수익권을 NPL에 대한 담보 형태로 병행해서 가지고 있다. 이때 우선수익권은 근저당권부 NPL과 달리 NPL에 담보권이 부종되어 있지 않고, 부종된 권리도 아니어서(단지 NPL에 부수되어 경제적으로 담보 기능의 우선수익 채권에 불과) NPL을 채권양수나 임의 대위변제로 승계취득해도 우선수익권이 당연히 NPL에 부종해서 NPL 양수인에게 이전되지 않는다.

다만 위탁자 등이 소유권 상실위험을 방지하기 위해 법정 대위변제 시 NPL 및 이를 확보하기 위한 우선수익권은 당연히 법정 대위변제자에게 함께 이전 승계된다(서울중앙지방법원 2014비단9호는 2순위 우선수익자가 1순위 우선수익자의 NPL을 법정 대위변제한 사례).

가. 우선수익권은 금전채권과 독립한 신탁계약상의 별개의 권리

대법원 2017. 6. 22. 선고 2014다225809 전원합의체 판결 [대여금]

[다수의견] 토지구획정리사업의 시행인가를 받은 갑 토지구획정리조합이 사업비를 조달하기 위하여 시행사인 을 주식회사와 금전 차용계약 및 추가차용계약을 체결하고, 을 회사 및 시공사인 병 주식회사와 위 대여금채권과 관련하여 합의서 및 추가합의서를 작성한 다음, 위 합의서 및 추가합의서에 따라 두 차례에 걸쳐 신탁회사인 정 주식회사와 위 사업의 일부 체비지에 관하여 부동산담보신탁계약을 체결하여 을 회사를 우선수익자로 하는 우선수익권증서를 발급받아주었고, 을 회사는 위 담보신탁계약의 위탁자인 갑 조합과 수탁자인 정 회사의 동의를 받아 우선수익권에 병 회사를 1순위 질권자로 하는 질권을 설정하였는데, 무가 을 회사에 대한 채권을 청구채권으로 하여 을 회사의 갑 조합에 대한 대여금 등 채권 중 청구채권 금액에 이르기까지의 금액을 압류 및 전부하는 전부명령을 받아 그 전부명령이 확정된 사안에서, 합의서 및 추가합의서와 위 담보신탁계약, 우선수익권에 대한 질권설정계약의 내용 및 위 각 계약의 체결 경위와 위 담보신탁계약의 특약사항의 규정 내용, 위탁자와 수탁자가 우선수익권에 대한 질권설정계약에 동의한 사실관계 등에 비추어 보면, 위 담보신탁계약의 당사자들과 병 회사는 위탁자가 대출원리금을 전액 상환하지 아니할 경우 우선수익권에 대한 질권자인 병 회사가 대여금채권의 귀속 주체와 상관없이 우선수익권을 행사할 수 있는 것으로 약정하였다고 봄이 타당하고,

우선수익권은 경제적으로 금전채권에 대한 담보로 기능할 뿐 금전채권과는 독립한 신탁계약상의 별개의 권리이므로, 을 회사의 갑 조합에 대한 대여금채권이 전부명령에 따라 전부채권자인 무에게 전부되었다고 하더라도 그러한 사정만으로 담보신탁계약에 따른 을 회사의 우선수익권이 대여금채권의 전부에 수반하여 전부채권자에게 이전되었다고 볼 수 없고,

대여금채권과 우선수익권의 귀속주체가 달라졌다고 하여 곧바로 을 회사의 우선수익권이나 이를 목적으로 한 병 회사의 권리질권이 소멸한다고 볼 수도 없다고 한 사례.

나. 법정 대위변제 시 대위권에 따라 1순위 우선수익권도 당연 이전

① **서울고등법원 2020. 8. 26. 선고 2020나2014626 판결 [손해배상(기)]**

1) 1순위 우선수익권 승계의 효력 여부

가) 변제할 정당한 이익이 있는 자가 채무자를 위해 채무를 대위변제할 경우, 변제자는 변제한 가액의 범위 내에서 종래 채권자가 가지고 있던 채권 및 담보에 관한 권리를 법률상 당연히 취득하게 되고(민법 제481조, 제482조 제1항), 이때 변제자 대위에서 말하는 '담보에 관한 권리'에는 질권, 저당권이나 보증인에 대한 권리 등과 같이 전형적인 물적·인적 담보뿐만 아니라, 채권자와 채무자 사이에 **채무의 이행을 확보하기 위한 특약이 있는 경우에 그 특약에 기하여 채권자가 가지게 되는 권리도 포함된다**(대법원 1997. 11. 14. 선고 95다11009 판결 등 참조).

나) 앞서 인정한 사실 및 위 법리에 의하면, 피고 F는 변제할 정당한 이익이 있는 연대보증인의 지위에서 I의 L 등에 대한 대출채무를 대위변제하였으므로, 피고 F는 I에 대하여 대위변제금 상당의 구상금 채권을 취득하고, 그 범위 내에서 L 등이 보유하던 이 사건 신탁계약에 의한 **1순위 우선수익권도 당연히 취득**한다고 할 것이다. 한편, 이와 같이 우선수익권이 변제자대위에 의하여 법률상 당연히 이전하는 경우에는 이 사건 신탁계약 제8조 제2항 또는 제10조 제4항에 의한 위탁자나 우선수익자의 요청 등이 필요하지 않다고 할 것이므로, 이에 반하는 원고들의 주장은 받아들이지 않는다.

② **서울중앙지방법원 2021. 2. 17. 선고 2020가합527006 판결 [공탁금출급청구권확인]**

1) 당사자들의 지위

가) **G 주식회사**(이하 'G'라고 한다)는 부산 연제구 H 임야 2,918m² 일원에 지하 3층, 지상 25층의 공동주택 228세대와 근린생활시설을 신축하는 사업(이하 '이 사건 사업'이라 한다)의 시행사이다.

나) 원고는 이 사건 사업의 시공사이고, 피고, 주식회사 B(이하 '피고 B'라고 한다)는 G와 이 사건 사업에 관한 견본주택 건립공사 도급계약을 체결한 회사

이며, 피고 주식회사 D, 피고 E는 G에 대한 가압류채권자이다.

2) 이 사건 신탁계약의 체결 등

가) G는 2015. 9. 24. 주식회사 F(이하 'F'이라 한다)와 이 사건 사업에 관한 분양형토지신탁계약을 체결하였는데 그중 이 사건에서 문제되는 내용은 아래와 같다.

원고는 G의 P에 대한 대출채무의 **병존적 채무인수인으로서** P의 요구에 따라 위 은행에 2019. 9. 11. 648,151,861원, 2019. 12. 13. 1,635,609,068원을 각 **대위변제하였다.**

1) 원고 청구원인의 요지

원고(시공사 겸 병존적 채무인수인)는 2019. 12. 13.까지 이 사건 신탁계약상 제1순위 우선수익자이던 P에 합계 22,83,609,068원을 대위변제하였으므로, P의 제1순위 우선수익자의 지위를 대위할 수 있다. 따라서 이 사건 공탁금은 이 사건 신탁계약상 제1순위 우선수익자인 원고에게 귀속되어야 한다.

나) **채무를 변제할 이익이 있는 자가 채무를 대위변제한 경우**에 통상 채무자에 대하여 구상권을 가짐과 동시에 민법 제481조에 의하여 **당연히 채권자를 대위**하므로, 앞서 본 바와 같이 원고가 이 사건 신탁계약상 **제1순위 우선수익자인 P에 대한 G의 채무를 대위변제한 이상 원고는 P의 제1순위 우선수익권을 대위행사할 수 있다.** 그런데 피고 B가 F에 대하여 직접 공사대금채권을 가진다고 볼 수 없음은 위 가)항에서 본 바와 같으므로, 결국 원고와 피고 B 사이에서 이 사건 공탁금은 제1순위 우선수익자로서의 권리를 대위행사하는 원고에게 귀속된다.

이에 신탁 NPL 승계취득 시 우선수익권은 별도의 우선수익권 양수도 계약을 체결해야 NPL과 함께 취득할 수 있다. 통상 NPL 양수도 계약 및 우선수익권 양수도 계약을 병행한 건으로 우선수익권부 NPL 양수도 계약을 체결한다.

추가로 우선수익권 배당금 지급 채무자인 수탁사로부터 신탁 약정상 수탁사의 사전 처분 승낙(양도 승낙) 조항에 따라 사전에 수익권 양도 승낙을 받아야 우선수익권의 승계취득(NPL 양수 또는 임의 대위변제 포함)이 가능하다.

관련 판결

대법원 1996. 2. 9. 선고 95다49325 권리 양도통지 판결

[판시사항]
채권의 성질 또는 당사자의 의사표시에 의하여 채권 양도가 제한되는 경우, 채권 양도의 통지만으로 대항력이 생기는지 여부(소극)

[재판요지]
채권 양도 시 채무자에 대한 대항요건으로서 하는 채권 양도의 통지는 양도인이 채무자에 대하여 당해 채권을 양수인에게 양도하였다는 사실을 알리는 관념의 통지인데, 채권의 성질상 또는 **당사자의 의사표시에 의하여 권리의 양도가 제한되어 그 양도에 채무자의 동의를 얻어야 하는 경우에는, 통상의 채권 양도와 달리 양도인의 채무자에 대한 통지만으로는 채무자에 대한 대항력이 생기지 않으며 반드시 채무자의 동의를 얻어야 대항력이 생긴다.**

수익권 사전 처분 승낙 조항에 따라 수익권의 양도 통지는 허용되지 않기 때문에 기존 NPL채권자 겸 우선수익권자가 수탁사에게 우선수익권 양도 통지(기존 수익권자를 상대로 한 양도 통지 이행 판결에 따른 양도 통지 포함)를 해도 이는 무효로서 수익권 양수인은 추후 수탁자에 대해 공매대금의 배당 청구를 할 수 없게 된다.

한편 우선수익권부 NPL 할인매입 시 NPL에 대한 담보적 기능인 우선수익권은 NPL과 병행해서 한 세트로 NPL 양수인이 별도로 양도받아 취득할 뿐, NPL과 분리해서 우선수익권만 할인매입하는 것은 실무상 이루어질 수 없다.

부동산담보신탁계약서 제7조 제5항에서는 '우선수익자는 수탁자의 사전 동의 없이는 신탁기간 중 우선수익자의 지위를 타인에게 양도 또는 명의변경 하거나 수익권에 대하여 질권의 설정 등 기타 처분행위를 할 수 없다'라고 규정하고 있다.

우선수익권부 NPL의 임의 대위변제 시 기존 채권자는 자신의 자유의사로 대위승낙을 거절하거나, 대위승낙을 해서 기존 채권자의 지위를 대위변제자에게 이전해주게 되므로 우선수익자의 지위를 타인에게 양도한 것과 같게 되고, 대위변제자로 우선수익자의 명의변경이 이루어지며, 우선수익권 상당의 채권을 변제받고 우선수익권을 대위변제자에게 대위승낙의 방법으로 이전하는 처분행위로 볼 수도 있다.

이에 우선수익권부 NPL의 임의 대위변제 시에는 대위변제자에 대한 우선수익권의 처분행위인 대위승낙에 대해 수탁자로부터 사전 동의를 받는 것이 우선수익권의 이전에 대한 논란을 줄이고, 리스크를 방지할 수 있는 방법임을 알 수 있다.

이와 달리 소유권 상실위험이 있는 위탁자 또는 후순위 우선수익자 등이 선순위 우선수익권부 NPL의 법정 대위변제 시에는 선순위 우선수익자가 변제를 거부해도 후순위 우선수익자 등이 강제로 NPL채권 및 우선수익권을 대위변제할 수 있다. 따라서 이 경우에는 우선수익자의 의사와 상관없이 채무의 이행을 확보하는 담보적 기능을 하는 우선수익권도 대위권에 따라 당연히 법정 대위변제자에게 이전된다고 할 것이다.

부동산담보신탁계약서(안)

제6조(수익권 증서)

① 乙은 甲의 청구가 있는 경우에 이 신탁계약을 증명하기 위한 수익권증서를 발행하여 甲에게 교부할 수 있다.

② 乙은 신탁부동산에 대한 신탁등기 및 보험가입을 종료한 후에 신탁부동산 담보목적의 수익권증서를 발행하여 우선수익자에게 교부하여야 한다.

③ 甲이 신탁기간 중 새로운 우선수익자를 정하여 乙에게 수익권증서의 발급을 요청하는 경우에 乙은 신탁부동산의 우선수익자가 요구하는 금액으로 수익권증서를 발급할 수 있다. 이때 신탁원부 등 기재내용 변경에 따른 일체의 비용은 甲이 부담한다.

④ 우선수익자가 다수 있는 경우에는 상호 신탁이익의 교부순서는 수익권증서에 기재되어 있는 순위에 의한다.

⑤ 甲은 수익권증서를 신탁목적에 적합하게 사용하여야 하며, 乙의 동의 없이 이를 타인에게 양도하거나 담보의 목적으로 질권설정 등 처분행위를 할 수 없다.

제7조(우선수익자의 수익권)

① 우선수익자가 갖는 수익권의 수익 범위는 우선수익자와 주 채무자("별지1"의 3)간의 여신거래 및 보증채무로 인하여 증감 변동된 우선수익자의 원금, 이자 및 지연손해금 등으로 한다. 단, "별지1"의 4를 최고한도로 한다.

② 제1항에 불구하고, 甲이 주 채무자가 아닌 경우에 우선수익자의 수익권의 범위는 甲과 우선수익자 간의 보증계약, 담보설정계약 등에 기한 채무를 기준으로 한다.

③ 신탁부동산의 신탁원본에 대한 우선수익자의 수익권은 수익자의 수익권보다 우선한다. 단, 제5조에 의한 신탁수익에 대한 수익권의 귀속은 甲과 乙간의 합의에 의한다.

④ 우선수익자가 갖는 수익권의 유효기간은 이 신탁계약에 의하여 우선수익자로 지정 등기된 날로부터 이 신탁계약 종료일까지로 한다.

⑤ 우선수익자는 乙의 사전 동의 없이는 신탁기간 중 우선수익자의 지위를 타인에게 양도 또는 명의변경하거나 수익권에 대하여 질권의 설정 등 기타 처분 행위를 할 수 없다.

⑥ 甲 및 그 승계인은 우선수익자의 지위를 가질 수 없다.

⑦ 신탁재산의 처분정산 시, 선순위 우선수익권이 소멸한 경우에는 차순위 우선수익자의 순위가 승진한다.

신탁부동산의 우선수익권부
NPL 양수(매입) 투자법

가. 우선수익권부 NPL 양수(매입) 절차

(1) 일반적인 NPL 양수 절차를 거치고, 추가로 수익권의 양수 절차도 거쳐야 한다

(가) 수익권 양도의 자유

수익자는 수익권을 타인에게 양도할 수 있으나, 수익권의 성질이 양도를 허용하지 않는 경우에는 양도할 수 없고(신탁법 제64조 제1항), 수익권의 양도에 대하여 신탁행위로 달리 정한 경우에는 그에 따른다. 다만, 선의의 제3자에게 대항하지 못한다(신탁법 제64조 제2항).

(나) 수익권 양도의 대항요건

수익권의 양도는 양도인이 수탁자에게 통지하거나 수탁자가 승낙한 경우 수탁자와 제3자에게 대항할 수 있다(신탁법 제65조 제1항). 앞선 통지 및 승낙은 확정일자가 있는 증서로 하지 않으면 수탁자 외의 제3자에게 대항할 수 없다(신탁법 제65조 제2항).

한편 대부분의 부동산담보신탁계약서(약관)에서 수익권 양도에 대한 수탁자의 승낙만 유효한 대항요건으로 신탁원부에서 공시하고 있으므로, 수익권 양도 통지는 무효로 수탁자와 제3자에게 대항할 수 없다.

(다) 수탁자의 항변

수탁자는 앞선 통지 또는 승낙이 있는 때까지 수익권의 양도인에 대하여 발생한 사유로 양수인에게 대항할 수 있다(신탁법 제65조 제3항).

(라) 이의를 보류하지 않은 승낙

수탁자가 이의를 보류하지 않고 위의 승낙을 한 경우에는 양도인에게 대항할 수 있는 사유로써 양수인에게 대항하지 못한다. 다만, 수탁자가 채무를 소멸하게 하기 위하여 양도인에게 급여한 것이 있으면 이를 회수할 수 있고, 양도인에 대하여 부담한 채무가 있으면 그 성립되지 않음을 주장할 수 있다(신탁법 제65조 제4항).

한편 수익채권의 소멸시효는 채권의 예에 따르되, 수익채권의 소멸시효는 수익자가 된 사실을 알게 된 때부터 진행하고, 신탁이 종료한 때부터 6개월 내에는 수익채권의 소멸시효가 완성되지 않는다(신탁법 제63조).

관련 법령

신탁법 제65조(수익권 양도의 대항요건과 수탁자의 항변)
① 수익권의 양도는 다음 각 호의 어느 하나에 해당하는 경우에만 수탁자와 제3자에게 대항할 수 있다.
   1. 양도인이 수탁자에게 통지한 경우
   2. 수탁자가 승낙한 경우
② 제1항 각 호의 통지 및 승낙은 확정일자가 있는 증서로 하지 아니하면 수탁자 외의 제3자에게 대항할 수 없다.

③ 수탁자는 제1항 각 호의 통지 또는 승낙이 있는 때까지 양도인에 대하여 발생한 사유로 양수인에게 대항할 수 있다 .

④ 수탁자가 이의를 보류하지 아니하고 제1항 제2호의 승낙을 한 경우에는 양도인에게 대항할 수 있는 사유로써 양수인에게 대항하지 못한다. 다만, 수탁자가 채무를 소멸하게 하기 위하여 양도인에게 급여한 것이 있으면 이를 회수할 수 있고, 양도인에 대하여 부담한 채무가 있으면 그 성립되지 아니함을 주장할 수 있다.

(2) 수탁자의 양도 동의 판례를 살펴보자

제11조(수익권의 양도와 승계 및 질권설정)

① 수익자 또는 우선수익자는 수탁자의 사전동의 없이 신탁기간 중 수익자 또는 우선수익자의 지위를 타인에게 양도하거나 수익권에 대하여 질권 설정을 하는 등 처분행위를 할 수 없다.

② 수익권, 우선수익권을 양수하거나 승계한 자는 그 지분비율에 해당하는 전 수익자, 전 우선수익자의 권리와 의무를 승계한다.

③ 수익자, 우선수익자의 변경 절차에 필요한 비용은 위탁자 또는 새로이 수익자, 우선수익자가 될 자가 부담한다.

출처 : 모 신탁회사의 부동산담보신탁계약 조항 중 발췌

(가) NPL을 양도하면서 우선수익권의 양도에 대하여 수탁자인 케이○ 부동산신탁(주)의 동의를 얻은 사례(서울서부지방법원 2017. 5. 26. 선고 2016가단 218990 판결 [양수금])

갑 제13, 을 제4호증에 변론 전체의 취지를 종합하면, 별지 청구원인과 같이 국민은행의 피고에 대한 채권이 피고에 대한 적법한 채권통지 절차를 거쳐 순차로 양도된 사실, 우선수익권인 이 사건 채권에 대하여 **수탁자인 케이○ 부동산신탁(주)이 채권양도에 동의한 사실**이 인정된다. 그렇다면, 피고는 원고에게 일부금 청구로서 2억 원 및 이에 대하여 2016. 10. 7.부터 갚는 날까지 연 15%의 비율에 의한 돈을 지급할 의무가 있으므로 주문과 같이 판결한다.

(나) 수탁자의 동의를 얻어야 수익자 변경도 가능하다는 판결
　　(부산고등법원 2007. 1. 18. 선고 2006나10231 수익자 명의변경 절차이행)

따라서 위탁자인 지오○○는 수탁자인 피고의 승낙 또는 동의를 받지 아니하고는 수익자를 제3자로 변경할 수 없다고 할 것인바, 원고와 지오○○ 사이의 2005. 7. 22.자 조정에 따라 지오○○가 제3자인 원고의 동의만을 받아 이 사건 신탁계약상의 수익자를 지오○○에서 원고로 변경하기로 하는 의사를 표시하였다 하더라도 **수탁자인 피고의 승낙이나 동의를 받았음을 인정할 아무런 증거가 없는 이 사건에 있어서 신탁계약상의 수익자가 지오○○에서 원고로 변경되었다고 볼 수 없다.**

상기 2006나10231 판결의 대법원 2007. 5. 31. 선고 2007다13312 판결 [수익자 명의변경 절차 이행]
신탁계약상 수익자는 신탁이익을 향수할 권리를 포함하여 신탁법상의 여러 가지 권리, 의무를 갖게 되므로, 이러한 지위에 있게 되는 수익자를 정하는 것은 위탁자와 수탁자 간의 신탁계약 내용의 중요한 요소에 해당하는 것이어서, 수익자의 변경에는 계약 당사자인 위탁자와 수탁자의 합의가 있어야 하고, 미리 신탁계약에서 위탁자에게 일방적인 변경권을 부여하는 취지의 특약을 하지 않은 한 **수탁자의 동의 없이 위탁자가 일방적으로 수익자를 변경할 수는 없다.**

위 신탁계약에서 **수익자가 수익권을 양도, 승계, 질권설정할 경우 수탁자인 피고의 승낙을 받아야 하는 것으로 정하고 있는 점**(계약서 제15조 제1항) **등에 비추어 보면** 이 사건 신탁계약상 **수익자의 변경에는 수탁자인 피고의 동의가 필요하다고** 보아야 한다고 판단하였다.

(다) 수탁자의 동의 없는 우선수익 양수금 청구 기각 판결
　　(부산지방법원 2017. 4. 26. 선고 2016가합2737 양수금)

가. 신탁계약의 체결 및 우선수익자의 지정
1) 주식회사 금○(이하 '금○'라 한다)는 2007. 6. 30. 피고와 사이에 대구 달서구 대천동 488-x 외 31필지(이하 '신탁토지'라 한다)에 관하여 금○를 위탁자로, 피고를 수탁자로 하는 관리형 개발신탁계약(이하 '이 사건 신탁계약'이라 한다)

을 체결하였다.

원고의 주장 및 이에 대한 판단

가. 원고의 주장

주식회사 에프○가 원고에게 이 사건 대여금을 변제기 내에 변제하지 못하여 원고는 확정적으로 세진디○○로부터 이 사건 신탁계약상 우선수익자 지위와 이에 따른 채권 6억 원을 양수받았으므로, 피고는 원고에게 양수금 6억 원 및 이에 대한 지연손해금을 지급할 의무가 있다.

나. 판단

1) 원고가 주장하는 채권양도는 세진디○○가 보유하는 이 사건 신탁계약상 우선수익권 중 그 양적 일부인 6억 원 및 그 이자 채권에 해당하는 부분에 대한 것이므로, 우선 이와 같은 신탁계약상 우선수익권의 양적 분할 양도가 허용되는지에 관하여 본다.

신탁계약상 수익권은 지명채권에 유사한 성질을 갖는 권리로 해석되고, 신탁법 제64조 제1항은 수익자는 수익권을 양도할 수 있다고 하면서 원칙적으로 양도성이 있는 것으로 규정하고 있기는 하다. 그러나 한편, 신탁법의 관련 규정 및 앞서 본 이 사건 신탁계약의 내용을 통해 알 수 있는 다음과 같은 사정을 종합하여 보면, 신탁계약상 수익권의 일부를 양적으로 분할하여 양도하는 것은 신탁계약의 변경에 관한 절차를 따르지 않는 이상 허용되지 않는다고 보아야 할 것이다.

이 사건에 관하여 보건대, 이 사건 신탁계약 제15조 제1항은 수익자는 피고(수탁자)의 승낙 없이 수익권을 양도할 수 없다고 규정하고 있는 사실, 이 사건 신탁계약에 따라 발행되는 수익권증서에도 피고(수탁자)의 사전 동의 없이 수익권을 양도할 수 없다는 취지의 약관이 기재되어 있는 사실, 이 사건 채권양도계약에서 세진디○○가 원고에게 우선수익권 증서를 인도하고, 피고에게 우선수익권의 양도 사실을 통지하고 승낙을 얻도록 정한 사실은 앞서 본 바와 같다.

위 인정사실에 의하여 알 수 있는 다음과 같은 사정들, 즉 ① 원고가 이 사건 채권양도계약에 따라 인도받은 수익권증서에는 이 사건 신탁계약상 수익권 양도의 제한에 관한 내용이 명시되어 있으므로, 원고도 이를 확인하였을 것으로 보이는 점, ② 일반적인 채권양도는 채무자에 대한 통지만으로도 대항할 수 있음에도 이 사건 채권양도계약에서는 세진디○○로 하여금 채권양도에 관한 피고의 '승낙'을 얻도록 정하고 있는 점 등을 보면, 원고는 이 사건 채권양도계약 당시 이 사건 신탁계약상 수익권의 양도의 제한에 관한 내용을 알았을 것으로 보인다. 만약 그렇지 않더라도 원고는 다수의 이해관계인과 복잡한 신탁법률관계가 얽혀 있는 채권을 양수한 것이므로, 원고가 자신이 양수하는 우선수익권에 관하여 그 신탁계약서를 살피는 등 조금만 주의를 기울였다면 위와 같은 양도의 제한에 관한 내용을 쉽게 확인할 수 있었을 것이다. 따라서 원고는 이 사건 채권양도계약 당시 이 사건 신탁계약상 우선수익권의 양도에 관한 피고의 승낙 요건을 알고 있었거나 그 알지 못한 데에 중대한 과실이 있는 것으로 보아야 하므로, 원고(수익권 양수인)는 피고(수탁자)에 대하여 이 사건 신탁계약상 우선수익권 양도의 효력을 주장할 수 없다.

나. 구체적인 우선수익권부 NPL 양수 절차

① 수익권부 채권 양도 시 채권자로 하여금 수탁사에 사전 수익권 양도 승낙을 받아오도록 요청할 것(이하 우선수익권을 수익권으로 약칭해서 설명함).
NPL에 대한 양도 통지는 양수인이 위임받아 채무자에게 통지해야 하고, 수탁자에 대한 수익권의 양도 통지는 안 되고, 반드시 수탁자로부터 수익권 양도에 대한 사전승낙을 받아야 유효함.

② NPL 양수인은 수익권자를 수탁사에 변경 요청 후 명의변경된 수익권 증서를 양수인이 교부받아 보관하고, 신탁원부인 담보신탁 변경계약서에 우선수익권자를 양수인으로 변경해서 우선수익권자 변경등기를 할 것.
신탁등기를 신청하는 경우 위탁자·수탁자·수익자·신탁관리인·신탁목적 등을 기재한 신탁원부(부동산담보신탁계약서)를 제출해야 하고, 이러한 신탁원부에 변동이 생긴 경우에는 신탁원부 기록의 변경등기 신청을 할 수 있음.

③ 우선수익권 질권대출을 받을 경우 수탁자의 사전 동의를 얻어야 하며 양수인으로 우선수익자 명의가 변경된 수익권증서에는 질권설정 취지를 기재하고(1순위

우선수익권에 대해서 ○○금융기관 1순위 질권설정), 질권은행이 유치해서 보관하고, 질권설정등기 절차는 없음.

④ 수익권부 NPL 양수도 계약서를 작성할 것. 양수인이 채권 양도 통지를 위임받아 채무자에게 채권 양도 통지를 할 것.

⑤ NPL 양도인에게 전입세대 확인서 등 열람 내역을 징구할 것.
  1) 적법한 임차인 존재 시 임차인이 우선배당을 받고 우선수익권자는 후순위로 배당을 받으므로 반드시 임대차 내역의 확인이 필요하며, 신탁등기 전 임차인 존재 시 수탁자가 임대인의 지위를 승계함.
  2) 채권자 및 수탁자가 동의 시 위탁자가 적법한 임대차계약을 체결할 수 있음 (수탁자가 임대차보증금을 반환하지 않는 조건으로 동의함).
  ※ 주의 사항
  수탁자 비동의 임차인이 전입신고 및 점유 후 위탁자 측이 신탁대출을 대환하고, 신탁등기 말소와 동시에 소유권 회복 및 위탁자를 채무자로 신규 근저당권 설정 시 임차인의 대항력이 신탁등기 말소(소유권 회복)와 동시에 회복됨으로써 근저당권은 대항력 있는 임차인의 후순위로 밀리게 된다. 이에 따라 신탁대출을 대환대출 시에는 반드시 수탁자 비동의 임차인의 보증금을 부동산의 담보여력에서 차감 후 1순위 근저당권을 설정해야 하며, 대부업체 등은 신탁대출 대환 시 대출한도 산정에 주의해야 한다.
  3) 수탁회사가 직접 임대차계약 체결 시에도 임차인이 공매대금에서 우선배당을 받고 우선수익권자는 후순위로 배당을 받게 됨. 그래서 NPL 매입 전에 양도인을 통해 임대차 내역 열람이 필요함.

⑥ 당해세(재산세 및 종합부동산세) 및 공용부분 관리비 체납금액을 확인할 것.

⑦ NPL 양수인은 실익을 검토해서 수탁사에 공매의 계속진행 또는 중단을 요청할 것.

⑧ 유찰이 많을 경우 방어공매에 참가할 것.

⑨ NPL 원본서류를 교부받을 것.

임대차 내역 조사서 및 담보 여력 사정표를 NPL 양수 전에 열람해서 대항력 있는 임차인의 존재 여부를 확인하고, 무상사용 각서 제출 점유자 본인의 서명날인임을 본인을 대면해서 확인할 것.

⑩ 예상 공매금액보다 낮은 금액으로 NPL을 매입할 것.

⑪ 유입취득 시 이론상 수익권 배당채권과 공매 낙찰대금 채무를 동등액에서 상계로 납부하면 되지만, 우선순위로 배당할 체납세금 특정 등 실무상 곤란한 상황을 대비해서 낙찰잔금 대출기관을 미리 예비적으로 확보할 것. 수익권 질권이 설정된 경우 상계 납입은 불가함.
유입취득한 공매 낙찰자는 위탁자 등을 위해서 '불완전 대항력 있는 임차보증금 (수탁자의 동의를 얻은 임차인에 해당되나 수탁자에게 임대차보증금 반환을 청구할 수 없는 반쪽 임차권)', 체납 재산세 및 종합부동산세, 공용부분 체납관리비, 신탁등기 전의 등기상 근저당권부 채무 등을 대위변제하고 해당 채무자에게 구상권을 행사할 필요가 있음.

⑫ 1순위 우선수익권만 공매 청구 가능
2순위 수익권 매입 시 1순위 우선수익권을 법정 대위변제로 취득 후 공매 진행 필요. 후순위 수익권의 유지 이익의 상실위험이 있으므로 후순위 수익권자는 선순위 우선수익권을 법정 대위변제할 이익이 있음.

⑬ 점유자 명도소송을 감안해서 NPL을 저렴하게 매입할 필요가 있음.

⑭ NPL 할인매입 후 공매 시, 할인차익 발생 예상 물건을 선별 취득할 필요가 있음.

⑮ 연체이자 배당수익 물건은 공매를 최대한 늦게 신청해서 배당차익을 늘릴 수 있음.

■ 기타 참고 사항

① 채권자가 위탁자를 대위해 신탁계약을 해지할 수 없는데, 그 이유는 수탁자의 동의가 있어야 신탁계약 해지가 가능하도록 신탁계약서에서 명시하고 있기 때문이다. 이에 채권자 대위로 신탁계약 해지를 원인으로 한 위탁자로의 소유권이

전등기청구권에 대한 가압류 신청은 불가하다.

② 수익자 변경과 관련한 문제
  1) 양도의 자유
     수익자는 그 성질이 양도를 허용하지 않는 경우를 제외하고는 원칙적으로 수
     익권을 자유롭게 양도할 수 있게 되어 있다. 이와 같은 수익권 양도에 따라
     수익자가 변경된 경우에도 신탁원부 기록의 변경등기를 신청해야 한다.

  2) 신탁원부의 기록 사항에 변경이 생긴 때
     신탁원부의 기록 사항에 변경이 생긴 때에는 원칙적으로 수탁자가 그 변경을
     증명하는 정보를 첨부로 제공해서 그 등기를 신청해야 한다.

  3) 변경등기 신청 시 첨부 정보의 제공
     수익자는 신탁재산의 실질적 소유자라 할 것이므로, 수익자의 변경에 따른
     신탁원부 기록의 변경등기를 신청할 때에는 종전 수익자의 진정한 의사를 확
     인할 수 있는 정보를 첨부 정보로서 제공하게 할 필요가 있다.

  4) 인감의 날인 및 인감증명의 제공
     신탁수익권 양도에 따른 수익자 변경을 원인으로 신탁원부 기록의 변경등기
     를 신청할 때에 그 원인을 증명하는 정보로서 제공한 신탁수익권 양도계약서
     에는 종전 수익자의 인감을 날인하게 하고, 종전 수익자의 인감증명을 함께
     제공하게 할 필요가 있다.

  5) 수익자 변경권이 위탁자, 수탁자 또는 제3자에게 유보되어 있는 경우
     수익자 변경권이 위탁자, 수탁자 또는 제3자에게 유보되어 있는 경우에는 수
     익자 변경을 원인으로 신탁원부 기록의 변경등기를 신청할 때에 수익자 변경
     을 증명하는 정보 외에 종전 수익자의 승낙을 증명하는 정보는 첨부 정보로
     서 제공할 필요가 없다.
     그리고 신탁행위로 정한 방법에 의해 신탁을 변경한 경우에는 그러한 방법에
     의해서 신탁을 변경했음을 증명하는 정보를 첨부 정보로서 제공해 신탁원부
     기록의 변경등기를 신청해야 한다.

구체적으로 수익자 변경과 관련한 사례를 보면 다음과 같다.

6) 위탁자 겸 수익자가 신탁재산에 대한 권리를 상속인 중 일부에게 유증하고 사망한 경우에는 수익자 변경이 있는 때에 해당하므로, 수익자 변경을 증명하는 정보로서 상속 및 유증을 증명하는 정보를 첨부해서 수탁자가 단독으로 수익자를 수증자 명의로 하는 신탁원부에의 변경 기록을 신청해야 한다.

PART
04

우선수익권부 NPL의
질권설정 절차

NPL 질권대출 시장 동향
(NPL 매각기관에서 질권대출도 동시 취급)

NPL 대위변제 또는 채권양수 투자 시 그 투자자금 조달을 위한 질권대출을 받을 경우, 요즘 질권대출 이자율은 연 6~9% 정도로 제2금융권인 수협 및 ㈜JB우리캐피탈 등에서 받을 수 있다.

특히 새마을금고, 수협, 신협, 산림조합 등은 자신의 연체 NPL을 감축하기 위해서 NPL 대위변제나 NPL 채권 매각으로 NPL 투자자들에게 NPL을 처분하면서 동시에 NPL 매입대금의 75%까지도 질권대출을 해주므로, 이들 기관에 대한 NPL 투자 시에는 자기자본을 적게 투입하고 투자를 할 수 있다.

이들 금융기관은 이와 같은 질권대출을 실행함으로써 연체 NPL 감축이 가능하고, 더불어 연체대출을 질권대출로 대환해서 정상화하는 경제적 효과도 노려볼 수 있다.

그러므로 연체율이 높은 제2금융권은 자회사인 대부법인 등을 설립해서 자신의 NPL을 대부법인에 양도해 연체 감축을 하는 방법도 있다.

그러나 앞선 내용과 같이 NPL을 금융위원회 등록 기존 대부법인 등에 건별로 과감하게 할인매각하고, NPL 매입대금 조달을 위한 질권대출도 NPL 처분과 동시에 취급하면 연체 NPL의 감축에 더욱 획기적인 효과를 일으킬 수도 있을 것이다.

우선수익권에 대한
질권설정 방법

    수익자는 수익권을 질권의 목적으로 할 수 있다. 우선수익권에 대한 질권설정은 우선수익권에 대한 질권설정 계약 및 부동산담보신탁 약관(계약서)에 따라 수탁자로부터 질권설정 동의를 받고 동의서에 확정일자를 받으면 제3자에게 대항할 수 있다(신탁법 제66조).

    질권자는 NPL의 원본 서류 및 우선수익권 증서(질권설정 취지 기재)를 유치해서 보관하고, 질권설정등기를 위한 신탁원부 변경등기는 할 필요가 없다.

    한편 수익권을 목적으로 하는 질권의 효력이 미치는 범위는 그 수익권에 기한 수익채권과 신탁법 또는 신탁행위에 따라 그 수익권을 갈음하여 수익자가 받을 금전이나 그 밖의 재산에도 존재한다(신탁법 제66조 제4항).

    질권의 우선변제권에 따라 수익권의 질권자는 직접 수탁자로부터 금전을 지급받아 다른 채권자에 우선하여 자기 채권의 변제에 충당할 수 있다(신탁법 제66조 제5항).

또한 질권자의 채권이 변제기에 이르지 않은 경우 질권자는 수탁자에게 그 변제 금액의 공탁을 청구할 수 있다. 이 경우 질권은 그 공탁금에 존재한다(신탁법 제66조 제6항).

실무에서는 채무자 겸 질권설정자가 질권자로 하여금 배당금을 바로 수령토록 우선배당 동의서를 제출한다.

관련 법률

신탁법 제66조(수익권에 대한 질권)
① 수익자는 수익권을 질권의 목적으로 할 수 있다. 다만, 수익권의 성질이 질권의 설정을 허용하지 아니하는 경우에는 그러하지 아니하다.
② 제1항에도 불구하고 수익권을 목적으로 하는 질권의 설정에 대하여 신탁행위로 달리 정한 경우에는 그에 따른다. 다만, 그 정함으로써 선의의 제3자에게 대항하지 못한다.
③ 수익권을 목적으로 하는 질권의 설정에 관하여는 수익권 양도의 대항요건과 수탁자의 항변사유에 관한 제65조를 준용한다. 이 경우 제65조 중 "양도인"은 "수익자"로, "양수인"은 "질권자"로 보고, 같은 조 제1항 중 "수익권의 양수 사실"은 "수익권에 대하여 질권이 설정된 사실"로 본다.
④ 수익권을 목적으로 하는 질권은 그 수익권에 기한 수익채권과 이 법 또는 신탁행위에 따라 그 수익권을 갈음하여 수익자가 받을 금전이나 그 밖의 재산에도 존재한다.
⑤ 수익권의 질권자는 직접 수탁자로부터 금전을 지급받아 다른 채권자에 우선하여 자기 채권의 변제에 충당할 수 있다.
⑥ 질권자의 채권이 변제기에 이르지 아니한 경우 질권자는 수탁자에게 그 변제 금액의 공탁을 청구할 수 있다. 이 경우 질권은 그 공탁금에 존재한다.

우선수익권에 대한 질권설정의 효력은
우선수익권에만 미친다

우선수익권부 NPL에서 우선수익권에 대한 질권설정 시 질권의 효력
은 우선수익권에만 미치고, NPL에는 미치지 않는다. 따라서 우선수익
권이 담보하는 NPL까지 질권의 목적으로 포함해야 우선수익권 및 NPL
에 모두 질권의 효력이 미친다.

대법원은 신탁회사가 우선수익자인 시공사가 우선수익권에 질권을
설정하는 것에 대해 승낙했다고 해서 그 원인채권에 대해서까지 질권
설정 승낙의 효력이 발생한다고 볼 수 없다고 판시했다(2022. 3. 31. 선고
2020다245408 판결).

우선수익권은 경제적으로 원인채권에 대한 담보로 기능하지만, 특별
한 사정이 없으면 원인채권과는 독립한 신탁계약상의 별개의 권리(대법
원 2017. 6. 22. 선고 2014다225809 전원합의체 판결)로, 원인채권과 별도로 담
보로 제공될 수 있기 때문이다.

대법원 2022. 3. 31. 선고 2020다245408 판결
[질권 실행에 따른 공사대금 청구의 소]

제2순위 우선수익권에 대한 질권설정 승낙의 효력이 이 사건 공사비 채권에도 미치는지(상고이유 제3점)

가. 이 부분 상고이유 주장은 피고가 대○건설의 우선수익권에 대하여 질권설정을 승낙한 이상 우선수익권의 부종성에 따라 원인채권인 이 사건 공사비 채권에도 질권설정 승낙의 효력이 미친다는 것이다.

위탁자가 자신이 소유하는 부동산을 신탁법에 따라 수탁자에게 이전하여 건물을 신축·분양하는 사업을 시행하게 하고 대주와 시공사를 우선수익자로 정하는 관리형 토지신탁을 한 경우, 특별한 사정이 없는 한 우선수익권은 원인채권과는 독립한 신탁계약상 별개의 권리가 된다(부동산담보신탁에 관한 대법원 2017. 6. 22. 선고 2014다225809 전원합의체 판결, 대법원 2017. 9. 21. 선고 2015다52589 판결 참조).

이러한 경우 우선수익권은 원인채권과 별도로 담보로 제공될 수 있으므로 우선수익자인 **시공사가 우선수익권에 질권을 설정하는 것에 대하여 수탁자가 승낙했다고 해서 그 원인채권에 대해서까지 질권설정 승낙의 효력이 발생한다고 볼 수 없다.**

한편 위에서 보았듯이 이 사건 질권설정 승낙서에 따라 질권설정을 승낙한 제2순위 우선수익권의 경우 그 원인채권은 대○건설이 중도금대출과 관련하여 보증책임을 이행하게 될 경우에 발생하는 구상금 채권이다(이 사건 공사비 채권은 제3순위 우선수익권의 원인채권이다).

이에 비추어 보더라도 이 부분 상고이유 주장은 받아들일 수 없다.

NPL과 우선수익권에 동시 질권설정 필요

우선수익권부 NPL에 질권설정 시 NPL 및 우선수익권에 동시에 질권설정이 필요하다.

우선수익권부 NPL 양수 및
질권설정 시 주의 사항

　신탁부동산 NPL에 대해 우선수익권은 부종성이 없으므로 신탁부동산 NPL과 우선수익권 등 2건의 채권에 대해 건건이 분리하지 말고, 동시에 2건의 채권에 대해 가압류, 압류 및 전부명령 신청, 채권양도 또는 질권설정을 해야 안전한 법적 조치가 된다.

　이와 같이 신탁부동산 NPL에 우선수익권은 부종성이 없어 NPL을 양도나 전부명령으로 이전받으면서, 우선수익권에 대해 별도의 양수도 계약 및 전부명령 신청이 필요하다.

　대법원 판례에 따르면 NPL과 별도로 우선수익권도 양도계약을 체결해야 양도받을 수 있으므로 NPL을 양도나 전부명령으로 이전받아도 당연히 우선수익권이 양수인이나 전부채권자에게 이전되지 않는다. 따라서 앞선 내용과 같이 NPL 및 우선수익권 등 2건의 채권을 묶어서 양수도 계약 또는 전부명령을 신청해야만, 부종성이 없는 우선수익권을 포함해서 2개의 채권을 안전하게 이전받을 수 있다.

대법원 2017. 6. 22. 선고 2014다225809 전원합의체 판결 [대여금]

토지구획정리사업의 시행인가를 받은 갑 토지구획정리조합이 사업비를 조달하기 위하여 시행사인 을 주식회사와 금전 차용계약 및 추가차용계약을 체결하고, 을 회사 및 시공사인 병 주식회사와 위 대여금채권과 관련하여 합의서 및 추가합의서를 작성한 다음, 위 합의서 및 추가합의서에 따라 두 차례에 걸쳐 신탁회사인 정 주식회사와 위 사업의 일부 체비지에 관하여 부동산담보신탁계약을 체결하여 을 회사를 우선수익자로 하는 우선수익권증서를 발급받아 주었고, 을 회사는 위 담보신탁계약의 **위탁자인 갑 조합과 수탁자인 정 회사의 동의를 받아 우선수익권에 병 회사를 1순위 질권자로 하는 질권을 설정하였는데, 무가 을 회사에 대한 채권을 청구채권으로 하여 을 회사의 갑 조합에 대한 대여금 등 채권 중 청구채권 금액에 이르기까지의 금액을 압류 및 전부하는 전부명령을 받아 그 전부명령이 확정된 사안에서, 우선수익권이 대여금 채권의 전부에 수반하여 전부채권자에게 이전되었다고 볼 수 없고, 대여금 채권과 우선수익권의 귀속 주체가 달라졌다고 하여 우선수익권이나 이를 목적으로 한 권리질권이 소멸한다고 볼 수도 없다고 한 사례.**

우선수익권 양도 또는 우선수익권 질권설정 시 수탁자의 사전 승낙을 받지 못한 경우 양도인의 우선수익권(제3채무자, 수탁자) 및 그 피담보 NPL 등 채권에 대해서 양수인 또는 질권자는 압류 및 전부명령 신청으로 채권을 회수할 필요가 있다.

이처럼 수탁자로부터 수익권의 양도나 질권설정의 승낙을 받지 못한 경우, 수익권의 양도나 질권설정은 무효가 되어 양수인 등은 수탁자에게 수익금 지급 청구를 못하게 되므로, NPL 양수도 약정에서 수탁자로부터 승낙을 받지 못한 경우에는 NPL 양수도 계약을 무효로 하는 약정을 명시해야 한다. 양도계약 전에 미리 수탁자에게 NPL 양도 시 수익권 양도도 승낙해달라고 양해를 구하고, 양해 시에만 수익권부 NPL의 양수도 계약을 체결해야 한다.

그러나 수탁자의 수익권 양도의 사전 승낙이 없는데 NPL 매입계약금을 지급 후 수탁자가 수익권 양도 승낙을 거절할 경우에는 NPL 양수도 약정의 무효에 따른 계약금반환 청구권을 가지고, 양도인인 채무자가 수탁자에 대해 가지는 우선수익권 및 그 피담보 채권에 대한 압류 및 전부명령 신청을 통해 추후 수탁자로부터 공매대금에서 전부된 수익금을 배당받아 계약금을 회수하면 된다.

한편 우선수익자에게 돈을 빌려주고 수탁자로부터 우선수익권에 대한 질권설정 승낙을 받지 못한 경우에는 우선수익자가 수탁자에게 질권설정 통지를 해도 질권설정은 무효가 된다. 이 경우 대여금 채권자는 우선수익자인 채무자가 제3채무자인 수탁자에게 가지는 우선수익 지급 청구권 및 그 피담보 채권에 대해 압류 및 전부명령 신청을 통해서 대여금을 회수해야 한다.

우선수익권부 NPL 매입가격 산정 기준

신탁원부 발급을 통해
우선수익자인 NPL 금융기관 검색

온비드의 신탁부동산 매각 공고 물건의 지번 또는 국내 14개의 신탁회사(수탁자)의 홈페이지에 매각 공고된 부동산 지번의 등기사항전부증명서상 신탁원부를 법원 인터넷등기소 예약 후 등기소 방문이나 민간발급대행업체를 통해서 발급받아 우선수익자인 NPL 금융기관 등의 명칭을 찾아낼 수 있다. 혹은 공매대상 부동산의 수탁자에게 담보신탁 대출 금융기관을 물어서도 NPL 금융기관을 알 수 있다.

그래도 신탁원부인 부동산담보신탁계약서의 내용(수익권 양도 및 질권설정 시 수탁자의 사전승낙 규정, 1순위 우선수익자만 공매 신청을 제한하는 규정, 특약상 권리·의무 등) 및 수익권 한도 금액과 대출 원금 등을 알아보고, NPL 매입을 검토하기 위해서는 신탁원부(부동산담보신탁계약서)를 발급받을 필요가 있다.

우선수익자의 NPL을 취득해야
신탁부동산의 공매 신청(환가)이 가능하다

가. 신탁원부상 공매 신청할 수 있는 자를 3가지로 분류해서 제한한다

신탁원부로 공시된 부동산담보신탁계약서의 신탁부동산 처분 규정에서 공매 신청할 수 있는 자를 다음과 같이 대략 3가지로 분류해서 제한하고 있다.

(1) 제1유형 : 최우선 순위인 우선수익자만 서면으로 수탁자에게 신탁부동산을 공매 신청할 수 있도록 환가를 제한한 경우

이때는 최우선 순위인 우선수익권부 NPL을 양수하거나 대위변제로 취득해야 한다. 예를 들어 1순위, 2순위, 3순위로 3명의 우선수익자가 존재할 경우 1순위 우선수익자만 공매 신청이 가능하기 때문에 2순위 이하 우선수익자는 자신의 대출이 연체되어도 공매 신청을 할 수 없다. 따라서 이 경우에는 1순위 우선수익권부 NPL을 매입(취득)해야 한다.

2순위 및 3순위의 후순위 우선수익자의 대출은 연체하고, 최우선

1순위의 우선수익자의 대출은 이자를 잘 납부해서 미연체되었을 시에 1순위 우선수익자는 연체가 없어 공매 신청을 못하고, 2순위 및 3순위 우선수익자는 연체 중이나 공매 신청권이 없어 공매 청구 불가로 장기간 NPL 회수가 곤란해진다. 따라서 후순위 우선수익권부 NPL은 최우선 1순위 우선수익권의 매입이 가능할 경우에 병행해서 함께 2순위, 3순위를 매입해야 한다.

(2) 제2유형 : 우선수익자에만 해당되면 수탁자에게 각자 공매 신청 할 수 있도록 약정한 경우

이때는 1순위, 2순위, 3순위 우선수익자 중 누구나 대출 연체 시 단독으로 수탁자에게 공매 신청이 가능하다. 이때는 순위에 관계없이 어떠한 우선수익권부 NPL을 취득해도 된다.

(3) 제3유형 : 선순위 수익자의 동의를 얻은 경우에만 후순위 수익자 에게 공매 신청이 가능하도록 약정한 경우

이때는 대출이자를 연체 없이 잘 수령하고 있는 선순위 수익자(금융기관)가 후순위 수익자의 공매 신청에 부동의 시 후순위 수익자는 공매 신청이 불가해 NPL을 장기간 회수하지 못하므로, 이러한 후순위 수익권부 NPL은 원칙적으로 최선순위 우선수익권과 함께 취득하지 않는 한 취득하면 안 된다. 그리고 일반 수익자가 공매 신청할 수 있도록 약정한 경우는 거의 없다.

관련 판결

서울중앙지방법원 2023. 9. 18.자 2023카합21193 결정
[공매 절차중지 가처분 : 기각]

이 사건 공매 절차는 이 사건 신탁계약상 공동 **2순위 우선수익자 중 1인인 F저축**
은행이 2023. 6. 1. 채무자에게 공매를 요청하여 시작되었고, 이 사건 신탁계약
특약사항 제14조 제2항 본문은 '**후순위 우선수익자는 (중략) 반드시 선순위 우선**
수익자의 사전 동의를 받은 후에 수탁자에게 처분을 요청할 수 있다'고 정하고 있
기는 하다.

그러나 이 사건 신탁계약 특약사항 제14조 제16항은 '본 조 제2항에도 불구하고
본 조 제1항의 사유가 발생하여 **신탁부동산을 처분하여야 할 사항이 발생하는 경**
우, 우선수익자는 공동으로 또는 각각 개별적으로 수탁자에게 신탁부동산의 처분
을 요청할 수 있으며, 위탁자는 이에 대하여 민·형사상 아무런 이의도 제기할 수
없다'고 정하고 있는바, 그 문언, 내용 및 체계 등에 비추어 볼 때 제14조 제16항
이 같은 조 제2항의 특별규정에 해당한다고 보이므로, **F 저축은행이 선순위 우선**
수익자의 사전 동의 없이 개별적으로 공매를 요청한 것이 위법하다고 보이지 않는
다. 나아가 기록에 의하면, 이 사건 신탁계약상 공동 1순위 우선수익자 중 1인인
주식회사 G 역시 2023. 6. 30. 채무자에게 기한이익상실을 이유로 공매를 요청한
바 있다. 결국 이 사건 공매 절차가 기초로 하는 우선수익자의 공매 요청에 하자가
있다고 보기 어렵다.

(제1유형) 부동산담보신탁계약서 제18조(신탁부동산의 처분) ① 수탁자는 채무자
가 피담보채권에 관한 채무를 불이행하여 기한의 이익이 상실된 경우 위탁자에게
(14)일 이상의 기간을 부여하여 위반사유를 해결하여 없앨 것을 요구하였음에도
불구하고 위탁자가 적절한 조치를 취하지 아니하는 때에는 우선수익자의 서면 요
청에 의하여 신탁부동산을 처분할 수 있으며, 우선수익자가 여러 명인 경우에는 **최**
우선 순위인 우선수익자가 서면으로 요청해야 한다.

(제2유형) 제18조 (신탁부동산 처분 시기) ① 수탁자인 乙은 다음 각 호의 1에 해
당하는 경우에 신탁기간 종료 전이더라도 **우선수익자의 청구에 의하여** 신탁부동산
을 처분할 수 있다.

제14조(신탁부동산의 처분)

① 우선수익자는 다음 각 호의 1에 해당하는 경우에 乙에게 서면으로 신탁부동산의 처분을 요청할 수 있으며, 이 경우 乙은 우선수익자의 처분요청일부터 일(1)주일 이내에 내규에 따라 처분절차(공매 절차를 포함하며, 처분을 위하여 필요한 사전절차를 개시하는 것을 의미함)를 진행하기로 하며, 이에 대하여 甲은 민·형사상 아무런 이의도 제기할 수 없다.

1. 기본계약 제18조 제1항의 사유가 발생하는 경우
2. 甲 또는 주 채무자에게 부도사유가 발생하는 경우
3. 甲 또는 주 채무자와 우선수익자 사이에 체결한 여신거래 등의 규정을 위반하여 기한이익이 상실되거나 대출만기가 도래한 경우
4. 甲 또는 주 채무자가 신탁계약 등에서 정한 사항을 위반하여 정상적으로 신탁계약을 유지할 수 없다고 우선수익자가 자체적으로 판단하는 경우
5. 甲의 채권자가 신탁부동산에 대하여 乙을 제3채무자로 한 가압류나 가처분 등의 보전처분을 하여 신탁계약의 이행에 문제가 발생된다고 우선수익자가 판단하는 경우
6. 우선수익자의 사전 동의를 받지 않고 甲이 임의로 신탁부동산을 제3자에게 임대하거나 또는 사용(점유 등)하도록 하는 경우

출처 : 모 신탁회사의 부동산담보신탁계약 조항 중 발췌

(제3유형) 제18조 (신탁부동산 처분 시기) ① 수탁자인 乙은 다음 각 호의 1에 해당하는 경우에 신탁기간 종료 전이더라도 **선순위 수익자의 동의를 얻어 후순위 수익자의 청구에 의하여** 신탁부동산을 처분할 수 있다.

나. 공매 신청권이 없는 후순위 수익자가 공매 절차를 진행시킬 수 있는 방법

(1) 1순위 우선수익권을 법정 대위변제를 통해 후순위 우선수익권으로 취득한 후 취득한 1순위로 공매 신청할 수 있다

선순위 수익권의 존재로 선순위 수익권자가 언제든지 공매 신청을

할 수 있어 후순위 수익권의 유지 이익의 상실위험이 있으므로, 후순위 수익권자는 선순위 수익권을 법정 대위변제할 이익이 있다. 따라서 이처럼 후순위 수익자가 1순위 우선수익권을 취득해서 1순위로 공매 신청을 하는 방법이 있다.

다음의 '서울중앙지방법원 2014. 2. 18. 2014비단9 등기공무원의처분에 대한 이의 결정 사건' 판결은 2순위 우선수익자(두○중공업)가 1순위 우선수익자(두○캐피탈의 채권을 양수한 유동화회사)의 원채무자(시선알○아이)에 대한 NPL을 (중첩적 채무 인수 후) 대위변제한 것을 법정 대위변제로 인정해 대위권에 따라 대위변제자에게 민법 제481조에 따라 법률상 당연히 NPL 및 그 담보인 1순위 우선수익권도 승계되고 우선수익자도 변경된다고 판시했다(관련 사건 : 다음의 서울중앙지방법원 2016. 9. 9. 선고 2014가합595909 손해배상 판결 참조).

관련 판결

서울중앙지방법원 2016. 9. 9. 선고 2014가합595909 판결 [손해배상(기)]
피고 한○자산신탁 주식회사는 2008. 1. 31. 시선알○아이와 사이에, 위 피고가 시선알○아이로부터 이 사건 토지 및 그 지상에 기존에 있던 건물을 신탁받아 보전·관리하고, 1순위 우선수익자는 두○캐피탈의 채권을 양수한 유동화회사로, 2순위 우선수익자는 피고 두○중공업으로 하며, 시선알○아이가 위 1순위 유동화회사에 대한 대출금 채무를 불이행할 경우 피고 한○자산신탁이 신탁부동산을 환가·정산함으로써 그 이행을 담보하기로 하는 내용의 부동산 분양관리신탁계약을 체결하였다.

상기 관련 서울중앙지방법원 2014비단9 등기공무원의처분에 대한 이의 결정

주문
1. 서울중앙지방법원 등기국 2014. 1. 24. 접수 제20155호 신탁원부 변경등기 신청사건에서 등기관이 2014. 2. 4. 한 각하결정을 취소한다.

2. 등기관은 제1항 기재 등기신청을 수리하여 그 취지에 따른 등기를 실행하라.

이유

1. 등기관의 처분 사유

신청인은 서울중앙지방법원 등기국 2014. 1. 24. 접수 제20155호로 신청인 소유의 별지1 기재 부동산(이하 '이 사건 부동산'이라 한다)에 관하여 2011. 5. 31. 법정대위변제를 등기원인으로 별지2 기재와 같이 수익자 변경을 구하는 신탁원부 기재 변경등기신청(이하 '이 사건 등기신청'이라 한다)을 하였다. 그러나 등기관은 '형식적 심사권 밖에 없는 등기관으로서는 수익자 변경을 증명하는 정보로서 첨부된 1순위 우선수익자의 대위변제확인서의 실질적 진위 여부를 심사할 권한이 없고 그 진정성의 담보로 1순위 우선수익자의 인감증명서가 요구되는데 신청인이 이를 첨부하지 아니하였으므로 부동산등기법 제29조 제9호에 해당한다'는 이유로 이 사건 등기신청을 각하하였다.

2. 판단

가. 원칙적으로 등기공무원은 등기신청에 대하여 실체법상의 권리관계와 일치하는지 여부를 심사할 실질적 심사권한은 없고 오직 신청서 및 그 첨부서류와 등기부에 의하여 등기요건에 합당하는지 여부를 심사할 형식적 심사권한밖에는 없다. 그리고 그 심사방법에 있어서는 등기부 및 신청서와 법령에서 그 등기의 신청에 관하여 요구하 각종 첨부서류만에 의하여 그 가운데 나타난 사실관계를 기초로 판단하여야 한다.

나. 부동산등기법 제86조, 81조, 신탁등기사무처리에 관한 예규(등기예규 제1501호) 4의 가.항 등에 따르면, 수탁자는 수익자의 변경이 있는 경우 지체 없이 신탁원부 기록의 변경등기를 신청하여야 하고, 이때 그 신청정보와 함께 '등기원인을 증명하는 정보'도 첨부정보로 등기소에 제공하여야 한다.

다. 결국 이 사건에서는 등기원인을 증명하는 정보로서 '수익자 변경을 증명하는 정보'가 등기소에 제공되었는지가 문제되는바, 기존 수익자의 대위변제확인서는 '수익자 변경을 증명하는 정보' 중 하나에 불과하고, 대위변제확인서가 아니더라도 다른 객관적인 서면에 의해 수익자가 변경된 사실을 증명하면 신탁변경등기가 가능하다고 보아야 할 것이다. 그런데 아래에서 보는 바와 같이 등기관의 형식적 심사권한의 범위 내에서 이 사건 등기신청서에 첨부된 서면 등을 살펴보면, 이 사건 수익자 변경이 된 사실이 충분히 증명된다고 할 것이므로 신청인의 이 사건 이의신청은 이유 있다.

1) 이 사건에 있어서 **1순위 우선수익자의 변경은 민법 제481조 변제자의 법정대위 규정에 의한 것이므로 변제할 정당한 이익이 있는 자가 변제하였는지, 즉 법정대위 사실이 증명되어야 한다.** 그런데 B 주식회사가 2011. 5. 31. 주식회사 C의 이 사건 대출금채무에 대한 중첩적 채무인수인의 지위에서 위 회사를 대위하여 공동 1순위 우선수익차 겸 채권자인 D 주식회사에게 100,074,712,328원, E 주식회사에게 20,000,000,000원을 각 변제하였다는 내용의 '대위변제에 관한 확인서'가 각 제출(위 확인서에 날인된 D 주식회사 및 E 주식회사의 인영은 외관상 법인인감과 동일한 것으로 보인다) 되어 있고,

2) 그리고 앞과 같이 B 주식회사가 주식회사 C의 이 사건 **대출금채무를 중첩적으로 인수하여 대위변제한 이상**, D 주식회사 및 E 주식회사가 주식회사 C에 대해 가지는 이 사건 **대출금채권과 위 대출금채권을 담보하기 위한 이 사건 부동산담보신탁계약상 1순위 우선수익권은 민법 제481조에 따라 B 주식회사의 주식회사 C에 대한 구상금채권의 범위 내에서 법률상 당연히 B 주식회사에게 이전**되었으므로, 이를 주장하는 신청인의 이 사건 이의신청은 이유 있다.

3) 한편 앞서 본 바와 같이 기존 수익자의 대위변제확인서는 '수익자 변경을 증명하는 정보' 중 하나에 불과하고, 대위변제확인서의 진정성을 담보하기 위한 수익자의 인감증명서가 첨부되지 아니하더라도 인감증명서에 준하는 정도로 대위변제확인서의 진정성을 담보할 수 있는 서면이 첨부된 경우에는 그러한 서면과 대위변제확인서가 결합하여 등기원인인 수익자 변경을 증명하는 서면이 될 수 있는바(신탁등기사무처리에 관한 예규를 보건대, 재신탁 등기에서 수익자의 동의가 있음을 증명하는 정보, 수탁자의 변경으로 인한 권리이전등기에서 종전 수탁자의 임무종료 및 새로운 수탁자의 선임을 증명하는 정보, 위탁자 지위 이전에 따른 신탁원부 기록의 변경에서 수탁자와 수익자의 동의가 있음을 증명하는 정보에 각각 인감증명을 요구하는 것과는 달리 **수익자 변경으로 인한 신탁원부 기록 변경등기에서는 신탁관계인의 동의 내지 제출 서류에 인감증명을 첨부하도록 요구하고 있지 않고 있는 점에 비추어 보더라도 인감증명의 첨부가 필수요건은 아니라고 할 것이다**), 신청인이 첨부한 각 판결문 및 결정문, 변제입금내역 전산자료 및 통장 사본, 우선수익자 법인인감증명서 사본 등을 통해 나타난 사실관계를 기초로

판단해보면 이 사건 대위변제확인서의 진정성도 담보된다고 할 것이므로, 이러한 점에서도 등기관의 처분은 부당하다.

3. 결론
그렇다면, 신청인의 이 사건 이의신청은 이유 있어 이를 인용하기로 하여 주문과 같이 결정한다.

(2) 공매 신청권이 없는 후순위 수익자는 수탁자에게 직권 공매 신청 권을 발동하도록 요청해서 공매를 진행시킬 수 있다

수탁자가 지급받지 못한 미지급 비용 및 보수가 있는 경우 수탁자는 신탁재산 환가처분에 의한 제 비용 충당 약정 또는 신탁법 제48조 제2 항에 따라 직권으로 신탁재산을 공매 신청할 수 있다. 이에 동 약정 또 는 법률의 규정을 충족할 경우 수탁자에게 직권으로 공매를 신청하도 록 요청할 수 있다. 이때 수탁자가 신청한 직권 공매 절차에서 후순위 수익자는 배당정산을 받으면 된다.

관련 판결

서울중앙지방법원 2021. 5. 7.자 2021카합20653 결정 [부동산공매 절차중지가처분]
설령 이 사건 신탁계약상 E의 **4순위 우선수익권부 피담보채권에 기한 공매요청 권한이 인정되지 않는다고 가정하더라도**, 이 사건 신탁계약상 신탁재산에 속하는 금전으로 **제비용을 충당하기에 부족한 경우 등 채무자(수탁자)가 직권으로 공매 절차를 진행할 수 있는 경우도 있고**, 〈각주2〉 이 사건 공매 절차가 여전히 위와 같은 경우에 해당한다고 볼 여지도 존재한다.

신탁약정 제18조(신탁재산 환가처분에 의한 제비용 충당) 신탁재산에 속하는 금전으로 신탁사무 처리상 "병"(수탁자)의 과실 없이 받은 손해, 차입원리금 상환 기타 신탁사무 처리를 위한 제비용과 "병"의 대지급금을 충당하기에 부족한 경우에는 그 부족금액을 "갑" (위탁자) 및 수익자에게 청구하되, "갑" 및 수익자가 이를 거부하거나 그 부담으로도 위 부족금액을 충족시킬 수 없는 경우에는 신탁부동산의 일부 또는 전부를 환가처분하여 그 지급에 충당할 수 있으며, 그 구체적인 매각방법은 제24조에 따른다.

신탁법 제48조(비용상환청구권의 우선변제권 등)
② 수탁자는 신탁재산을 매각하여 제46조에 따른 비용상환청구권 또는 제47조에 따른 보수청구권에 기한 채권의 변제에 충당할 수 있다. 다만, 그 신탁재산의 매각으로 신탁의 목적을 달성할 수 없게 되거나 그 밖의 상당한 이유가 있는 경우에는 그러하지 아니하다.

우선수익권부 NPL 매입 의향 제출 또는
대위변제로 NPL 취득

상기 우선수익자를 전화 등으로 접촉해서 우선수익권부 NPL의 매입 의향을 제출하거나 대위변제를 시도해 NPL을 취득한다. 금융기관 NPL 은 금융위원회 등록 자본금 5억 원의 대부법인만 양수가 가능하기 때문에 개인의 경우 채권양수는 안 되고, 대위변제의 방법으로 취득해야 한다.

신협, 지역수협, 새마을금고, 저축은행, P2P 회사, 대부업체 등 제2금 융권은 우선수익권부 NPL을 건별로 매각하나, 은행 등 제1금융권은 건 별로 매각하지 않는다. 한편 우선수익자의 채권이 공사대금채권 등 비 금융채권일 경우에는 개인도 채권양수도 계약으로 합법적인 양수가 가 능하다.

우선수익권부 NPL 매입가격 산정 기준

가. NPL의 예상 공매 배당정산액을 기준으로 NPL의 취득가격 산정

NPL 매입가격은 매입 대상 우선수익권부 NPL의 예상 공매 배당정산액을 기준으로 NPL의 매입가격(대위변제 금액 포함)을 산정해야 한다. 특히 신탁등기 전에 설정등기된 권리관계를 확인해서 선순위 채권액은 차감 후, 매입 대상 우선수익자의 NPL의 예상 배당금을 산정한 다음 이를 기준으로 NPL을 매입해야 한다.

국내 신탁부동산 공매실행 신탁회사(수탁자) 14개 명단
(모두 온비드에 위임해서 일괄 공매처분)

① **한국토지신탁** http://www.koreit.co.kr
  전화번호 02-3451-1100
② **교보자산신탁** http://www.kyobotrust.co.kr
  전화번호 02-3404-3404

③ **KB부동산신탁** http://www.kbret.co.kr
전화번호 02-2190-9800

④ **하나자산신탁** http://www.hanatrust.com
전화번호 02-3452-0100

⑤ **대신자산신탁** http://www.trust.daishin.com
전화번호 02-6362-1000

⑥ **신영부동산신탁** http://www.shinyoungret.com
전화번호 02-6256-7800

⑦ **신한자산신탁** http://www.shinhantrust.kr
전화번호 02-2055-0000

⑧ **한국자산신탁** http://www.kait.com
전화번호 02-2112-6300

⑨ **코람코자산신탁** http://www.koramco.co.kr
전화번호 02-787-0000

⑩ **한국투자부동산신탁** http://trust.koreainvestment.com
전화번호 02-6420-1800

⑪ **코리아신탁** http://www.ktrust.co.kr
전화번호 02-3430-2000

⑫ **우리자산신탁** http://www.wooriat.com
전화번호 02-6202-3000

⑬ **무궁화신탁** http://www.mghat.com
전화번호 02-3456-0000

⑭ **대한토지신탁** http://www.reitpia.com
전화번호 02-528-4477

나. 신탁부동산 예상 낙찰가에서 건물분 부가가치세 10% 차감한 잔액 이내 NPL 매입대금 산정

건물분 부가가치세 10%가 부과되는 신탁부동산의 경우, 이는 수탁자가 납부 부담 의무가 있는 비용으로서 최우선배당되므로 예상 낙찰가에서 이 10%를 차감한 금액 이내에서 NPL 매입대금을 산정해야 한다.

왜냐하면 공매 입찰 참여자는 부가세 10%를 포함한 금액을 한도로 낙찰받을 것이므로 배당정산 시에 양수인은 이 10%가 최우선변제 배당되고, 남은 금액을 한도로 NPL에 대해 배당받기 때문이다.

관련 판결

대법원 2017. 5. 18. 선고 2012두22485 전원합의체 판결 [부가가치세부과처분취소]

그런데 신탁법상의 신탁은 위탁자가 수탁자에게 특정한 재산권을 이전하거나 기타의 처분을 하여 수탁자로 하여금 신탁 목적을 위하여 그 재산권을 관리·처분하게 하는 것이다. 이는 위탁자가 금전채권을 담보하기 위하여 금전채권자를 우선수익자로, 위탁자를 수익자로 하여 위탁자 소유의 부동산을 신탁법에 따라 수탁자에게 이전하면서 채무 불이행 시에는 신탁부동산을 처분하여 우선수익자의 채권 변제 등에 충당하고 나머지를 위탁자에게 반환하기로 하는 내용의 **담보신탁을 체결한 경우에도 마찬가지이다.**

따라서 수탁자가 위탁자로부터 이전받은 신탁재산을 관리·처분하면서 재화를 공급하는 경우 수탁자 자신이 신탁재산에 대한 권리와 의무의 귀속주체로서 계약당사자가 되어 신탁업무를 처리한 것이므로, 이때의 **부가가치세 납세의무자는 재화의 공급이라는 거래행위를 통하여 재화를 사용·소비할 수 있는 권한을 거래상대방에게 이전한 수탁자로 보아야 하고**, 그 신탁재산의 관리·처분 등으로 발생한 **이익과 비용이** 거래상대방과 직접적인 법률관계를 형성한 바 없는 **위탁자나 수익자에게 최종적으로 귀속된다는 사정만으로 달리 볼 것은 아니다.** 그리고 세금계산서 발급·교부 등을 필수적으로 수반하는 **다단계 거래세인 부가가치세의 특성을 고려할 때**, 위와 같이 **신탁재산 처분에 따른 공급의 주체 및 납세의무자를 수탁자로 보아야** 신탁과 관련한 부가가치세법상 거래당사자를 쉽게 인식할 수 있고, 과세의 계기나 공급가액의 산정 등에서도 혼란을 방지할 수 있다.

이와 달리 신탁재산의 공급에 따른 부가가치세의 납세의무자는 그 처분 등으로 발생한 이익과 비용이 최종적으로 귀속되는 신탁계약의 위탁자 또는 수익자가 되어야 한다는 취지로 판시한 대법원 2003. 4. 22. 선고 2000다57733, 57740 판결, 대법원 2003. 4. 25. 선고 99다59290 판결, 대법원 2003. 4. 25. 선고 2000다33034 판결, 대법원 2006. 1. 13. 선고 2005두2254 판결, 대법원 2008. 12. 24. 선고 2006두8372 판결 등은 이 판결의 견해에 저촉되는 범위에서 이를 변경한다.

다. 부동산 감정가에서 기존 발생 비용과 미지급 재산관리 보수 및 예상 신탁보수 차감

신탁부동산 및 신탁이익에 대한 제세공과금, 유지관리비 및 금융비용 등 기타 신탁사무의 처리에 필요한 제비용 및 신탁사무 처리에 있어서의 수탁자의 책임 없는 사유로 발생한 손해비용은 위탁자의 부담으로 약정하고 있다.

제비용, 미지급 재산관리 보수 및 그 밖의 중개 보수 등도 신탁채권으로서 수탁자가 공매처분 대금에서 우선배당받으므로, 제비용 등으로 배당을 많이 받아가면 우선수익자의 배당금이 그만큼 줄어든다.

따라서 신탁부동산 NPL 매입 전에 NPL 양도인을 통해서 신탁부동산의 유지관리비 등 '기존 발생 제비용'과 신탁기간 연장 등에 따른 '미지급 재산관리 보수 및 기타 보수'를 수탁사에 조회해본다. 그리고 예상 낙찰가에 신탁원부의 보수율표를 열람 적용해서 '예상보수' 산정 후 이를 부동산의 감정가격(시세)에서 차감(기존 발생 제비용 + 미지급 재산관리 보수 + 기타 보수 + 예상 보수 등의 합계액) 한 뒤 대출채권자인 우선수익자가 배당

받을 예상 배당금을 한도로 우선수익권부 NPL의 매입가격을 산정해야
한다.

라. 각종 부담액 차감해서 NPL 매입가격 산정

우선수익권보다 선순위인 근저당 채권 및 낙찰자가 인수하는 각종
부담액도 차감한 후 NPL의 매입가격을 산정한다.

신탁부동산
NPL 투자(취득) 전
공매 낙찰자가
인수·부담하는
리스크 조사 사항

기본적인 조사 사항

가. 기본적이고 중요한 현장 조사를 철저히 한다

수탁자가 공매 공고 시에 '공매 대상 물건의 표시는 공부와 다를 수 있으니 공부를 필히 확인하시기 바랍니다'라고 공시하는 것처럼 공매 입찰 전에 물건지 현장조사를 철저히 해야 한다. 경계 침범 여부, 불법 건축물의 이행강제금 부과 대상 여부, 무상 임차인 혹은 불법 점유자 존재 여부 및 그 밖의 물건의 하자 등 매수인 인수 조건 등에 대해 철저히 조사해서 매수 후 명도 저항 리스크 등에 대비할 수 있다.

나. 공매 낙찰자가 인수·부담하는 각종 권리, 하자 등을 조사 후 입찰 금액에 반영

공매 낙찰자가 인수·부담하는 기존 및 현존 임차권, 선순위 근저당권, 체납세금 압류등기, 유치권 및 법정지상권, 물적 하자 및 법률적 하자 등을 조사 후 입찰 금액에 반영한다.

신탁등기 전에 설정된 선순위 근저당권, 임차권 및 하자 사항 등 여러 가지 리스크를 확인해서 공매 낙찰자가 인수·부담하는 가치(가격 저감 요인)를 감정가격에서 차감한다. 그 뒤에 매입 대상 NPL의 예상 공매 배당금을 산정한 다음, 이를 기준으로 NPL을 매입해야 손해를 입지 않는다.

특히 신탁등기 전에 전입한 임차인의 존재 여부에 대해 소유자인 수탁자로부터 주택 전입세대 확인서 및 상가 임대차 현황 조회서를 제출받아 확인 후 공매 입찰참가를 해야 한다. 그리고 수탁사가 전입세대가 없다고 주장해도 수탁사로부터 전입세대 없음을 확인하는 상가 임대차 현황 조회서 및 주택의 전입세대 확인서를 받은 후 입찰참가를 해야 한다.

다. 건물 부가가치세 10%, 매수인 별도 부담 조건 확인 및 입찰 예정 금액에서 차감

(1) 일반과세자인 법인(수탁자)이 공급하는 국민주택 규모(85㎡) 초과분 주택의 건물은 부가가치세가 과세된다

여기서 국민주택 규모란 주거 전용면적이 1호 또는 1세대당 85제곱미터 이하(비수도권 읍·면지역 100제곱미터 이하)인 주택으로, 다가구주택은 가구당 전용면적을 기준으로, 다중주택은 주택 전체의 주거 전용면적을 기준으로 산정한다.

대금이 부채로 신용카드매출전표, 현금영수증 등에 의한 경우 이외에는 전자세금계산서를 발행(주민번호, 성명 기재)해야 한다.

부가가치세법상 토지, 건물가액이 계약서에 구분 기재된 경우에는 그 구분 건물가액에 의해 세금계산서를 발행하면 되지만, 만일 일괄계약(즉 양도가액이 통으로 계약)된 경우라면 일반적으로 기준시가에 의해 공급가액을 환산해야 한다.

(2) 부가가치세 매수인 부담 조건 공시를 살펴보자

부가가치세 매수인 부담 조건은 다음과 같이 공시할 수 있다.

- **부가가치세** : 본 공매 부동산의 부가가치세는 포함(과세대상인 경우에 한함)이며, 낙찰가에서 감정가의 비율로 토지와 건물 비용을 계산한 후 건물 비용의 10%를 부가가치세로 산정합니다. 부가가치세 납부에 따른 세금계산서 발급 주체(매도인 당사)로부터 교부를 받으시기 바랍니다. 단, 공매목적 부동산이 주택법상 국민주택 규모 이하의 주택일 경우 부가가치세 납부 대상이 아닙니다.

※ 본 물건은 건물에 부가가치세가 있으며 낙찰가에서 토지와 건물의 감정가 비율에 따라 건물 가액을 계산한 금액의 10%이며 낙찰가와 별도로 매수인이 잔금 납부일에 추가로 부담해야 합니다(토지 : 건물 비율은 707,530,000원 : 1,253,840,720원).

라. 당해세(재산세 및 종합부동산세) 낙찰자 부담 조건 조사 및 입찰 예정 금액에서 차감

(1) 2021년도 이후의 재산세 및 종합부동산세의 공매 낙찰자 부담 공고

공매 물건에서 2021년 이후 발생한 당해세인 재산세 및 종합부동산세를 공매 낙찰자가 부담할 경우 이를 조사해서 입찰 예정 금액에서 차감한다.

(2) 당해세를 부담한 공매 낙찰자의 구상권 등을 살펴보자

① 위탁자와 부동산담보신탁 대출의 채무자가 다른 경우 이는 위탁자가 사실상 물
상보증을 한 경우이므로 채무자의 채무 불이행으로 공매로 부동산의 소유권을
상실 시 위탁자는 채무자를 상대로 구상권을 행사할 수 있다.

② 신탁등기 전에 설정된 위탁자의 세금 체납 압류등기, 가압류나 근저당권 설정등
기 채무 등을 공매 낙찰자가 대납하거나 법정 대위변제 공탁한 경우 역시 위탁
자 등 채무자를 상대로 구상권 행사를 할 수 있다.

대구지방법원 2016. 6. 30. 선고 2015나310269 판결 [구상금 독촉 사건]

라. 원고의 채무변제

1) **원고(공매의 수의계약자)는** 이 사건 부동산의 제3취득자로서 **하○은행에 피
고(위탁자 겸 채무자)**에 대한 채무 변제로 2014. 8. 26. 176,470,588원,
2014. 9. 3. 247,194,198원 합계 **423,664,786원을 지급**하였다.

2) 원고는 2014. 9. 3. 모○저축은행에 피고에 대한 채무 변제로 352,941,176
원을 지급하였다.

3) 원고는 2014. 9. 11. 위 경매신청 채권자인 **한○아이앤디**에 피고의 채무 중
100,000,000원을 대위하여 지급하였다.

2. 청구원인에 관한 판단

위 기초사실에 의하면, 원고는 이 사건 **부동산의 제3취득자**이고, 이 사건
근저당권의 **피담보채무를 변제할 정당한 이익이 있는 자**로서 하○은행에
423,664,786원을, 모○저축은행에 352,941,176원을 변제함으로써 당연히 채
권자인 하○은행과 모○저축은행을 대위할 수 있으므로, 위 변제로 인하여 이 사
건 근저당권에 따른 책임을 면하게 된 피고에 대하여 **구상권을 행사할 수 있다.**

또한, 원고는 이 사건 부동산의 제3취득자로 경매신청 채권자인 한○아이앤디
에 피고의 채무 100,000,000원을 변제함으로써 당연히 채권자인 한○아이앤
디를 대위할 수 있으므로, 피고는 원고에게 이를 구상하여 줄 의무가 있다.

따라서, 특별한 사정이 없는 한 피고는 원고에게 **876,605,962원(= 423,664,786
원 + 352,941,176원 + 100,000,000원)**과 이에 대하여 위 각 지급일 이후로

서 원고가 구하는 바에 따라 2014. 9. 23.부터 다 갚는 날까지의 지연손해금을
지급할 의무가 있다.

③ 공매 낙찰자가 수탁자의 동의로 적법한 점유권을 가진 불완전한 대항력 있는 임
차인을 명도시키면서, 위탁자인 임대인을 대신해서 임차보증금을 대신 임차인
에게 반환 시에도 공매 낙찰자는 위탁자에게 구상권을 행사할 수 있다.
수탁자는 위탁자와 임차인 사이에 부동산 임대차계약에 대해서 임대차에 동의
는 하되, 그 임대차보증금의 반환 채무는 승계하지 않는 조건으로 동의를 해주
나 이때 임대차 동의로 점유를 허용한 것이므로, 임차인은 전세 만기 시 보증금
을 반환받을 때까지는 적법한 점유권을 가진다. 그런데 부동산을 공매 낙찰 후
까지 위탁자가 임차인에게 보증금을 반환하지 아니할 경우, 결국 낙찰자가 대신
보증금을 반환해주고 위탁자인 임대인에게 구상권을 행사해야 할 것이다.

④ 후술하는 공매 낙찰자는 공용부분의 체납관리비를 대위변제하고 위탁자 및 무
단 임차인 등에게 전액 구상권을 행사할 수 있다(서울고등법원 2020. 8. 20.
선고 2020나2002364 구상금 판결).

⑤ 위탁자가 체납한 재산세 및 종합부동산세를 낙찰자가 대납한 경우 위탁자를 상
대로 구상할 수 있다.

[신탁부동산 공매 공고문 공시 사례]

공매목적 부동산에 대한 매도자를 납부의무자로 하는 재산세, 종합부동산세,
교통유발부담금은 소유권 이전일을 기준으로 그 이전 재산세, 종합부동산세,
교통유발부담금은 매도인(당사)가 매매대금에서 정산 납부하기로 한다.

단, 2021년 이후 부과되는 재산세 및 종합부동산세는 매도인에게 지급 책임
이 없으며, 매수인의 책임으로 한다.

매도인(당사)이 부담하는 재산세 및 종합부동산세가 2021년 이후 부과되는
재산세 및 종합부동산세일 경우, 매도인(당사)은 지방세법 및 종합부동산세

법에 따라 관할 관공서가 매도인(당사)에게 서면으로 납부요청을 하여 매도인 (당사)에게 **물적 납부의무가 발생한 경우에만 신탁재산의 범위에서 지급하기로 한다.**

설명 : 2021년 이후 위탁자(인적 납부의무자)가 신탁부동산의 재산세 및 신탁주택의 종합부동산세를 체납해서 소유자인 수탁자에게 물적 납부의무가 발생했으나, 아직 수탁자가 서면으로 납부 통지서를 받지 않은 상태에서 공매 낙찰이 이루어질 경우 낙찰자가 물적 납부의무를 승계하므로 낙찰자가 위탁자의 2021년 이후 체납 신탁부동산의 재산세 및 신탁주택의 종합부동산세를 납부할 책임이 있어 이를 낙찰자 부담 조건으로 명시한 것이다.

따라서 입찰참가자는 입찰 전에 물적 2차적 납부의무가 있는 수탁자로 하여금 위탁자의 2021년 이후 체납된 신탁부동산의 재산세 및 신탁주택에 해당되는 안분 종합부동산세를 구청 등(재산세) 및 세무서(종합부동산세)에 조회토록 한 후, 아직 서면으로 수탁자에게 납부통지가 안 된 위탁자의 체납 재산세 및 신탁주택의 종합부동산세를 확인한 다음 동 체납세금은 낙찰자가 부담하므로 이를 낙찰 예정 금액에서 차감 후 최종적인 낙찰가를 정해 입찰에 참가해야 할 것이다.

한편 신탁부동산 낙찰자가 위탁자의 체납 재산세 및 종합부동산세를 대신 지급한 경우 위탁자에 대해 구상권을 행사할 수 있고 위탁자가 잉여 정산금 채권을 가지는 경우 이를 가(압류)하여 회수할 수 있다.

서울중앙지방법원 2015가단5086981호 구상금 판결

나. 이 사건 부동산에 대하여 2013. 1. 15. 위 1, 2차 공매가 유찰된 후, 원고는 2013. 5. 16. 위 2차 공매조건과 동일한 조건으로 피고에게 수의계약 매수신청서를 제출하여, 2013. 5. 30. 피고와 매매대금 2,556,300,000원인 매매계약을 체결하였다. 당시 원고와 피고 사이에 작성된 매매계약서 제9조 제2항('이 사건 조항'이라고 한다)에는 '원고는 입찰일 이전에 매매목적물에 기부과된 당해세(재산세, 종합부동산세 등)를 납부하고, 잔금 납부 전까지 원고에게 증빙서류(채권압류 취하서 등)를 제출하여야 한다'라고 기재되어 있었다.

마. 제세공과금(교통유발부담금 등) 및 체납관리비 등 매수인의 인수 금액 차감

신탁부동산 NPL 투자자는 공매 부동산의 매수인이 인수할 제부담금
(제세공과금, 교통유발부담금, 공용부분 등의 체납관리비, 전기, 수도, 가스요금 체납 채무)
을 조사해, 이를 입찰 예정 금액에서 차감한다.

공매 부동산의 매매대금 완납일 전후를 불문하고, 매도인(당사)은 공
매목적 부동산의 관리비, 수도, 가스, 전기비를 책임지지 않으며 매수인
이 현황대로 인수(승계)해서 매수자의 부담으로 책임지고 처리하는 조
건의 매매임을 공시한다.

공매 낙찰자는 공용부분의 체납관리비를 대위변제하고 위탁자 및 무단 임차인 등 점유자에게 전액 구상권을 행사할 수 있다(서울고등법원 2020. 8. 20. 선고 2020 나2002364 구상금 판결).

입찰참가자는 위탁자 또는 무단 임차인의 공용부분 체납관리비도 관리사무소에 조회 후 예상 낙찰가에서 차감하고 입찰하여야 한다. 특히 상가는 낙찰자가 승계하는 공용부분의 체납관리비가 수억 원이 될 수 있어 관리사무소에 문의하여 철저하게 조사하여야 한다.

공매 낙찰자는 위탁자 또는 수탁자의 동의 없는 임차인(점유자)의 공용부분 체납관리비를 수탁자가 변제하지 아니한 경우 소멸시효가 완성 안 된 3년 이내의 공용부분 체납관리비를 집합건물의 소유 및 관리에 관한 법률 제18조에 따라 승계하여 납부할 의무가 있다. 공용부분 체납관리비를 대납 후 위탁자 및 임차인 등 점유자를 상대로 대납금 전부에 대해 구상권을 행사할 수 있다.

집합건물의 소유 및 관리에 관한 법률 제18조(공용부분에 관하여 발생한 채권의 효력) 공유자가 공용부분에 관하여 다른 공유자에 대하여 가지는 채권은 그 특별승계인에 대하여도 행사할 수 있다.

서울고등법원 2020. 8. 20. 선고 2020나2002364 판결 [구상금]

원고들은 2017. 5. 23. 서울 광진구 E 건물(이하 '이 사건 건물'이라 한다)의 24층 전부(F호 내지 G호 점포, 이하 '이 사건 부동산'이라 한다)를 임의경매 절차에서 매수하여 각 1/2 지분에 관한 소유권이전등기를 마친 소유자이다.

2. 원고들의 주장

원고들은 이 사건 부동산의 소유자인 C의 특별승계인으로서 이 사건 부동산의 소유권을 취득하기 전인 2013년 4월경부터 2017년 1월경까지 발생한 이 사건 부동산에 대한 체납 공용부분 관리비 등으로 I에게 합계 466,206,116원을 지급하였다. 그런데 이 사건 관리단 규약에 따라 이 사건 부동산의 소유자인 C와 그 점유자인 피고는 관리단에 부담하는 관리비 등의 채무를 연대하여 부담한다.

피고가 이 사건 부동산에 대한 관리비 채무를 부담하지 않고 원고들은 체납된 공용부분 관리비에 관하여 C의 채무를 승계한 것이므로, 원고들과 피고가 관리비 채무를 연대하여 부담한다고 볼 수 없는바, 원고들로서는 피고에 대한 구상권을 요건으로 하는 변제자대위권을 행사할 수 없다는 취지로 주장한다.

그러나 앞서 본 바와 같이 **피고는 이 사건 부동산에 대한 관리비 채무에 관하여 C와 연대하여 책임을 부담하고, 원고들은 C의 특별승계인으로서 체납된 공용부분 관리비 채무를 변제할 정당한 이익이 있으며, 이에 따라 피고의 채무를 대신하여 변제하였다고 할 것이므로, 원고들은 피고에 대하여 대위변제한 체납관리비 채무 상당액에 관한 구상권을 갖는다고 봄이 타당하다.** 따라서 피고의 위 주장 또한 이유 없다.

먼저 2014년 9월경부터 2015년 3월경까지 체납관리비 채권에 관하여 본다. 민법 제163조 제1호에서 **3년의 단기 소멸시효에 걸리는 것으로 규정한 '1년 이내의 기간으로 정한 채권'이란 1년 이내의 정기로 지급되는 채권을 말하는 것으로서 1개월 단위로 지급되는 집합건물의 관리비 채권은 이에 해당**하므로(대법원 2007. 2. 22. 선고 2005다65821 판결 등 참조), 체납관리비 채권은 3년의 단기소멸시효가 적용된다.

그런데 각 월별 관리비 채권은 부과대상 월의 다음 달에 그 지급기일이 도래하는바(갑 제11호증의 기재에 의하면, 관리비 납부기한은 다음 달 15일인 것으로 보인다), 이 사건 소는 위 기간 동안 관리비 채권의 지급기일로부터 3년이 경과된 후인 2019. 3. 21. 제기되었으므로, 위 기간 동안의 체납관리비 채권은 소멸시효가 완성되어 소멸되었다고 할 것이다.

따라서 C와 피고의 관리비 채무 등을 대신하여 변제한 원고들은 민법 제482조, 제483조에 따라 채권자인 I를 대위하여 피고에게 원고들이 대위변제한 금액 중 2014년 9월경부터 2017년 1월경까지 공용부분 관리비 276,643,184

원 및 이에 대한 지연손해금의 지급을 구한다.

이에 따라 원고들이 대위행사할 수 있는 **공용부분에 대한 체납관리비는 체납관리비** 합계 217,030,210원에서 전기 층 공통, 가스 공용, 냉방비 항목 관리비 중 전유부분 관리비 3,533,220원[= 8,676,790원〈각주1〉 − 공용부분 관리비 5,143,570원{ = 8,676,790원 × (공용부분 면적 1,164.43m²/이 사건 부동산 전체 면적 1,964.3m², 원 미만은 버림)}]을 공제한 **213,496,990원이 된다.**

따라서 피고는 C와 연대하여 원고들에게 원고들이 구상할 수 있는 범위 내인 각 106,748,495원(= 213,496,990원/2)〈각주2 원고들이 각자 대위변제한 금액을 정확히 알 수 없으므로, 이 사건 부동산에 대한 지분에 따라 각 1/2씩 대위변제한 것으로 본다. **해설 : 결국 공동낙찰자 2명에게 공용부분 체납관리비 대납금의 전액인 213,496,990원을 구상권으로 인정했다**〉 및 이에 대하여 원고들이 구하는 바에 따라 2019. 7. 18.부터 피고가 그 이행의무의 존부나 범위에 관하여 항쟁함이 상당하다고 인정되는 이 판결 선고일인 2020. 8. 20.까지 민법이 정한 연 5%의, 그다음 날부터 다 갚는 날까지 소송촉진 등에 관한 특례법이 정한 연 12%의 각 비율로 계산한 지연손해금을 지급할 의무가 있다.

공매 낙찰자가 인수·부담하는
주요 공매 공고 내용의 점검

가. 신탁부동산 임차보증금 인수 조건 공매 공고 점검

(1) 임차보증금 인수 조건 공매 사례(우리자산신탁의 부산 ○○패미리타운 부동산 공매 공고 인용)

차. 본 목적부동산에 존재할 수 있는 제한물권, 소송관련사항(소유권분쟁 포함), 임차권, 유치권, 기타 이해관계인과의 민원사항 등은 매수자가 승계하여 책임 처리하는 조건입니다. 추후 이를 이유로 계약을 해지할 수 없고 매도인은 일체의 하자담보 책임을 부담하지 않습니다. (특히, 주택임대차보호법상 주택의 인도와 주민등록 전입신고의 요건 및 상가건물임대차보호법상 건물의 인도와 사업자등록의 요건을 갖추고 있는 임차인이 있을 시 낙찰자는 매각 대금 외에 임차보증금을 별도로 인수하여야 하는 경우가 발생할 수 있으므로 임대차관계 등에 대하여는 입찰자 책임 하에 사전조사하고 입찰에 응하시기 바랍니다.)

타. 임대차 및 인도·명도책임
(1) 공매목적부동산의 전입세대열람(2023.11.02.기준) 및 상가임대차열람(2023.11.02.기준) 결과, 전입세대열람은 아래와 같으며 상가임대차내역은 없습니다. 전입세대확인서 및 상가임대차현황서는 대항력 있는 임차인을 완전히 표시하는 수단이 아니며, 입찰자(낙찰자.매수인)가 현지조사 및 사업자등록증 확인 등 입찰자(낙찰자.매수인)가 직접 대항력 있는 임차인 유무를 확인하여야 합니다.

---

(2) 신탁계약서에 반영된 신탁등기 이전의 임대차 계약건은 아래 표와 같으며, 이에 대한 판단 및 확인 책임은 입찰자(낙찰자,매수인)에게 있으며, 입찰자(낙찰자,매수인)가 직접 현장에 방문 등 확인하시기 바랍니다.

임대물건		임대차보증금
주소	호실	
부산광역시 사하구 신평동 100-15 해미리타운 [도로명주소] 부산광역시 사하구 다대로83번길	301호	₩1,500,000
	304호	₩3,000,000
	305호	₩30,000,000
	307호	₩1,000,000
	702호	₩1,000,000
	지하1층1호	₩1,000,000

(3) 명도책임은 입찰자(낙찰자,매수인)에게 있으며, 임대차보증금은 입찰자(낙찰자,매수인)가 (승계하여) 책임지는 조건입니다. 입찰자(낙찰자,매수인)는 공매부동산을 현존하는 상태로 매수하기로 하며, 공매목적부동산을 직접 확인 후 입찰 및 계약하여야 합니다.

(4) 입찰자(낙찰자,매수인)는 매매부동산에 대항력 있는 임차인이 있을 경우, 임차인이 매도인(우리자산신탁(주))에게 청구하는 임대차보증금 등 청구 일체(소송비용,관결원리금 등 포함)는 입찰자(낙찰자,매수인)의 책임과 비용으로 전부 처리하여야 하고 매도인을 즉시 면책시켜야 합니다.

(5) 공매목적 부동산에 임대차가 존재하는 경우, 실제 임대차 권리관계는 관할주민센터(세무서) 전입세대열람(등록사항 열람) 및 탐방조사 등의 방법으로 입찰자(낙찰자,매수인)가 직접 입찰자(낙찰자,매수인)의 책임과 비용으로 사전 조사하여야 합니다.

(6) **공매목적 부동산에 점유권, 임차권, 유치권 등 일체의 권리제한사항이 있더라도 권리제한사항 해결 및 소멸에 필요한 일체의 책임 및 비용은 입찰자(낙찰자,매수인) 부담으로 합니다.**

(7) **위 (1)항 내지 (6)항의 임대차 및 인도·명도책임사항을 입찰자(낙찰자,매수인)는 충분히 인지하고 응찰하여야 하며 해당 임대차 및 인도·명도책임사항으로 인하여 입찰자(낙찰자,매수인)에게 손해가 발생하더라도 우리자산신탁(주)에게 민형사상 일체의 이의 및 민원을 제기할 수 없으며, 입찰자(낙찰자,매수인)는 상기 임대차 및 인도·명도책임사항과 관련하여 우리자산신탁(주)에게 매매계약 취소,해제,해지 또는 매매대금 감액 및 매매대금 납부기한 연장 등 민형사상 일체의 이의 및 민원을 제기하지 못합니다.**

출처 : 우리자산신탁의 부산 ○○패미리타운 부동산 공매 공고

(2) 공매 부동산 매매계약서(안) 점검(임차권 등 낙찰자 인수 조건을 계약서에 명시함, 우리자산신탁계약서 인용)

제12조(권리제한사항의 부담)

① 공매목적 부동산에 점유권, 임차권, 유치권, 영업권, 사용권 등 일체의 권리제한사항이 있더라도 권리제한사항 해결 및 소멸에 필요한 일체의 책임 및 비용은 입찰자(낙찰자, 매수인) 부담으로 합니다.

② 공매목적 부동산 위 지상에 타인 소유의 건물(당초 당사 소유에서 강제경매로 인하여 제3자에 매각되어 이전등기된 건물임)이 존재하며, 위 지상 타인 소유의 건물로 인하여 공매목적부동산의 개별 소유권 행사 제한 및 사용상의 제한, 법정지상권 문제 등의 문제가 발생하여도 해당 문제는 전부 입찰자(낙찰자, 매수

인)가 입찰자(낙찰자, 매수인)의 책임과 비용으로 해결하여야 하며, 우리자산신탁(주)는 이에 대하여 민·형사상 일체의 책임과 비용을 부담하지 아니합니다.

③ 공매목적 부동산에 아래 표와 같이 부동산 압류가 결정된 바, 공매목적 부동산이 지방세징수법에 의거 공매처분 될 수 있음을 알려드리며, 부동산 압류로 인해 발생하는 문제 일체는 입찰자(낙찰자, 매수인)가 입찰자(낙찰자, 매수인)의 책임과 비용으로 부담합니다.(공매목적 부동산에 대한 매도자를 납부의무자로 하는 재산세, 종합부동산세, 교통유발부담금은 소유권 이전일을 기준으로 그 이전 재산세, 종합부동산세, 교통유발부담금은 매도인(당사)가 매매대금에서 정산 납부하기로 합니다. 단, 2021년 이후 부과되는 재산세 및 종합부동산세는 매도인에게 지급 책임이 없으며, 입찰자(낙찰자, 매수인)의 책임으로 합니다. 매도인(당사)이 부담하는 재산세 및 종합부동산세가 2021년 이후 부과되는 재산세 및 종합부동산세일 경우, 매도인(당사)은 지방세법 및 종합부동산세법에 따라 관할관공서가 매도인(당사)에게 서면으로 납부요청을 하여 매도인(당사)에게 물적납부의무가 발행한 경우에만 신탁재산의 범위에서 지급합니다.)

구분	등기목적	접수정보	주요등기사항	비고
945-174	압류	2020년 4월 17일 제18053호	권리자 경주시	

④ 위 ①항 내지 ③항의 권리제한사항을 입찰자(낙찰자, 매수인)는 충분히 인지하고 응찰하여야 하며 해당 권리제한사항으로 인하여 입찰자(낙찰자, 매수인)에게 손해가 발생하여도 입찰자(낙찰자, 매수인)는 우리자산신탁(주)에 민·형사상 일체의 이의 및 민원을 제기할 수 없으며, 입찰자(낙찰자, 매수인)는 상기 권리제한사항과 관련하여 우리자산신탁(주)에게 매매계약 해제 또는 매매대금 감액 및 매매대금 납부기한 연장 등 민형사상 일체의 이의 및 민원을 제기하지 못합니다.

전입세대확인서(동거인포함)

발급번호	2716-4703-0275-7450		발급일자	2023년 12월 6일 11:49:10				
열람 또는 교부 대상 건물 또는 시설 소재지	경상남도 사천시 향촌동 1021-0 16 호							
세대순번	세대주 / 최초 전입자	성명	전입일자 최초 전입자의 전입일자	등록구분	동거인 사항	순번	성명	전입일자	등록구분

해당주소의 세대주가 존재하지 않음.

「주민등록법」 제29조의2제1항 및 같은 법 시행규칙 제14조제1항에 따라 해당 건물 또는 시설의 소재지에 주민등록이
되어 있는 세대가 위와 같음을 증명합니다.

2023년 12월 6일

부산광역시 부산진구 범천제1동장

담당자 의견	도로명주소와 지번주소로 각각 조회한 결과가 함께 제공되오니, 양 주소 조회 결과를 반드시 모두 확인하시기 바랍니다.

유의사항

1. 확인하려는 전입세대의 주소가 사실과 다르게 기재된 경우에는 전입세대확인서를 통해 해당 전입세대를 확인할 수 없습니다.
2. 외국인 및 외국국적동포는 세대주 또는 주민등록표 상의 동거인이 될 수 없으므로, 외국인 및 외국국적동포의 세대주 및 동거인 여부는 전입세대확인서를 통해 확인할 수 없습니다.

전입세대확인서(동거인포함)

발급번호	2716-4703-0275-7450		발급일자		2023년 12월 6일 11:49:06		

열람 또는 교부 대상 건물 또는 시설 소재지	경상남도 사천시 동금로 100, 16 호 (향촌동)						

세대순번	세대주 / 최초 전입자	성명	전입일자	등록구분	동거인 사항	순번	성명	전입일자	등록구분
			최초 전입자의 전입일자						
1	세대주	김■■ (金■)	2022-05-31	거주자	동거인				
	최초 전입자		2022-05-31						

「주민등록법」제29조의2제1항 및 같은 법 시행규칙 제14조제1항에 따라 해당 건물 또는 시설의 소재지에 주민등록이
되어 있는 세대가 위와 같음을 증명합니다.

2023년 12월 6일

부산광역시 부산진구 범천제1동장

담당자 의견	도로명주소와 지번주소로 각각 조회한 결과가 함께 제공되오니, 양 주소 조회 결과를 반드시 모두 확인하시기 바랍니다.

유의사항

1. 확인하려는 전입세대의 주소가 사실과 다르게 기재된 경우에는 전입세대확인서를 통해 해당 전입세대를 확인할 수
   없습니다.

2. 외국인 및 외국국적동포는 세대주 또는 주민등록표 상의 동거인이 될 수 없으므로, 외국인 및 외국국적동포의 세대주
   및 동거인 여부는 전입세대확인서를 통해 확인할 수 없습니다.

```
0010
busanjin
부산광역시 부산진구
400원
2023.12.06
N-AZ21610T
서류발행일:
2023.12.06
```

출처 : 우리자산신탁의 부산 ○○패미리타운 부동산 공매 공고

접 수 중	
접 수 번 호	624-2023-2-50349683
접 수 일 시	2023.07.12. 13:46:55
민 원 명	임대차 정보제공 요청서(구 등록사항열람)
민 원 인 (대 표 자 또 는 대 리 인)	자산신탁 주식회사
처 리 예 정 기 한	2023.07.12.
처 리 주 무 부 서	(양산) (전화번호 : 055-389-622) 납세자보호담당관 (이, 호)
안 내 사 항	발급대상 : 경상남도 양산시 삼동2길 6, 150 호(중부동) 접수일 현재 위 발급대상 상가건물에 대하여는 제공할 정보가 없어 상가건물임대차현황서 발급이 불가합니다.
	민원접수자 : 이 호 (전화번호 : 055-389-622,)

양 산 세 무 서

나. 신탁등기 전 선순위 근저당권의 인수 조건 공매 공고 점검

| 신탁등기 전 선순위 근저당권의 인수 조건 공매 공고 |

* 등기사항증명서상 2021. 08. 30.자 근저당권(채권최고액 251,270,000원, 근저당권자 한국주택금융공사), 2021. 08. 30.자 근저당권(채권최고액 25,300,000원, 근저당권자 한국주택금융공사), 2022. 02. 17.자 근저당권(채권최고액 3,000,000원, 근저당권자 에이파이낸셜대부 주식회사)이 있으며, 매수자가 입찰가격(대금) 외 별도의 비용으로 이 근저당을 승계하여 책임 처리하는 조건입니다.

* 매도인(당사)의 소유권 이전서류 교부 전까지, 신탁등기 전 설정된 위 근저당의 피담보채무 변제를 소명하며 이 신탁계약의 위탁자가 수탁자인 매도인(당사)에게 공매 중지 요청을 할 경우, 매도인(당사)은 이 공매의 낙찰 및 매매계약을 무효로 할 수 있으며, 무효로 할 경우 매도자(당사)는 낙찰자가 기납부한 대금을 이자 없이 원금만 반환하며 이 경우 낙찰자는 당사에 민형사상 일체의 이의 및 민원을 제기할 수 없습니다.
* 등기부 등본 상 2023.08.16.자에 임의 경매 개시 결정이 있으며, 경매 낙찰로 매도인이 소유권을 매수인에게 이전하는 것이 불가능 할 경우, 신탁사 또는 매수인은 이 매매계약을 해제할 수 있으며, 이 경우 매수인은 매도인(신탁사)에 지급한 금액만 이자없이 반환받기로 하고 이에 대하여 추후 일체의 이의를 제기하지 않기로 합니다.

출처 : 우리자산신탁 공고(이하 동일)

다. 신탁부동산 유치권 신고 공매 공고 부담 검토

유치권도 공매 낙찰자가 인수하는 조건으로 매각조건을 공시한다. 즉 '공매목적 부동산에 점유권, 임차권, 유치권 등 일체의 권리제한사항이 있더라도 권리제한사항 해결 및 소멸에 필요한 일체의 책임 및 비용은 입찰자(낙찰자, 매수인)의 부담으로 합니다' 또는 '공매목적 부동산과 관련하여 공사 기성금 미지급 및 유치권 행사 알림(발신자 : 재***), 유치권신고서(발신자 : 주****)가 접수된바, 이로 인해 발생하는 문제 일체는 입찰자(낙찰자, 매수인)가 입찰자의 책임과 비용으로 부담하여 처리하여야 합니다'라고 공시한다.

우리자산신탁 주식회사 귀중

유치권신고서

물건관리번호: 2023-0500-027603
물건관리번호: 2023-0500-027604
물건관리번호: 2023-0500-027605

부동산의 표시 : 경상북도 구미시 원평동　　　　위 지상건물
　　　　　　　　경상북도 구미시 원평동

소 유 자　　　산업개발 주식회사

신 고 인　　　주식회사 현

신 고 취 지

　신고인은 위 사건 공매목적물인 별지목록기재 부동산(건물)에 대하여 유치권에 의하여 담보되는 금223,693,150원의 채권이 있음을 신고하오니 이 사건 공매절차에서 이해관계인으로서의 권리를 행사할 수 있도록 하여 주시기 바랍니다.

신 고 사 유

1. 사실관계 및 유치권의 성립과 피담보채권액.

　(1) 신고인은 주식회사 현　　　는 2021. 3. 5. 이 사건 공매목적 부동산(이하 이건 건물이라 함)의 소유자와 공사금액 금190,000,000원, 공사기간 2021. 3. 8.부터 2021. 4. 23.까지 인터리어도급계약을 체결한 후 그 공사를 완공하여 소유자에

게 인도하였습니다.

(2) 그런데 소유자는 위 공사대금에 관하여 아무런 이유 없이 공사대금의 변제에 소극적이면서 전액을 변제 하지 않어, 유치권자는 소유자에게 공증인가 법무법인 로시스에서 2021년 제678호 공증을 하였습니다.

(3) 따라서 신고인은 공사대금 전액을 변제받을 때 ~까지 이건 건물을 적법하게 점유할 수 있는 유치권자입니다. 신고일 기준으로 신고인이 소유자에 대하여 가지는 채권 중에서 신고인이 유치권에 의한 피담보채권의 총액은 다음과 같이 금 223,693,150원이 됩니다. (원금:180,000,000원, 이자 43,693,4150원(2022. 3. 31. 부터 2023. 6. 16.까지(443일) 연20%(금43,693,150원)의 비율에 의한 이자.))

2. 유치권에 의한 권리신고
이상과 같은 사유에 의하여 신고인은 이건 건물에 대한 정당한 유치권자로서 그 피담보채권이 변제될 때 까지 이건 건물을 적법하게 점유할 권원이 있고, 이건 건물의 매수인은 유치권에 의하여 담보되는 신고인의 채권을 변제할 책임이 있다할 것이므로 그 권리를 신고하오니 신고인이 이 사건 공매절차의 이해관계인으로서 권리행사를 할 수 있도록 조치하여 주시기 바라며, 아울러 입찰물건명세서에 신고인의 권리를 기재하여 유치권의 존재에 대한 분쟁을 사전에 방지할 수 있도록 조치하여 주시기 바랍니다.

첨 부 서 류

1. 공사계약서   1 부
1. 공정증서   1 부

2023. 6. .

신 고 인   주식회사 현

(첨부사진)

유치권행사신고서

내　용 : 공사미수금에 대한 채권의 회수에 따른 유치권행사 진행

채권자 : (주)　　종합건설 대표이사 백

채무자 : (주)　　산업개발 대표이사 이

　채권자 (주)　　종합건설에서 시공하였던 "■■오텔신축공사" 현장에 대해 채권이 회수
되질 않아 아래와 같이 공사대금 채권이 있어 채무자에 대해 유치권을 행사를 진행중임을
알려드리오니 채권자의 유치권행사 진행에 참조하여 주시기 바랍니다.

아　

발생채권 : 공사미수금
원　금 : 금 일십억구천만 원정(₩1,090,000,000)
이　자 : 추후 별도로 청구 예정
합　계 : 금 일십억구천만 원정(₩1,090,000,000)
단, 이자는 채무이행기인 2019 년 08 월 01 일부터　채권소멸일까지로 적용 예정임.

＊첨부서류
1. 공사도급계약서 사본 1 부
2. 기성지급 원장(은행용) 1 부
3. 공사미수금현황 1 부
4. 세금계산서 각 1 부
5. 내용증명서 1 부

2022 년 06 월 21 일

위 신고인(채권자) : 주식회사 　 종합건설 대표이사 백

__우리자산신탁 귀중__

출처 : 우리자산신탁 공고문

라. 신탁해지 등에 의한 소유권이전등기청구권의 가압류 신청이 공시되어 있어도 공매 낙찰로 소유권이전등기는 유효

(1) 설명

채무자인 위탁자가 제3채무자인 수탁자에 대해서 가지는 '신탁해지에 의한 소유권이전등기청구권'이 가압류가 되어 있어도, 위탁자인 채무자의 신탁대출 채무가 연체 시 공매 매수(낙찰)는 신탁해지가 아닌 연체 시 신탁부동산의 환가 절차에 따른 공매를 원인으로 수탁자로부터 공매 낙찰자가 직접 소유권이전등기를 받기 때문에 신탁해지에 의한 소유권이전등기청구권과는 별개의 공매(사매매)계약에 따른 소유권이전등기청구권의 행사로서 공매 낙찰자는 유효하게 소유권을 취득할 수 있다.

나아가 신탁해지에 의한 소유권이전등기청구권의 가압류가 있어도 이는 부동산 자체의 처분을 금지하는 것이 아니어서, 가압류 후 위탁자에게 귀속된 소유권을 제3자가 분양계약 후 이전등기를 받아도 가압류 채권자로부터 소유권이전등기의 말소를 당하지 않는다.

다만, 가압류의 처분금지효를 무시하고 채무자인 위탁자에게 부동산의 소유권을 귀속(이전)시켜 줌으로써, 손해를 입은 채권자는 제3채무자인 수탁자에게 손해배상 청구를 할 수 있을 뿐이다.

신탁해지(수탁자의 해지 동의가 없을 경우 위탁자만을 대위한 신탁해지는 불가함)에 의한 소유권이전등기청구권을 가압류해도, 결국 연체로 공매처분 시 수탁자로부터 공매 낙찰자에게 소유권이전등기가 되면 여기에는 가압류의 효력이 미치지 않아 가압류는 무의미한 무위로 돌아가게 된다. 이때 공매 낙찰자는 아무런 제한 없는 소유권을 유효하게 취득한다.

부동산담보신탁계약서(안) 제24조(신탁해지 및 책임부담)
① 위탁자 甲은 신탁해지로 인하여 수탁자 乙에게 발생되었거나 발생될 비용 및 민·형사상 모든 책임을 완료한 경우에 한하여 신탁계약 해지를 요청할 수 있으며, 수탁자 乙은 이를 확인하고 이의가 없을 경우 해지에 응하여야 한다.

---

(2) 참고 판례

대법원 2022. 12. 15. 선고 2022다247750 판결 [손해배상(기)]

1. 관련 법리

가. 부동산담보신탁계약이 해지된 경우에는 '신탁재산 귀속'을 원인으로 위탁자에게 소유권이전등기를 한 다음 '분양계약'을 원인으로 매수인에게 소유권이전등기를 하는 것이 원칙이다. 이 경우에도 우선수익자의 서면요청에 따라 수탁자가 매도인으로서의 책임을 부담하지 않는 조건으로 신탁부동산의 소유권을 매수인에게 직접 이전할 수 있다는 내용을 특약사항으로 정하였다면, 이는 신탁계약 해지에 따른 소유권이전등기절차를 간편하게 처리하기 위하여 위탁자 대신 수탁자로 하여금 매수인에게 직접 신탁부동산에 관한 소유권이전등기를 하는 것을 예외적으로 허용하는 취지일 뿐 수탁자에게 신탁부동산에 관한 처분권한을 부여하거나 매수인에게 수탁자에 대하여 소유권이전등기청구권을 직접 취득할 수 있음을 정한 규정으로 볼 수는 없다. 따라서 위 특약사항에 따른 소유권이전등기는 수탁자가 신탁계약에 따라 신탁부동산을 처분하여 마쳐준 것이 아니고, 신탁계약 해지에 따른 수탁자의 위탁자에 대한 소유권이전등기와 이를 전제로 한 위탁자의 매수인에 대한 소유권이전등기가 단축되어 이행된 것에 불과하다(대법원 2012. 7. 12. 선고 2010다19433 판결, 대법원 2018. 12. 27. 선고 2018다237329 판결 참조).

나. 소유권이전등기청구권에 대한 압류가 있으면 변제금지의 효력에 따라 제3채무자는 채무자에게 임의로 이전등기를 이행하여서는 아니 되나, 이러한 압류에는 청구권의 목적물인 부동산 자체의 처분을 금지하는 대물적 효력이 없으므로, 제3채무자나 채무자로부터 이전등기를 마친 제3자에 대하여는 취득한

등기가 원인무효라고 주장하여 말소를 청구할 수 없지만, 제3채무자가 압류 결정을 무시하고 이전등기를 이행하고 채무자가 다시 제3자에게 이전등기를 마쳐준 결과 채권자에게 손해를 입힌 때에는 불법행위에 따른 배상책임을 진다(대법원 2007. 9. 21. 선고 2005다44886 판결 등 참조).

(3) 신탁해지에 의한 소유권이전등기청구권 가압류 공시 사례 및 리스크를 분석해보자

(가) 수분양자의 점유 및 가압류 사실 공시요청

이 건 40x호 빌라(고유번호2850-2021-006135호의 경기도 고양시 덕양구 고양대로2002번길 70-xx, 제4층 제40x호 [동산동 48-xx])의 매수인(수분양자)은 위탁자와 매매계약 체결 및 위탁자에게 중도금 납부를 이유로 매수인(수분양자)이 제3채무자인 수탁자를 상대로 신탁해지에 의한 소유권이전등기청구권을 가압류 후 이를 해당 신탁부동산의 공매공고에 공시를 요청하였다.

(나) 공매공고문에 수분양자 점유내용 공시

이에 수탁자는 신탁부동산 공매공고문에 아래와 같이 게시하였다.

> 본 공매목적 부동산 관련하여 김○희(대리인 법무법인 해○름)의 내용증명 우편이 당사에 도달한바 첨부와 같이 알려드립니다.
>
> • 공매부동산(물건관리번호 202311-41681-00호 경기도 고양시 덕양구 동산동 48-xx, 제4층 제40x호)에 대하여 김○희가 점유하고 있는지 여부에 대한 확인 및 그 해결책임은 공매공고에 따라 매수인이 지는 조건의 공매임을 주지 드립니다.
> • 당사는 김○희를 임차인으로 한 임대차(또는 무상 임차)에 동의한 바 없습니다.
> • 당사는 담보신탁계약의 위탁자와 김○희 간 체결된 분양계약이 사실이라 하여도 이에 대하여 일체 동의를 한 바 없음을 알려드립니다.

(다) 공매 낙찰자는 하자 없이 소유권이전등기 가능

결론적으로 이 사건 40x호 빌라는 2021. 4. 5. 우○자산신탁에 새○을금고 대출의 담보목적으로 신탁에 의한 소유권이전등기가 되고, 1개월 후인 2021. 5. 16. 위탁자와 수분양자인 김○희 사이에 40x호의 분양계약(매매계약)을 체결함으로써 신탁등기 이후에 매매(분양)계약이 체결되어 사해신탁은 아닌 것으로 보이는바, 공매 낙찰자에게 소유권이전등기는 하자가 없을 것으로 보인다.

마. 공매 낙찰자가 인수 · 부담하는 기타 공고 내용 구체적으로 검토

신탁부동산 공매(입찰) 공고

1. 공매목적부동산(임대차 관련 특이사항이 있으며, 7. 공매참가조건의 '자.임대차 및 인도 · 명도책임', '차. 기타 권리제한사항' 부분을 주의하여 보시기 바랍니다.)

물건번호	소재지	비고
1	가. 경상북도 구미시 원평동 130-xx 위지상건물 나. 경상북도 구미시 원평동 130-xx 대 940㎡ 다. 경상북도 구미시 원평동 130-xx 도로 9㎡	토지 및 위지상건물

주1 : 공매목적부동산 및 공매 관련 세부내역은 등기사항증명서, 신탁원부, 토지 · 건축물대장 또는 현장 확인 등을 통하여 직접 확인하시기 바랍니다(등기사항증명서상 압류나 근저당 등 제한사항이 있을 수 있으므로 꼭 확인하시기 바랍니다).

주2 : 신탁사(이하 '당사'라 함)를 납부의무자로 하는 매매 부동산의 세금(재산세, 종합부동산세, 교통유발금 등) 미납에 따른 압류는 낙찰 부동산에 대한 잔금을 완납한 경우 해당 잔금으로 당사가 이를 납부합니다.

주3 : 2021년분부터 신탁부동산의 재산세, 종합부동산세는 세법 개정에 따라 당사를 납부의무자로 하지 않습니다. 따라서 2021년 6월에 이후 발생하는 재산세, 종합부동산세는 당사가 정산, 납부하지 않습니다.

주4 : 본건 신탁부동산 공매는 세금 체납에 따른 국세징수법, 지방세징수법에 의한 공매와 관련이
없습니다.

2. 매각 방법 [□ 일괄매각 / □ 개별매각]

3. 차수별 입찰일시 및 최저입찰가격

[단위 : 원 /토지 : VAT 없음 / 위지상건물 : VAT 포함]

물건 번호	(응찰가능) 공매 일시	2023. 10. 30. 10 : 00 ~ 18 : 00	2023. 11. 06. 10 : 00 ~ 18 : 00
	온비드 개찰일시	2023. 10. 31. 9 : 00	2023. 11. 07. 9 : 00
	회차	11회차	12회차
1		3,918,000,000	3,527,000,000

주1 : 본 공매공고는 신탁관계인의 사정 등에 의하여 개찰 이전에 별도 공고 없이 공매가 중지 또
는 취소되거나 공고 내용이 변경될 수 있으며, 이와 관련하여 당사에 일체의 이의를 제기할
수 없습니다.

주2 : 공매목적부동산이 부가가치세 납부 대상일 경우, 최저 입찰가격은 부가가치세 포함 금액입
니다.

주3 : 본 공매공고에서 매수인이 책임지는 사항(명도 책임, 제한 물권 등)은 매수인이 입찰가격 외
별도의 금액으로 책임지는 것이니 착오 없으시기 바랍니다.

주4 : 실거래 신고(금액)에 대한 책임은 매수인이 지는 조건입니다.

주5 : 온비드 시스템에 의하여 온비드 시스템상 표시되는 공매공고 내용(공매 일시 등)이 첨부된
공매공고 내용과 다른 경우가 있는바, 온비드 시스템상 표시되는 공매공고 내용(공매 일시
등)과 첨부된 공매공고 내용이 다른 경우에는 첨부된 공매공고 내용을 우선 적용하며, 입찰
참가자가 첨부된 공매공고 내용을 미숙지하여 발생하는 공매참가기회 상실 등의 불이익은
우리자산신탁(주)가 민형사상 일체의 책임을 부담하지 않습니다.

4. 입찰에 관한 사항

가. 공매 사항
• 공매 장소 : Onbid 홈페이지(www.onbid.co.kr)
• 공매 공고 : Onbid 홈페이지(www.onbid.co.kr) 및 당사 홈페이지(www.
wooriat.com)

- 문의처 : 우리자산신탁(주) 부산지역본부 ☎ 051) 714-2237

나. 입찰 및 낙찰자 결정방법

- 입찰의 성립 : 일반경쟁 입찰로써 1인 이상의 유효한 입찰로써 성립(단독입찰도 유효)하며, 공매 시간(입찰 시간) 이후에는 공매 장소에 입장할 수 없으므로 공매 시간(입찰 시간)을 준수하여 주시기 바랍니다.
- 개찰 : 입찰 종료 후 입찰 장소에서 개찰합니다.
- 낙찰자 결정 : 최저 입찰가격 이상 입찰자 중 최고가격 입찰자를 낙찰자로 결정합니다. 단, 최고가격 입찰자 2인 이상이 동일금액일 경우에는 최고가격 입찰자들만을 대상으로 온비드 시스템에 의한 무작위 추첨으로 낙찰자를 결정합니다.(입찰자는 낙찰 여부를 온비드의 입찰결과 화면 등을 통하여 직접 확인할 수 있습니다). 또한 공매 일시(응찰가능 일시)에 복수의 회차로 입찰이 진행될 경우 전 회차 입찰자가 낙찰자로 선정됨을 알려드리며, 후 회차 입찰자는 납부한 입찰보증금을 이자 없이 원금만 반환받습니다. 이에 대하여 입찰자는 우리자산신탁(주)에게 민형사상 일체의 이의를 제기할 수 없습니다.
- 수의계약 : 공매가 유찰될 경우 전 차수 공매예정가격 이상으로 하여 선착순으로 수의계약을 체결할 수 있습니다.
- 취소 등 확인 : 본 입찰은 당사 사정 발생 시 별도 공고 없이 공매가 중지 또는 취소되거나 공고 내용이 변경될 수 있으며, 입찰자는 사전에 당사로 입찰 실시 여부를 확인한 후 입찰하시기 바랍니다. 또한 ① 낙찰된 후 매매계약이 체결되기 전까지 채무자의 변제 등으로 공매 요건이 해소되는 경우 낙찰은 취소될 수 있으며, ② 당사의 고의나 중대한 과실이 없이 공매공고 등의 중대한 오류가 있는 경우에는 낙찰이나 체결된 매매계약은 무효로 합니다. 또한 ③ 입찰일로부터 소유권이전등기 완료일까지 추가적인 제3자의 권리침해(가압류, 가처분, 소유권이전등기말소 소송 등)로 인하여 매매계약의 이행 또는 소유권이전이 불가능하다고 매도자가 판단하는 경우, 매매계약은 무효로 합니다. 위 ① 내지 ③에서 낙찰이 취소되거나 무효된 경우 또는 매매계약이 무효된 경우 매도자는 매수자가 기납부한 매매대금을 이자 없이 원금만 반환하며 이에 대하여 매수자는 매도자에게 민형사상 일체의 이의를 제기하지 못합니다.
- 부가가치세 : 본 공매 부동산의 부가가치세는 포함(과세 대상인 경우에 한함)이며, 낙찰가에서 감정가의 비율로 토지와 건물 비용을 계산한 후 건물 비용의 10%를 부가가치세로 산정합니다. 부가가치세 납부에 따른 세금계산서는 발

급 주체(매도인 당사)로부터 교부 받으시기 바랍니다. 단, 공매목적부동산이 주택법상 국민주택 규모 이하의 주택일 경우 경우 부가가치세 납부 대상이 아닙니다.

5. 입찰보증금

가. 입찰금액의 10% 이상 현금 또는 금융기관(우체국 포함)이 발행한 자기앞수표를 입찰서와 동봉하여 제출(입찰함에 투입)하며, 입찰결과 유찰자의 입찰보증금은 즉시 반환합니다.

6. 계약 체결 및 대금납부

가. 낙찰자는 낙찰일로부터 5영업일 이내(토지거래허가 또는 신고대상물건은 주무 관청으로부터 허가 또는 신고수리 통보를 받은 날로부터 5일 이내)에 회사 소정 의 매매계약서에 의하여 계약을 체결하여야 합니다. 만일 계약을 체결하지 아니 한 경우에는 낙찰을 무효로 하고 입찰보증금은 당사에 위약금(신탁재산)으로 귀 속됩니다. 이 경우 부가가치세 상당액도 위약금에 포함되는 것으로 합니다. 다 만 매매계약이 체결되기 전까지 채무자의 변제 등으로 공매 요건이 해소되어 낙 찰이 취소된 경우 또는 관계 법령의 제정·개정 및 천재지변 등에 의한 원인으로 계약 체결이 불가한 경우에는 낙찰을 무효로 하고 입찰보증금은 이자 없이 반환 합니다.

나. 입찰보증금은 계약 체결 시 매매대금으로 대체되며, 계약 체결일로부터 30일 이 내에 잔금을 포함한 매매대금 전액(부가가치세 등 포함)을 납부하여야 합니다. 만일 잔금납부기일을 지연한 경우에는 별도의 통보 없이 낙찰은 무효로 하고 입 찰보증금(계약금)은 당사에 위약금(신탁재산)으로 귀속됩니다. 잔금 지급 종기 가 당사 영업일이 아닌 경우 그다음 영업일을 잔금 지금 종기로 하오니 착오 없 으시기 바랍니다.

다. 매수인은 매매대금 중 부가가치세 납부에 따른 세금계산서를 발급 주체(당사)로 부터 교부받아야 합니다.

구분	금액	납부일
계약금	매매대금의 10%	입찰보증금으로 대체
잔금	매매대금의 90%	계약 체결일로부터 30일 이내

라. 계약 체결 시 필요서류

구분	
개인	주민등록초본, 인감증명서, 인감도장, 신분증
법인	법인등기부등본, 사업자등록증, 법인인감증명서, 법인인감도장, 대표자 신분증
대리인	위임장(본인 인감 날인), 대리인 신분증

마. 계약 체결 장소 : 부산광역시 부산진구 중앙대로 640, 16층(범천동, ABL부산타워) 우리자산신탁(주) 부산지역본부

바. 소유권 취득 및 처분 관련된 사항(농지취득자격증명, 토지거래허가 등)은 매수자의 책임으로 관계 법령 및 관계기관에 확인하여야 하며, 이로 인해 소유권 이전에 제한되는 사정이 발생하여도 이를 사유로 매매계약을 해지할 수 없습니다.

7. 공매참가조건

가. 매수자는 매매계약 체결에 따른 부동산거래계약신고 및 소유권이전 관련비용(이전비용 및 제세공과금 등) 등에 대한 책임을 부담합니다.

나. 소유권이전등기 완료 전까지 명의변경은 불가능합니다. 매매계약은 낙찰자 본인의 명의로 체결하여야 하며, 타인 명의로의 계약 체결은 불가합니다. 또한, 매매계약 체결 이후에는 매수자 명의변경이 불가합니다.

다. 매수자는 공매물건의 현상 그대로를 인수하며, 기존 이해관계자들의 정리는 매수자 책임으로 합니다.

라. 본 목적 부동산에 존재할 수 있는 제한물권, 소송관련사항(소유권분쟁 포함), 임차권, 유치권, 기타 이해관계인과의 민원사항 등은 매수자가 승계하여 책임 처리하는 조건입니다. 추후 이를 이유로 계약을 해지할 수 없고 매도인은 일체의 하자담보 책임을 부담하지 않습니다(특히, 주택임대차보호법상 주택의 인도와 주민등록 전입신고의 요건 및 상가건물임대차보호법상 건물의 인도와 사업자등록의 요건을 갖추고 있는 임차인이 있을 시 낙찰자는 매각대금 외에 임차보증금을 별도로 인수하여야 하는 경우가 발생할 수 있으므로 임대차관계 등에 대하여는 입찰자 책임하에 사전조사하고 입찰에 응하시기 바랍니다).

마. 공매목적부동산으로 표시되지 않은 물건(시설물, 구조물, 기계, 장치 등 일체)과 제3자가 시설한 지상물건 등에 대한 명도, 철거, 수거, 인도 등의 책임과 비용은

매수자가 부담하여야 합니다.

바. 잔금완납일 이후 발생되는 공매목적부동산에 대한 제세공과금, 관리비 및 각종 부담금 등은 매수자가 부담합니다. 단, 아래 각 목의 경우는 기재된 내용에 따릅니다.

- 아   래 -

(1) [특히 매매대금 완납일 전후를 불문하고 매도인(당사)은 공매목적부동산의 관리비, 수도, 가스, 전기비를 책임지지 않으며 매수인이 현황대로 인수(승계)하여 매수자의 부담으로 책임지고 처리하는 조건의 매매임]

(2) [공매목적부동산에 대한 매도자를 납부의무자로 하는 재산세, 종합부동산세, 교통유발부담금은 소유권 이전일을 기준으로 그 이전 재산세, 종합부동산세, 교통유발부담금은 매도인(당사)이 매매대금에서 정산 납부하기로 함] 단, 2021년 이후 부과되는 재산세 및 종합부동산세는 매도인에게 지급 책임이 없으며, 매수인의 책임으로 한다. 매도인(당사)이 부담하는 재산세 및 종합부동산세가 2021년 이후 부과되는 재산세 및 종합부동산세일 경우, 매도인(당사)은 지방세법 및 종합부동산세법에 따라 관할관공서가 매도인(당사)에게 서면으로 납부요청을 하여 매도인(당사)에게 물적납부의무가 발생한 경우에만 신탁재산의 범위에서 지급하기로 한다.

사. 입찰일 기준으로 공매물건의 제한권리는 매수자 책임으로 정리하되, 입찰일로부터 소유권이전등기 완료일까지 추가적인 제3자의 권리침해로 인하여 소유권 이전이 불가 시에는 낙찰은 무효로 하고, 매도자는 입찰자(낙찰자, 매수인)가 기납부한 대금을 이자 없이 원금만 반환하며 이 경우 입찰자(낙찰자, 매수인)는 일체의 이의를 제기하지 못합니다.

아. 입찰자(낙찰자, 매수인) 관계 법령에 의거 매각 대상 물건의 매매계약허가, 토지거래허가 등의 적합 여부를 확인한 후 입찰(계약)하여야 하며, 매매계약 체결에 따른 소유권 이전 관련 비용(이전비용 및 제세공과금 등)과 토지거래허가, 부동산 거래계약신고, 용도변경 등 인·허가의 책임 및 추가비용은 매수인이 부담하여야 합니다.

자. 임대차 및 인도·명도책임

(1) 2023. 10. 05. 기준 공매목적부동산 상가임대차열람 결과, 상가임대내역은 없으나, 상가임대차현황서는 대항력 있는 임차인을 완전히 표시하는 수단이 아니며, 입찰자(낙찰자, 매수인)가 현지조사 및 사업자등록증 확인 등 입찰자

(낙찰자, 매수인)가 직접 대항력 있는 임차인 유무를 판별하는 조건입니다.

(2) 신탁등기 이후 임대차동의한 건은 아래 표와 같으며, 이에 대한 판단 및 확인 책임은 입찰자(낙찰자, 매수인)에게 있으며, 입찰자(낙찰자, 매수인)가 직접 현장에 방문 등 확인하시기 바랍니다.

임대물건	임대인	임차인	월세 (VAT별도)	임대차 보증금	임대차기간
130-3x번지 위지상건물	금오산업개발(주)	민**	₩500,000-	없음	인도일 (2020. 12. 28.)로부터 24개월까지
130-3x번지 위지상건물	금오산업개발(주)	민**	₩15,000,000-	없음	인도일 (2021. 01. 12.)로부터 24개월까지

(3) 명도책임은 입찰자(낙찰자, 매수인)에게 있으며, 임대차보증금은 입찰자(낙찰자, 매수인)가 (승계하여) 책임지는 조건입니다. 입찰자(낙찰자, 매수인)는 공매부동산을 현존상태로 매수하기로 하며, 공매 목적부동산을 직접 확인 후 입찰 및 계약하여야 합니다.

(4) 입찰자(낙찰자, 매수인)는 매매 부동산에 대항력 있는 임차인이 있을 경우, 임차인이 매도인(우리자산신탁(주))에게 청구하는 임대차보증금 등 청구 일체(소송비용, 판결원리금 등 포함)는 입찰자(낙찰자, 매수인)의 책임과 비용으로 전부 처리하여야 하고 매도인을 즉시 면책시켜야 합니다.

(5) 공매목적 부동산과 관련하여 '임차보증금 채권 반환 지급 요청(발신자 : 강**)'이 접수된 바, 이로 인해 발생하는 문제 일체는 입찰자(낙찰자, 매수인)가 입찰자(낙찰자, 매수인)의 책임과 비용으로 부담하여 처리하여야 합니다.

(6) 공매목적 부동산에 임대차가 존재하는 경우, 실제 임대차 권리관계는 관할주민센터(세무서) 전입세대열람(등록사항 열람) 및 탐방조사 등의 방법으로 입찰자(낙찰자, 매수인)가 직접 입찰자(낙찰자, 매수인)의 책임과 비용으로 사전 조사하여야 합니다.

(7) 공매목적 부동산에 점유권, 임차권, 유치권 등 일체의 권리제한사항이 있더라도 권리제한사항 해결 및 소멸에 필요한 일체의 책임 및 비용은 입찰자(낙찰자, 매수인) 부담으로 합니다.

(8) 위 (1)항 내지 (7)항의 임대차 및 인도·명도책임사항을 입찰자(낙찰자, 매수인)

는 충분히 인지하고 응찰하여야 하며 해당 임대차 및 인도·명도책임사항으로 인하여 입찰자(낙찰자, 매수인)에게 손해가 발생하더라도 우리자산신탁(주)에게 민형사상 일체의 이의 및 민원을 제기할 수 없으며, 입찰자(낙찰자, 매수인)는 상기 임대차 및 인도·명도책임사항과 관련하여 우리자산신탁(주)에게 매매계약 취소, 해제, 해지 또는 매매대금 감액 및 매매대금 납부기한 연장 등 민형사상 일체의 이의 및 민원을 제기하지 못합니다.

차. 기타 권리제한사항

(1) 2023. 10. 05. 기준 공매목적 부동산 전입세대열람 결과, 신탁등기 이후에 전입신고된 내역은 없으나, 2023. 10. 05. 이후로 우리자산신탁(주)의 동의 없이 추가적인 전입신고가 되어 있을 수 있음을 참고하시기 바랍니다. 또한, 해당 전입신고된 내역 등은 입찰자(낙찰자, 매수인)가 전부 승계하여 입찰자(낙찰자, 매수인)의 책임과 비용으로 처리하는 조건입니다. 아울러 본 내용은 참고사항일 분 실제상황과 다를 수 있으므로 입찰자(낙찰자, 매수인)가 공매응찰 전에 직접 현장 방문하여 조사 및 확인하여야 하며 이와 관련하여 발생하는 모든 문제 해결에 대한 책임(인도 및 명도) 및 비용은 입찰자(낙찰자, 매수인) 부담으로 합니다.

(2) 본 공매목적부동산에 존재하거나 존재할 수 있는 각종 인허가권(건축허가, 농지전용허가 등 포함)은 입찰자(낙찰자, 매수인)가 직접 조사 및 확인하여야 하며, 당사는 인허가권 관련 각종 절차((변경)인허가 등)의 이행 또는 이행을 담보할 수 있는 지위가 아님을 입찰자(낙찰자, 매수인)는 충분히 인지하고 이와 관련하여 입찰자(낙찰자, 매수인)는 우리자산신탁(주)에게 민·형사상 일체의 이의를 제기하지 아니합니다.

(3) 공매목적 부동산에 유치권을 주장하는 자가 있을 수 있는 바, 입찰자(낙찰자, 매수인)는 필히 현장 확인하시기 바랍니다. 또한, 유치권 해결에 필요한 책임 및 비용은 입찰자(낙찰자, 매수인)가 전부 부담하며 입찰자(낙찰자, 매수인)는 이와 관련하여 우리자산신탁(주)에게 민·형사상 일체의 이의를 제기하지 아니합니다.

(4) 공매목적 부동산과 관련하여 '공사기성금 미지급 및 유치권 행사 알림(발신자 : 재***)', '유치권신고서(발신자 : 주****)'가 접수된 바, 이로 인해 발생하는 문제 일체는 입찰자(낙찰자, 매수인)가 입찰자(낙찰자, 매수인)의 책임과 비용으로 부담하여 처리하여야 합니다.

(5) 위 (1)항 내지 (4)항의 권리제한사항을 입찰자(낙찰자, 매수인)는 충분히 인지하고 응찰하여야 하며 해당 권리제한사항으로 인하여 입찰자(낙찰자, 매수인)에게 손해가 발생하더라도 우리자산신탁(주)에게 민형사상 일체의 이의 및 민원을 제

기할 수 없으며, 입찰자(낙찰자, 매수인)는 상기 권리제한사항과 관련하여 우리 자산신탁(주)에게 매매계약 취소,해제,해지 또는 매매대금 감액 및 매매대금 납부기한 연장 등 민형사상 일체의 이의 및 민원을 제기하지 못합니다.

8. 유의사항

가. 공매 목적물에 대한 인도 및 명도 책임은 매수인이 부담합니다.

나. 응찰자는 공매공고, 입찰참가자 준수규칙, 매매계약서 등 입찰에 필요한 모든 사항에 관하여 입찰 이전에 완전히 이해한 것으로 간주하며, 이를 이해하지 못한 책임은 매수자에게 있습니다.

다. 현장설명은 별도로 실시하지 않으며 입찰예정자는 필히 현장 확인하여야 하며, 미확인으로 인한 책임은 매수자에게 있습니다.

라. 낙찰자로 결정되더라도 매매계약이 체결되기 전까지 채무자의 변제 등으로 공매 요건이 해소되어 낙찰은 취소될 수 있습니다.

마. 매매계약을 체결하기 전에는 매수인으로서 지위가 인정되지 아니하며 매수인으로서 권리도 행사할 수 없습니다.

바. 당사의 고의나 중대한 과실이 없이 공매공고 등의 중대한 오류가 있는 경우에는 낙찰이나 체결된 매매계약은 무효로 합니다.

사. 매도자는 매각 부동산에 관한 다음 각 항에서 열거하는 사항에 대하여는 책임을 지지 아니하므로, 응찰자는 반드시 사전에 공부의 열람, 현지답사 등으로 물건을 확인하신 후 응찰하시고 미확인으로 인한 책임은 매수자에게 있습니다.

① 매각 부동산의 현황과 공부상 수량의 차이 및 물적하자(등기부등본과 현황의 차이 등)

② 법률상 원인무효로 인한 권리상실 내지 권리제한

③ 행정상(환지, 징발, 개발제한, 기타 모든 도시계획) 권리제한

④ 권리의 일부가 타인에게 속함으로써 받는 권리의 제한

⑤ 등기부상 목록과 현황과의 상이

⑥ 천재 또는 비상사태로 인한 피해

⑦ 민법 제569조 내지 제581조에 정한 매도인의 담보책임

⑧ 본 사업부지 내의 유치권 및 등기되지 않은 임대차

아. 본 공매공고는 신탁관계인의 사정 등에 의하여 별도 공고 없이 임의로 취소 또는 변경할 수 있고, 공매물건의 원인채무 변제 등으로 인하여 취소될 수 있으며, 이와 관련하여 당사에 일체의 이의를 제기할 수 없으니 공매 참가 전에 꼭 확인하

시기 바랍니다.

자. 공매물건에 대한 소유권이 이전된 이후라도 공매물건의 원인 무효의 사유가 있거나 제한물권의 실행, 매매계약에 민법상 무효나 취소할 수 있는 의사표시가 있는 경우 소유권을 상실할 수도 있다는 점을 유의하시고 이를 사전에 확인하시기 바랍니다.

차. 유찰된 경우 다음 공매 개시 전까지 전 차수 공매조건 이상으로 수의계약 할 수 있습니다.

카. 매수인은 매매계약서 검인 및 부동산거래계약신고(계약 체결일 이후 30일 이내)를 거쳐 소유권이전등기를 경료 하여야 하며, 위탁자의 체납조세로 인하여 매매계약서 검인이나 등기접수가 거부되는 경우 매수인의 책임과 비용부담으로 해결하여야 합니다. 이를 위반하여 매도자에게 발생한 손해에 대해 매수자는 손해배상책임을 부담합니다.

타. 공매 관련 내용은 당사 공매 입찰참가자 준수규칙에 의하며, 동 규칙 및 매매계약서 등은 당사에 비치되어 있으니 방문을 통해 사전에 열람하시기 바라며, 세부 사항에 대해서는 당사로 문의하시기 바랍니다.

2023년 10월 16일

우리자산신탁 주식회사

신탁부동산 임차인의 공매 낙찰자에 대한 대항력 여부 점검

가. 임차인이 신탁부동산의 공매 낙찰자에게 임차권 주장 또는 대항력을 가지는 경우

(1) 신탁등기 전 적법한 대항력이 있는 임차권은 원칙적으로 공매 낙찰자에게 승계된다

신탁등기 전에 소유자와 임대차계약을 체결하고, 대항요건을 갖춘 후 신탁등기가 이루어졌다면 대항력 있는 임차권은 원칙적으로 공매 낙찰자에게 승계된다. 이에 공매 입찰자는 입찰 전에 수탁자가 공시한 주택 임대차 확인서 또는 상가건물 임대차 현황서를 반드시 열람해서, 대항력 있는 임차인이 존재하는지를 확인하고 입찰에 참여해야 한다.

주택 또는 상가의 대항력 있는 임차보증금 반환 채무는 양수인(신탁, 신탁재산의 처분 공매, 압류 공매, 법원 경매, 사매매, 상속, 합병 등)에게 당연히 면책적으로 승계된다.

① 대법원 1999. 4. 23. 선고 98다49753 [건물명도] 판결

주택의 명의신탁자가 임대차계약을 체결한 후 명의수탁자가 명의신탁자로부터 주
택을 임대할 권리를 포함하여 주택에 대한 처분권한을 종국적으로 이전받은 경우
에 임차인이 주택의 인도와 주민등록을 마친 이상 **명의수탁자는** 주택임대차보호법
제3조 제2항의 규정에 의하여 임차인과의 관계에서 그 **주택의 양수인으로서 임대
인의 지위를 승계하였다고 보아야 한다.**

② 대법원 2002. 4. 12. 선고 2000다70460 판결 [임대차보증금 반환]

임대차의 목적이 된 주택을 담보목적으로 신탁법에 따라 신탁한 경우에도 **수탁자
는 주택임대차보호법 제3조 제2항에 의하여 임대인의 지위를 승계한다**고 한 사례

(가) 신탁등기 전 대항력 있는 임대차는 수탁자 및 공매 낙찰자에게 면책적 채무 인수로 승계되어 임대차보증금 반환 책임을 부담한다

신탁등기 전에 설정된 임대차보증금을 수탁자가 인계하지 않고 기존
임대인인 위탁자가 반환하기로 약정하더라도(부동산담보신탁계약 제10조 제
1항), 임차인과 수탁자의 관계에서는 수탁자가 임대인의 지위를 승계(주
택임대차보호법 제3조 제4항, 상가건물임대차보호법 제3조 제2항)하므로 수탁자가
임차인에게 임차보증금 반환 채무를 부담해야 한다.

기존 대항력 있는 임차인이 수탁자에게 임차보증금 반환 청구를 할
경우, 수탁자는 우선 부동산담보신탁계약 제10조 제1항에 따라 위탁자
에게 임차보증금 반환을 요청해서 1차적으로 위탁자가 반환 의무를 이
행토록 조치한다.

위탁자가 임차보증금 반환 의무를 불이행 시 부동산담보신탁계약 제
18조 제2항에 따라 수탁자는 신탁부동산을 공매한 대금으로 임차인에
게 보증금을 우선으로 반환한다. 잔여 공매대금은 우선수익권자 등에

게 배당한다.

이때 공매 낙찰자는 임차권을 승계하지 않는 조건으로 낙찰을 받으므로 임차보증금까지 포함한 금액으로 공매 입찰가격을 산정해서 낙찰받고, 임차인은 퇴거하게 된다. 물론 이때 대항력 있는 임차인이 임대차계약의 갱신을 요구할 경우, 임차보증금은 공매 낙찰자가 승계하므로 이를 차감한 금액 이내에서 공매 낙찰가를 산정해야 한다.

한편 신탁계약으로 부동산을 양수받은 수탁자가 기존 임차권을 승계하지 않기로 한 위탁자와의 신탁계약은 임차인이 기존 임대인인 위탁자로부터 임차보증금을 반환받지 못할 위험성이 있는 임차인에게 불리한 약정으로써, 이는 양수인인 수탁자의 임대인 지위 승계라는 강행규정(주택임대차보호법 제10조, 상가건물 임대차보호법 제15조)을 위반해 무효이므로 위 약정에 불구하고 임차인은 수탁자에게 임차보증금 반환 청구를 할 수 있다(대전지방법원 천안지원 2022. 7. 14. 선고 2021가단6361 임차보증금반환 판결 참조).

이에 수탁자의 임차보증금 미승계 약정에도 불구하고 수탁자에게 법적인 임대인의 지위 승계 책임(면책적 채무인수, 대법원 1996. 2. 27. 선고 95다35616 임대차보증금반환 판결 참조)이 있으므로 임차인의 임차보증금 반환 청구를 받으면 수탁자가 공매로 환가해 임차보증금을 반환토록 하는 약정을 둔 것이다(부동산담보신탁계약 제18조 제2항).

(나) 관련 규정을 살펴보자

부동산담보신탁계약 제18조(신탁부동산 처분시기)
② 신탁계약 체결 시 甲으로부터 임대차보증금을 인계받지 못한 乙이 신탁등기 전 주택임대차보호법 또는 상가건물 임대차보호법상의 대항력 있는 임차인으로부터 임대차보증금의 반환을 요청받고 동 사실을 甲에게 통지하여 임대차보증금의 반환을 촉구하였으나 甲이 이를 이행하지 아니하는 경우에 乙은 신탁부동산을 처분할 수 있다.

주택임대차보호법
제3조(대항력 등)
④ 임차주택의 양수인(讓受人)(그 밖에 임대할 권리를 승계한 자를 포함한다)은 임대인(賃貸人)의 지위를 승계한 것으로 본다. 〈개정 2013. 8. 13〉
제10조(강행규정)
이 법에 위반된 약정(約定)으로서 임차인에게 불리한 것은 그 효력이 없다.

상가건물 임대차보호법
제3조(대항력 등)
② 임차건물의 양수인(그 밖에 임대할 권리를 승계한 자를 포함한다)은 임대인의 지위를 승계한 것으로 본다.
제15조(강행규정)
이 법의 규정에 위반된 약정으로서 임차인에게 불리한 것은 효력이 없다.

(다) 관련 판결을 살펴보자

① 대전지방법원 천안지원 2022. 7. 14. 선고 2021가단6361 판결 [임차보증금 반환]
원고A 소송대리인 변호사 구○필, 소송복대리인 변호사 이○영
피고B 소송대리인 C
변론종결 2022. 6.
판결선고 2022. 7. 14.

주문

1. 피고는 원고에게 7,500만 원 및 이에 대하여 2021. 11. 12.부터 다 갚는 날까지 연 12%의 비율로 계산한 돈을 지급하라.
2. 소송비용은 피고가 부담한다.
3. 제1항은 가집행할 수 있다.

청구취지

주문과 같다.

이유

1. 인정사실

원고는 2017. 12. 27. D와 사이에 D 소유의 천안시 동남구 E 외 1필지 F연립주택 제4층 G호(이하 '이 사건 주택')에 대하여 임대차보증금을 7,500만 원, 임대차기간을 2019. 12. 26.까지로 정하여 임차하는 내용의 임대차계약(이하 '이 사건 임대차계약')을 체결하고, 그 무렵 위 주택을 인도받아 주민등록을 마쳤다. 피고는 2019. 1. 4. D로부터 이 사건 주택을 매수하고 소유권이전등기를 경료하였다.

[인정근거 : 다툼 없는 사실, 갑 제1, 5, 6호증, 을 제1, 3호증, 변론 전체의 취지]

2. 임대차보증금 반환 의무

피고는 이 사건 주택의 양수인으로서 주택임대차보호법 제3조 제4항에 따라 이 사건 임대차계약상 임대인의 지위를 승계하였다. 피고는 원고에게 이 사건 임대차계약 종료에 따른 임대차보증금 7,500만 원을 반환할 의무가 있다.

3. 피고의 주장에 대한 판단

피고는 원고와 피고 사이에 원고가 기존 임대차보증금 7,500만 원 중 3,300만 원을 포기하고 임대차보증금을 4,200만 원으로 변경하는 내용의 새로운 계약이 체결되었으므로 피고가 반환하여야 할 임대차보증금은 위 4,200만 원을 초과하지 않는다고 주장한다.

갑 제1호증, 을 제1, 3호증의 각 기재와 변론 전체의 취지에 의하면, 원고와 피고는 2019. 1. 15. '전세계약서'를 작성하였는데, 그 주된 내용으로 임대차보증금을 4,200만 원으로, 임대차기간을 2019. 12. 30.까지로 하고(제1조 및 제7조), 'D와 기체결한 전세계약은 무효로 한다. D에게 지급했던 전세금 7,500만 원 중 3,300만 원은 포기하며, 나머지 4,200만 원만 현재 임대인에게 전세 종료 시 돌려받는다(제3조)'라고 기재되어 있는 사실은 인정된다. 그러나 한편, 위 각 증거들과 변론 전체의 취지에 의하여 알 수 있는 위 2019. 1. 15.자 전세계약서 작성 경위(피고가 이 사건 임대차계약에 따른 의무를 승계하지 않기로 하는 피고와 D 사이의 부동산 매매계약서를 원고에게 보여주어 원피고 상호 간에 이를 전제로 위 2019. 1. 15.자 전세계약서가 작성되었다)와 그 작성 목적(위 전세계약서는 이 사건 임대차계약 기간 중 계약 해지에 상응하는 원상회복이나 대가관계가 전혀 없이 작성된 것으로 그 목적은 오로지 기존 임대차보증금 일부를 원고로 하여금 포기하도록 하는 데 있는 것으로 보인다)에 비추어 보면, 위 2019. 1. 15.자 전세계약서 내용 중 이 사건 임대차계약을 무효로 하고 **원고가 기존 임대차보증금 중 3,300만 원을 포기하기로 하는 부분은 임대인 지위 승계를 정한 주택임대차보호법 제3조 제4항에 반하여 임차인에게 불리한 약정으로서 주택임대차보호법 제10조(강행규정)에 따라 그 효력이 없다고 할 것이다.**
따라서 피고는 여전히 이 사건 임대차계약의 임대인 지위를 승계한 자로서 이 사건 임대차계약 종료에 따른 임대차보증금 반환의무를 부담한다.

새로운 계약을 체결하여 원고가 임대차보증금 중 3,300만 원을 포기하였다는 피고 주장을 받아들이지 아니한다.
피고는 또한, 임차인인 원고가 이 사건 주택을 소홀히 관리하여 보수와 청소비용으로 2,530만 원 가량이 소요된다며 그 비용 상당 공제를 주장하나, 이를 인정할 증거가 없어 받아들이지 아니한다.

4. 결론

피고는 원고에게 7,500만 원 및 원고가 구하는 소장 송달 다음 날인 2021. 11. 12.부터 다 갚는 날까지 소송촉진 등에 관한 특례법에 정한 연 12%의 비율로 계산한 지연손해금을 지급할 의무가 있다. 원고의 청구를 받아들여 주문과 같이 판결한다.

판사 심○지

② 대법원 1996. 2. 27. 선고 95다35616 임대차보증금반환 판결

주택임대차보호법 제3조 제1항 및 제2항에 의하면, 임차인이 주택의 양수인에 대하여 대항력이 있는 임차인인 이상 양수인에게 임대인으로서의 지위가 당연히 승계된다 할 것이고, 그 주택에 대하여 임차인에 우선하는 다른 권리자가 있다고 하여 양수인의 임대인으로서의 지위의 승계에 임차인의 동의가 필요한 것은 아니다.

주택의 임차인이 제3자에 대한 대항력을 구비한 후 임차주택의 소유권이 양도되어 그 양수인이 임대인의 지위를 승계하는 경우에는 임대차보증금의 반환 채무도 부동산의 소유권과 결합하여 일체로서 이전하는 것이고, 이에 따라 **양도인의 임대인으로서의 지위나 보증금반환 채무는 소멸하는 것**이므로(당원 1987. 3. 10. 선고 86다카1114 판결, 1994. 3. 11. 선고 93다29648 판결, 1995. 5. 23. 선고 93다47318 판결 등 참조), 이러한 경우 **양수인**이 중첩적으로 **채무를 인수한 것으로 볼 것**이라는 소론 주장은 독자적인 견해에 불과하여 채용할 수 없다.

③ 대법원 1994. 3. 11. 선고 93다29648 판결 [청구이의]

주택임대차보호법 제3조 제1, 2항은, 주택의 임차인은 그 건물에 입주하고 주민등록을 함으로써 제3자에 대하여 대항력을 갖추게 되고, 대항력을 갖춘 후에 임차건물이 양도된 경우 양수인은 임대인의 지위를 승계한 것으로 본다고 규정하고 있는바, 임대부동산의 소유권이 이전되고 그 양수인이 임대인의 지위를 승계한 경우에는 임대차보증금 반환 채무도 부동산의 소유권과 결합하여 일체로서 임대인의 지위를 승계한 양수인에게 이전되는 것이므로, **양도인의 보증금반환 채무는 소멸하는 것으로 해석하여야 한다**(당원 1987. 3. 10. 선고 86다카1114 판결; 1993. 11. 23. 선고 93다4083 판결 참조).

(2) 수탁자가 신탁등기 후의 위탁자와 임차인 간 임차보증금 반환 채무를 면책적으로 인수한 경우, 채무는 공매 낙찰자에게 승계된다

신탁등기 이후에 입주한 임차인이 수탁자와 우선수익자의 동의를 얻어 위탁자와 계약을 체결하고, 수탁자가 임차보증금 반환 채무를 면책적으로 인수한 경우에는 수탁자 및 공매 낙찰자에게 임차보증금 반환 책임이 있다.

수탁자가 위탁자의 임차보증금 반환 채무를 면책적으로 인수한 면책적 채무 인수 취지의 특약 등을 체결한 경우, 수탁자도 임대인의 지위에 있어 이를 공매로 매수한 사람도 임대인의 지위를 승계하므로 공매 낙찰자는 기존 임차인에게 임차보증금을 반환하지 않는 이상 기존 임차인을 상대로 명도를 구할 수 없다.

또는 임대차계약상 임대인의 명의를 수탁자인 '乙'로 갱신하고 임차보증금을 위탁자인 甲과 수탁자인 乙 간에 인수·인계하는 경우에는 임대인의 지위를 수탁자인 乙이 승계하는 것으로 할 수 있다.

(3) 수탁자가 우선수익자의 동의를 얻어 임차인과 임대차계약을 체결한 경우에도 공매 낙찰자에게 승계된다

이 경우 임차인은 대항력과 우선변제권(최우선변제권, 확정일자부 우선변제권)으로 보호받을 수 있으므로 공매 낙찰자는 수탁자인 임대인의 지위를 승계해서, 기존 임차인에게 임차보증금 반환 채무를 부담한다. 신탁부동산 공매 시 원칙적으로 공매 낙찰자가 현존 임차권을 승계 내지 부담하는 조건으로 공시하고 진행한다.

한편 앞선 3가지의 경우에 수탁자가 기존 임차인에게 임차보증금 전액 반환 및 명도(퇴거) 조건으로 공매 실행을 한다면 공매 낙찰자가 기존 임차권을 승계하지 않는다.

관련 계약서

부동산담보신탁계약서(안) 제10조(임대차 등)
① 이 신탁계약 이전에 **위탁자인** 甲과 임차인 간에 체결한 임대차계약이 있을 경우 그 임대차계약은 그 상태로 유효하며 임대차보증금의 반환의무, 기타 임대인으로서의 책임 및 권리 등 甲이 임대인의 지위를 계속하여 유지하는 것으로 한다.

단, 임대차계약상 임대인의 명의를 수탁자인 乙로 갱신하고 임대차보증금을 甲과 乙 간에 인수·인계하는 경우에는 임대인의 지위를 수탁자인 乙이 승계하는 것으로 한다.

② 제1항의 경우 임대차보증금 외에 임차인이 甲에게 지급하는 차임이 있을 때에는 그 차임은 甲이 계속 수령하는 것으로 하며, 甲이 수령하는 차임은 이 신탁계약과 관련하여 우선수익자와 주 채무자 간의 여신거래계약 및 보증채무 계약상 원리금 상환에 우선적으로 충당함을 원칙으로 한다. 단, 甲이 물상보증인인 경우에는 보증채무가 발생한 경우부터 그러하다.

③ 신탁기간 중 임대차계약 기간의 만료 또는 임대차계약의 해지 등으로 인하여 임대인 명의를 甲으로 하는 **새로운 임대차계약**을 체결하는 경우 제9조 제2항에 따라 **乙의 사전승낙을 얻어야 한다.** 이 경우 乙은 임대차계약과 관련하여 권리의무를 부담하지 않으며, 제18조의 경우에 임차인에 대한 명도 청구 등 乙의 조치사항을 임대차계약서에 명기하여야 한다.

④ 제3항의 규정에도 불구하고 甲이 임의로 체결한 임대차계약은 이로써 乙에게 그 효력을 주장할 수 없으며, 그로 인해 발생하는 일체의 손해를 甲은 乙에게 배상하여야 한다.

⑤ 제3항의 규정에 의하여 甲 명의로 새로운 임대차계약을 체결하는 경우 임차인의 요구가 있으면 甲과 乙이 공동날인한다.

⑥ 신탁계약 기간 중 **임대인 명의를 乙로 하는 새로운 임대차계약**을 체결하는 경우에는 甲과 乙 간에 별도의 특약을 체결하여 그에 따르기로 한다.

⑦ 신규 임대차보증금 또는 재임대차보증금이 기임대차보증금보다 많을 경우에는 乙이 우선수익자와 협의하여 그 결과에 따라 처리하거나 甲과 乙 간 특약을 체결하여 그에 따라 乙이 관리하도록 한다.

(4) 상가 일시 사용 임차인에게 계약갱신청구권을 인정해서 임대인의
건물인도 청구를 기각한 판례

적법하게 대항력을 가지는 임차인이 존재하는 상태에서 이후 수탁자에게 담보신탁등기로 소유권 이전이 된 경우, 관리권인 임대할 권리를 기존 소유자인 위탁자에게 두기로 하는 신탁계약 공시를 하거나, 수탁자가 위탁자인 임대인의 지위를 승계하기로 부동산담보신탁계약을 체결할 수 있다. 이러한 상태에서 기존 임차인이 일시사용 약정을 했더라도, 임차인에게 불리한 약정은 무효로 돌리는 강행법규인 상가건물임대차보호법의 적용을 받는 임대차로 인정될 사정이 있는 경우가 있다. 이런 경우에는 임차인이 상가 임대차계약의 기간연장 갱신청구권을 행사하면 이는 임대관리권이 있는 위탁자나 임대관리권을 승계한 수탁자에게 효력이 있게 되어, 기간연장 갱신청구권으로 갱신된 기간까지 적법하게 점유할 수 있다. 이러한 대항력 있는 임차인이 존재하는 부동산의 경우에는 공매 낙찰자도 기간을 갱신한 임차인을 상대로 명도를 구할 수 없다.

따라서 대항력 있는 임차인이 일시사용 약정을 했더라도 상가건물임대차보호법의 적용을 받는 1년 이상의 통상 상가 임대차계약으로 볼 수 있는 경우, 갱신 후 10년(상가건물 임대차보호법 제10조 제2항, 주택 임대차는 동법 제6조의3 제2항으로 4년 이내) 이내에서 기존 저가의 임대차보증금 및 월세를 기준으로 보증금 및 월세 청구를 제한(매년 5%한도 증액)받음으로써 공매 낙찰자는 손해를 입을 수 있다. 이에 상가나 주택의 일시사용 임대차도 해당 임대차보호법으로 보호받는 정상 임대차에 해당되는지 여부를 철저히 조사 후 공매 입찰에 참여해야 한다.

상가건물 임대차보호법

제10조(계약갱신 요구 등)

① 임대인은 임차인이 임대차 기간이 만료되기 6개월 전부터 1개월 전까지 사이에 계약갱신을 요구할 경우 정당한 사유 없이 거절하지 못한다. 다만, 다음 각 호의 어느 하나의 경우에는 그러하지 아니하다. 〈개정 2013. 8. 13〉

1. 임차인이 3기의 차임액에 해당하는 금액에 이르도록 차임을 연체한 사실이 있는 경우

2. 임차인이 거짓이나 그 밖의 부정한 방법으로 임차한 경우

3. 서로 합의하여 임대인이 임차인에게 상당한 보상을 제공한 경우

4. 임차인이 임대인의 동의 없이 목적 건물의 전부 또는 일부를 전대(轉貸)한 경우

5. 임차인이 임차한 건물의 전부 또는 일부를 고의나 중대한 과실로 파손한 경우

6. 임차한 건물의 전부 또는 일부가 멸실되어 임대차의 목적을 달성하지 못할 경우

7. 임대인이 다음 각 목의 어느 하나에 해당하는 사유로 목적 건물의 전부 또는 대부분을 철거하거나 재건축하기 위하여 목적 건물의 점유를 회복할 필요가 있는 경우

   가. 임대차계약 체결 당시 공사시기 및 소요기간 등을 포함한 철거 또는 재건축 계획을 임차인에게 구체적으로 고지하고 그 계획에 따르는 경우

   나. 건물이 노후·훼손 또는 일부 멸실되는 등 안전사고의 우려가 있는 경우

   다. 다른 법령에 따라 철거 또는 재건축이 이루어지는 경우

8. 그 밖에 임차인이 임차인으로서의 의무를 현저히 위반하거나 임대차를 계속하기 어려운 중대한 사유가 있는 경우

② 임차인의 계약갱신요구권은 최초의 임대차기간을 포함한 전체 임대차기간이 10년을 초과하지 아니하는 범위에서만 행사할 수 있다. 〈개정 2018. 10. 16〉

③ 갱신되는 임대차는 전 임대차와 동일한 조건으로 다시 계약된 것으로 본다. 다만, 차임과 보증금은 제11조에 따른 범위에서 증감할 수 있다.

④ 임대인이 제1항의 기간 이내에 임차인에게 갱신 거절의 통지 또는 조건 변경의 통지를 하지 아니한 경우에는 그 기간이 만료된 때에 전 임대차와 동일한 조건으로 다시 임대차한 것으로 본다. 이 경우에 임대차의 존속기간은 1년으로 본다. 〈개정 2009. 5. 8〉

⑤ 제4항의 경우 임차인은 언제든지 임대인에게 계약해지의 통고를 할 수 있고, 임대인이 통고를 받은 날부터 3개월이 지나면 효력이 발생한다.

동법 제11조(차임 등의 증감청구권)
① 차임 또는 보증금이 임차건물에 관한 조세, 공과금, 그 밖의 부담의 증감이나 '감염병의 예방 및 관리에 관한 법률' 제2조 제2호에 따른 제1급감염병 등에 의한 경제사정의 변동으로 인하여 상당하지 아니하게 된 경우에는 당사자는 장래의 차임 또는 보증금에 대하여 증감을 청구할 수 있다. 그러나 증액의 경우에는 대통령령으로 정하는 기준에 따른 비율을 초과하지 못한다. 〈개정 2020. 9. 29〉
② 제1항에 따른 증액 청구는 임대차계약 또는 약정한 차임 등의 증액이 있은 후 1년 이내에는 하지 못한다.
③ '감염병의 예방 및 관리에 관한 법률' 제2조 제2호에 따른 제1급감염병에 의한 경제사정의 변동으로 차임 등이 감액된 후 임대인이 제1항에 따라 증액을 청구하는 경우에는 증액된 차임 등이 감액 전 차임 등의 금액에 달할 때까지는 같은 항 단서를 적용하지 아니한다. 〈신설 2020. 9. 29〉

동 시행령 제4조(차임 등 증액청구의 기준)
법 제11조 제1항의 규정에 의한 차임 또는 보증금의 증액 청구는 청구 당시의 차임 또는 보증금의 100분의 5의 금액을 초과하지 못한다. 〈개정 2008. 8. 21, 2018. 1. 26〉

동법 제16조(일시 사용을 위한 임대차)
이 법은 일시 사용을 위한 임대차임이 명백한 경우에는 적용하지 아니한다.

서울동부지방법원 2021. 12. 10. 선고 2021가단125168 [건물인도 기각] 판결

가. 원고의 주장

이 사건 임대차계약은 상가건물 임대차보호법 제16조의 '일시 사용을 위한 임대차'에 해당하는 단기 임대차계약으로 상가건물 임대차보호법의 적용을 받지 않는다. 따라서 이 사건 임대차계약은 2021. 5. 31. 계약기간 만료로 종료하였다. 그럼에도 피고는 상가건물 임대차보호법에서 정한 갱신청구권을 행사한다고 주장하면서 이 사건 부동산을 점유하고 있으므로, 피고는 원고에게 이 사건 부동산을 인도할 의무가 있다.

나. 판단

상가건물 임대차보호법 제16조는 "이 법은 일시사용을 위한 임대차임이 명백한 경우에는 적용하지 아니한다"고 규정하고 있는데, 상가건물임대차보호법은 일반적으로 사회적·경제적 약자인 임차인을 보호하기 위하여 제정된 법률로서 위 법 제15조에서는 위 법규정에 반하는 임차인에게 불리한 약정은 그 효력이 없다고 정하고 있는 바, 위 법의 적용이 전적으로 배제되는 위 법 제16조에서 정한 일시사용을 위한 임대차란 위 법의 적용이 불가능하거나 임차인의 보호가 필요 없는 정도의 단기간 사용을 목적으로 하는 임대차의 경우를 의미한다고 보아야 한다. 또한 위 법 제16조가 위 법의 잠탈 또는 회피하는 수단으로 악용될 우려가 있으므로, 당사자 사이에 임대차계약을 체결하면서 당해 임대차계약이 일시사용을 위한 임대차라는 점을 합의하였다고 하더라도 그 임대차계약의 기간, 보증금 및 차임, 임차목적물의 용도 등을 고려하여 위 법 제16조의 적용 여부를 판단하여야 할 것이다.

이 사건 임대차계약에서 '임대인 및 임차인은 본 임대차계약이 상가건물 임대차보호법 제16조의 일시사용을 위한 임대차에 해당하는 단기 임대차계약으로 상가건물 임대차보호법의 적용을 받지 않는 계약임을 확실히 한다'고 정하고 있는 사실은 앞서 본 바와 같다. 그러나 앞서 본 증거에 변론 전체의 취지를 종합하여 인정되는 다음과 같은 사정, 즉 ① 이 사건 임대차계약에서 정한 임대차 기간은 1년으로서 통상적인 상가건물 임대차계약에서 정하는 기간에 해당하는 점, ② 피고는 원고들에게 이 사건 임대차계약에서 정한 임대차보증금 500만 원과 월 차임 50만 원을 원고들에게 지급하여 온 점, ③ 이 사건 임대차계약 체결 당시 이 사건 부동산이 있는 건물의 상당수가 공실 상태였던 것으로 보이고, 이 사건 임대차계약에서 정한 보증금과 차임이 당시 시세에 현저히 미치지 못하는 것이라고 볼 만한 자료가 없는 점, ④ 피고가 이 사건 부동산을 사업장으로 한 사업자등록을 마치고 이 사건 부동산에서 영업을 하는 경우까지 상가건물 임대차보호법이 예정하고 있는 일시사용을 위한 임대차계약이라고 보기는 어려운 점 등을 고려하여 보면, 이 사건 임대차계약이 상가건물 임대차보호법 제16조에서 규정하고 있는 일시사용을 위한 임대차임이 명백한 경우에 해당한다고 할 수 없고, 달리 이를 인정할 증거가 없다.

따라서 이 사건 임대차계약에도 상가건물 임대차보호법이 적용된다고 봄이 타당하고, 피고가 2021. 4. 14. 원고들에게 이 사건 임대차계약의 갱신을 요구한 사실은 앞서 본 바와 같으므로, 이 사건 임대차계약은 상가건물 임대차보호법 제10조에 따라 갱신되어 피고는 이 사건 부동산을 점유할 정당한 권원이 있다고 할 것이다. 그러므로 이와 달리 이 사건 임대차계약이 일시사용을 위한 임대차계약이라는 점을 전제로 이 사건 부동산의 인도를 구하는 원고의 위 주장은 받아들이지 아니한다.

다. 결론

그렇다면 원고들의 이 사건 청구는 이유 없어 이를 각 기각하기로 하여 주문과 같이 판결한다.

(5) 수탁자의 점유허용 동의로 위탁자인 임대인과 임차인 사이에 대항력 있는 임차권이 성립되는 경우, 임차인은 제3자인 공매 낙찰자에게 명도를 거부할 수 있다

수탁자의 점유허용 동의로 위탁자인 임대인과 임차인 간 임대차계약 체결이 되어 대항력 있는 임차권을 확보한 임차인은 수탁자 및 제3자인 공매 낙찰자에게 대항할 수 있다. 이에 따라 임차보증금을 위탁자인 임대인으로부터 반환받지 못하면 임차인은 명도를 거부할 수 있다.

이 경우 공매 낙찰자는 대항력 있는 임차권의 부담 책임으로 신탁부동산을 저가로 낙찰받을 수 있고, 이후 낙찰자가 기존 임대인인 위탁자를 대신해서 임대차계약 만료 시 임차인에게 임차보증금을 법정 대위변제하고(점유 회수권 상실위험을 제거하기 위해서), 임차인을 명도할 경우 대위변제 금액 상당의 구상권을 기존 임대인에게 행사할 수 있다. 또한 임대인에게 재산이 있을 경우 이를 강제경매 해서 구상금을 회수하면 그만큼 별도의 이익을 얻게 된다.

한편 부동산담보신탁 등기 후 수탁자의 점유허용 동의로 위탁자와 임차인 간 임대차계약이 체결되더라도 임차보증금 반환 채무자는 수탁자가 아닌 위탁자이므로 수탁자는 임대인의 지위에 있지 않는다. 따라서 이를 공매로 낙찰받은 사람도 임대인의 지위에 있지 않으므로 임차보증금 반환 채무를 부담하지 않는다.

관련 판결

① 대법원 2019다300095(본소) 건물명도 2019다300101(반소) 보증금 반환
이 사건 신탁계약에서 수탁자의 사전 (점유)승낙 아래 위탁자 명의로 신탁부동산을 임대하도록 약정하였으므로 임대차보증금 반환 채무는 위탁자에게 있다고 보아야 하고, 이러한 약정이 신탁원부에 기재되었으므로 임차인에게도 대항할 수 있다. 따라서 이 사건 오피스텔에 관한 부동산담보신탁 이후에 위탁자인 ○○○로부터 이를 임차한 피고는 임대인인 ○○○를 상대로 임대차보증금의 반환을 구할 수 있을 뿐 수탁자인 한국토지신탁을 상대로 임대차보증금의 반환을 구할 수 없다. 나아가 한국토지신탁이 임대차보증금 반환의무를 부담하는 임대인의 지위에 있지 아니한 이상 그로부터 이 사건 오피스텔의 소유권을 취득한 원고가 주택임대차보호법 제3조 제4항에 따라 임대인의 지위를 승계하여 임대차보증금 반환의무를 부담한다고 볼 수도 없다고 판결했다.

② 대전지방법원 2019. 11. 28. 선고 2019나101272, 2019나117482 판결 [건물명도 · 보증금반환]

사건 2019나101272(본소) 건물명도
2019나117482(반소) 보증금반환
원고(반소피고), 항소인 A
피고(반소원고), 피항소인 B
제1심판결 대전지방법원 2018. 12. 20. 선고 2016가단27914 판결
변론종결 2019. 11. 14.
판결선고 2019. 11. 28.

주문

1. 원고(반소피고)의 본소에 대한 항소를 기각한다.
2. 이 법원에서 제기한 피고(반소원고)의 반소청구를 기각한다.
3. 소송 총비용 중 본소로 인한 부분은 원고(반소피고)가, 반소로 인한 부분은 피고(반소원고)가 각 부담한다.

청구취지 및 항소취지

1. 청구취지

본소 : 피고(반소원고, 이하 '피고'라 한다)는 원고(반소피고, 이하 '원고'라 한다)에게 10,234,513원 및 이에 대하여 원고의 2019. 9. 17.자 청구취지 및 청구원인 변경신청서 송달일 다음 날부터 다 갚는 날까지 연 12%의 비율로 계산한 돈을 지급하라(원고는 당초 아래 2.항과 같은 청구를 하였으나, 이 법원에서 명도 청구 부분에 해당하는 소를 취하하고, 금전 청구 부분을 위와 같이 감축하였다).
반소 : 원고는 피고에게 52,900,000원 및 이에 대하여 2017. 9. 15.부터 이 사건 반소장 부본 송달일까지는 연 5%, 그다음 날부터 다 갚는 날까지는 연 12%의 각 비율로 계산한 돈을 지급하라.

2. 항소취지

제1심판결을 취소한다. 피고는 원고에게 별지 목록 기재 부동산(이하 '이 사건 오피스텔'이라 한다)을 명도하고, 2016. 8. 31.부터 명도완료일까지 월 346,730원의 비율로 계산한 돈을 지급하라.

이유

본소와 반소를 함께 본다.

1. 인정사실

가. 원고는 2016. 8. 31. 이 사건 오피스텔을 공매 절차에서 취득한 자이고, 피고는 2007. 7. 3. 이 사건 오피스텔을 임차하여 거주하다가 2017. 9. 14. 퇴거한 자이다.

나. 이 사건 오피스텔에 관하여 2001. 2. 5. 주식회사 C(이하 'C'라 한다)이 신탁에 기한 소유권보존등기를 마쳤고, 2007. 1. 26. 주식회사 D(이후 상호가 '주식회사 E'로 변경되었다. 이하 상호 변경 전후를 불문하고 'D'라고만 한다)가 매매를 원인으로 한 소유권이전등기를 마쳤다가 같은 날 다시 C가 신탁을 원인으로 한 소유권이전등기를 마쳤으며, **2007. 6. 4. D가 신탁재산 귀속을 원인으로 한 소유권이전등기를 마쳤다가 같은 날 다시 C가 신탁을 원인으로 한 소유권이전등기를 마쳤다.**

다. D는 2007. 6. 4. 이 사건 오피스텔을 포함하여 F 오피스텔 162채에 관하여 G 단체 서현지점을 1순위 우선수익자로 하고, **C를 수탁자로 하는 부동산담보신탁계약(이하 '이 사건 신탁계약'이라고 한다)을 체결하였는데,** 그 주요 내용은 다음과 같다.

라. 우선수익자인 G단체 서현지점은 2007. 6. 4.경 C에 이 사건 오피스텔을 포함하여 F 오피스텔 162채에 관하여 다음과 같은 내용의 임대차(전세권설정) 동의서(이하 '이 사건 동의서'라 한다)를 작성하여 교부하였고, C는 이를 D에 교부하였다.

마. 피고는 2007. 7. 3. D와 이 사건 오피스텔에 관하여 임대보증금을 4,800만 원으로, 임대차기간을 2007. 7. 3.부터 2008. 7. 2.까지로 하는 임대차계약을 체결한 후 D에게 임대보증금 전액을 지급하고 이 사건 오피스텔을 인도받아 거주하면서 해당 주소로 주민등록을 이전하고 확정일자를 받았고, 2008. 7. 2. 임대보증금 5,080만 원으로 계약기간을 1년 연장하였으며, 2010. 7. 6. D의 요청에 따라 위 임대차계약을 임대보증금 5,290만 원, 임대차기간은 2010. 7. 2.부터 2011. 7. 1.로 하는 전세계약(이하 포괄하여 '이 사건 임대차계약'이라 한다)으로 변경하여 계속 거주하다가 2017. 9. 14. 퇴거하였다.

바. C는 2016. 6. 14. 이 사건 오피스텔을 포함하여 신탁물건 공매(입찰)공고를 하였고, **원고가 2016. 7. 28. C로부터 이 사건 오피스텔을 매매대금 2,552만 원에 매수하는 매매계약을 체결하고 대금을 완납한 후 2016. 8. 31. 소유권이**

전등기를 마쳤다.

사. 이 사건 오피스텔의 신탁물건 공매(입찰) 공고에 의하면, '10. 기타사항' 제4항에는 "공매대상물건의 명도(임차인, 지상권자, 전세권자, 유치권자 등), 제한물권 등(근저당권, 지상권, 전세권, 가압류, 가처분, 불법 점유 등) **일체의 법률적, 사실적 제한사항 및 권리관계의 말소 등의 처리는 매수자가 부담하고 매도자는 책임지지 않는 조건입니다**"라고 규정되어 있고, 제5항에는 "**공매대상물건 중 매도자에게 임차권을 주장할 수 있는 임차인이 존재할 경우 매수자가 임대인의 지위 및 임차차보증금반환 채무를 인수하여야 합니다**"라고 규정되어 있다.

아. 원고의 이 사건 오피스텔에 관한 매매계약서 제5조 제3항은 "**매매목적물에 점유자(임차인, 유치권자, 전세권자, 무단점유자 등 포함)가 있는 경우 이들에 대한 현황조사, 임차보증금 반환, 점유자 등의 명도 및 기타 발생할 수 있는 모든 문제는 을의 책임과 비용으로 처리하며 을은 매매목적물에 대항력 있는 임차인이 있는 경우 임대차계약을 승계하여야 하고, 동 임차인이 갑에게 임차보증금 반환을 청구할 경우 을이 제1조에 의한 매매대금 이외 추가로 부담하여 반환하여야 한다**"라고 규정되어 있다.

자. 원고는 이 사건 오피스텔을 취득한 이후에도 피고로부터 이 사건 오피스텔을 인도받지 못하고 있다가, 이 사건 항소심 계속 중이던 2019. 2. 14. 이 사건 오피스텔의 시정 장치를 교체하는 방법으로 이 사건 오피스텔의 점유를 취득하였다.

[인정근거] 다툼 없는 사실, 갑 제1 내지 4호증(가지번호가 있는 것은 가지번호 포함, 이하 같다), 을 제1 내지 5, 7, 19호증의 각 기재, 변론 전체의 취지

2. 당사자들의 주장

가. 원고

피고는 이 사건 임대계약 체결 당시 이 사건 오피스텔의 소유자가 아니었던 D로부터 이 사건 오피스텔을 임차한 임차인에 불과하여 이 사건 오피스텔의 소유자 C에 대하여 그 임대차의 유효성을 주장할 수 없고, 그 후 C로부터 이 사건 오피스텔을 취득한 원고에 대하여도 그 임대차의 유효성을 주장할 수 없다.

따라서 피고는 원고에게 원고가 이 사건 오피스텔 소유권을 취득한 날인 2016. 8. 31.부터 원고가 이 사건 오피스텔의 점유를 회수한 2019. 2. 14.까지 29개월 15일의 기간에 대하여 월 346,730원의 비율로 계산한 차임 상당의 부당이득금 10,234,513원 및 이에 대한 지연손해금을 지급하여야 한다. 또한 원고는 피고에 대하여 이 사건 임대차보증금의 반환의무를 부담하지 않는다.

나. 피고

이 사건 임대차계약 체결에 대하여 C의 명시적 또는 묵시적 승낙이 있었으므로 피고는 C 및 그 승계취득자인 원고에 대하여 이 사건 임대차를 주장할 수 있다. 따라서 피고는 정당한 권원에 의한 점유자이므로 원고에 대한 부당이득반환 의무를 부담하지 않는다.

또한 원고가 대항력 있는 임차인인 피고에 대한 임대차보증금 반환 채무를 승계하였으므로, 원고는 피고에게 이 사건 임대차보증금 5,290만 원 및 이에 대하여 피고의 퇴거일 다음 날인 2017. 9. 15.부터의 지연손해금을 지급할 의무가 있다.

3. 본소 청구에 대한 판단

가. 2016. 8. 31.(원고의 소유권 취득일)부터 2017. 9. 14.(피고의 퇴거일)까지의 기간에 대한 차임 상당 부당이득반환 청구에 대한 판단

1) 주택임대차보호법 제3조 제1항은 "임대차는 그 등기가 없는 경우에도 임차인이 주택의 인도와 주민등록을 마친 때에는 그다음 날부터 제삼자에 대하여 효력이 생긴다. 이 경우 전입신고를 한 때에 주민등록이 된 것으로 본다"라고 규정하고 있는데,

위 규정이 적용되는 임대차는 반드시 임차인과 주택의 소유자인 임대인 사이에 임대차계약이 체결된 경우에 한정되지는 않고, 주택의 소유자는 아니지만 주택에 관하여 적법하게 임대차계약을 체결할 수 있는 권한(적법한 임대 권한)을 가진 임대인과 사이에 임대차계약이 체결된 경우도 포함된다(대법원 1995. 10. 12. 선고 95다22283 판결, 대법원 2008. 4. 10. 선고 2007다38908, 38915 판결, 대법원 2019. 3. 28. 선고 2018다44879, 44886 판결 등 참조).

2) 위 법리에 비추어 이 사건을 살피건대, 먼저 D가 이 사건 임대차계약 체결 당시에 C의 동의 내지 승낙을 받음으로써 적법한 임대 권한이 있었는지에 관하여 본다.

을 제20호증의 기재에 의하면, D의 운영자들이 'C의 사전 승인이 없에도 마치 임대차계약 체결 권한이 있는 것처럼 임차인들을 기망하여 임대보증금을 편취하였다'는 공소사실(사기)로 기소된 사건(대전지방법원 2016고단2963호)에서, 'C가 D에 이 사건 동의서 원본을 교부하였고, 이후 D는 매달 몇 건의 임대차계약을 체결하면서 그에 관한 현황보고나 전세권설정(변경)을 요청하였는데 C는 임대차계약 체결 내용을 알면서 사전 승낙 여부에 관하여 어떠한 이의도 제기하지 않은 점, 이후 G단체 서현지점이 2009. 1. 30.경 C에 포괄 동의 철회 의사

를 통보한 후에도 D는 종전의 업무 방식과 같이 C에 대하여 오피스텔 및 상가에 관한 전세권설정 및 전세권변경 요청을 하거나 임대차계약 체결 현황에 관한 보고를 하였는데, C는 이에 대하여 어떠한 이의도 제기하지 않았던 것으로 보이는 점' 등을 이유로, 'C는 D에 이 사건 동의서 내용과 동일하게 임대차계약의 체결에 관하여 사전에 포괄 동의의 의사를 표시하였다'고 인정되어 무죄판결이 선고된 사실이 인정된다. 이러한 점에다가 을 제7, 10 내지 18호증의 각 기재 및 변론 전체의 취지를 종합해 보면, D가 C의 동의를 받아 피고와 이 사건 오피스텔에 관한 이 사건 임대차계약을 체결한 사실이 인정된다.

그렇다면 D는 적법한 임대 권한을 가지고 이 사건 임대차계약 체결하였으므로, 이 사건 임대차계약에는 주택임대차보호법 제3조 제1항이 적용된다.

3) 위 인정 사실에 의하면 **피고는 2007. 7. 3. 이 사건 오피스텔을 인도받고 주민등록을 마침으로써 그다음 날인 2007. 7. 4. 대항력을 취득**하였으므로, 주택임대차보호법 제3조 제1항에 따라 이 사건 임대차계약은 제삼자에 대하여 효력이 있고, 나아가 위 인정 사실에 비추어보면 이 사건 임대차계약은 2011. 7. 1. 그 기간이 만료한 후에도 2017. 9. 14. 피고가 퇴거할 때까지 묵시적으로 갱신되어 온 것으로 보이므로, 결국 원고가 이 사건 오피스텔의 소유권을 취득한 2016. 8. 31.부터 피고의 퇴거일인 2017. 9. 14.까지의 피고의 점유는 제삼자인 원고에 대하여 대항할 수 있는 임차권에 기한 점유이다. 따라서 피고의 위 점유가 불법점유임을 전제로 한 원고의 이 부분 차임 상당의 부당이득반환 청구는 이유 없다.

나. 2017. 9. 15.(피고의 퇴거일 다음 날)부터 2019. 2. 14.(원고의 점유회수일)까지의 기간에 대한 차임 상당 부당이득반환 청구에 대한 판단

법률상의 원인 없이 이득하였음을 이유로 한 부당이득의 반환에 있어 이득이라함은 실질적인 이익을 의미하므로, 임차인이 임대차계약 관계가 소멸된 이후에도 임차건물 부분을 계속 점유하기는 하였으나 이를 본래의 임대차계약상의 목적에 따라 사용·수익하지 아니하여 실질적인 이득을 얻은 바 없는 경우에는, 그로 인하여 임대인에게 손해가 발생하였다 하더라도 임차인의 부당이득반환 의무는 성립되지 아니한다(대법원 1995. 7. 25. 선고 95다14664, 14671 판결, 대법원 1995. 3. 28. 선고 94다50526 판결 등 참조).

위 법리에 비추어 이 사건을 살펴건대, 위 인정사실에 비추어 보면 피고가 2017. 9. 14. 이 사건 오피스텔에 퇴거하여 그다음 날인 2017. 9. 15.부터는

이 사건 오피스텔을 사용·수익함으로써 실질적인 이득을 얻은 바가 없다고 인정되므로, 2017. 9. 15.부터 2019. 2. 14.까지의 기간에 대한 원고의 차임 상당 부당이득반환 청구도 이유 없다.

4. 반소 청구에 대한 판단

가. 위 인정사실에 비추어 알 수 있는 다음의 사정을 종합해보면, C나 원고가 피고에 대한 이 사건 임대차보증금 반환 채무를 승계한다고 볼 수 없다.

1) C는 이 사건 임대차계약의 당사자가 아니고, 임대인인 D로부터 이 사건 임대차보증금 반환 채무를 인수한 사실도 없다.

2) C가 이 사건 임대차계약 체결에 대하여 동의한 사실이 인정됨은 앞서 본 바와 같다. 그러나 이 사건 동의서에 "수탁자는 전세금 반환에 책임이 없음을 확인한다"라고 명시적으로 기재되어 있는 점으로 볼 때, C의 위 동의는 'D가 체결한 임대차계약의 효력을 인정하고 그 임대차가 존속하는 동안에 소유권자로서 임차인에게 퇴거를 요구하는 등의 행위를 하지 않는다'는 것을 의미한다고 볼 수 있을 뿐, 이를 넘어서서 '이 사건 임대차보증금 반환 채무를 C가 인수한다'는 것까지 의미한다고 해석할 수는 없다. 이는 피고가 납부한 임대차보증금이 C가 아니라 D에게 귀속된 점으로 보더라도 그러하다.

3) D에게 적법한 임대 권한이 있어 주택임대차보호법 제3조 제1항에 따라 피고의 임차권은 제삼자에 대하여 대항할 수 있는 것임은 앞서 본 바와 같다. 그러나 위 대항력은 임대차가 존속하는 동안 임대인이 아닌 제삼자에 대하여도 이 사건 오피스텔에 관한 임차권을 주장하여 이를 사용·수익할 수 있다는 것을 의미할 뿐, 제삼자가 임대인의 임대차보증금 반환 채무를 당연히 승계한다는 것을 의미하지는 않는다.

4) 주택임대차보호법 제3조 제4항은 "임차주택의 양수인(그 밖에 임대할 권리를 승계한 자를 포함한다)은 임대인의 지위를 승계한 것으로 본다"라고 규정하고 있으나, C는 임대인인 D로부터 이 사건 오피스텔을 양수한 사실이 없고(보충설명 : 임대인의 지위 승계 없음), 원고는 임대인이 아닌 C로부터 이 사건 오피스텔을 양수한 것이어서, 위 규정이 이 사건에 적용될 여지는 없다.

5) 이 사건 신탁계약의 목적은 위탁자(D)의 우선수익자(G단체 서현지점)에 대한 채무의 이행을 담보하고 채무 불이행 시 신탁부동산을 환가·정산하는 데 있고, 우선수익자의 채권 만족은 결국 신탁부동산의 처분대금으로부터 얻게 된다(이 사건 신탁계약서 제1조, 제22조). 그런데 D가 수령한 임대차보증금의 반환 채

무를 C가 승계한다고 보게 되면, 이는 신탁부동산의 가치 하락 및 처분대금의 감소를 초래하여, 결국 우선수익자의 채권 만족을 어렵게 하는 결과로 이어지게 된다. 이는 이 사건 신탁계약의 목적에 반한다.

6) 위와 같은 담보신탁의 구조 및 성격, 이 사건 신탁계약과 이 사건 동의서의 내용 등에 비추어 볼 때, 이 사건 오피스텔의 신탁물건 공매(입찰) 공고 제5항("공매 대상물건 중 매도자에게 임차권을 주장할 수 있는 임차인이 존재할 경우 매수자가 임대인의 지위 및 임대차보증금반환 채무를 인수하여야 합니다"), 원고의 이 사건 오피스텔에 관한 매매계약서 제5조 제3항("매수인은 매매목적물에 대항력 있는 임차인이 있는 경우 임대차계약을 승계하여야 하고, 동 임차인이 매도인에게 임차보증금 반환을 청구할 경우 매수인이 제1조에 의한 매매대금 이외 추가로 부담하여 반환하여야 한다") 등의 규정은, 매도인인 C가 임대차보증금 반환 채무를 부담하는 임대차가 있는 경우(예컨대 신탁계약 체결 전에 D와 임차인 간에 체결한 임대차계약으로서 임대인 명의를 C로 갱신하고 임대차보증금을 D와 C 사이에 인수·인계한 경우, 이 사건 신탁계약서 제10조 제1항 참조)를 전제로 한 규정이라고 해석되고, 따라서 C가 부담하지 않는 피고에 대한 이 사건 임대차보증금 반환 채무를 원고가 승계한다고 볼 수는 없다.

나. 그렇다면 C나 원고가 피고에 대한 이 사건 임대차보증금 반환 채무를 승계하였음을 전제로 한 피고의 이 사건 반소청구는 이유 없다.

5. 결론
이 사건 본소청구 및 반소청구는 모두 이유 없어 이를 모두 기각하여야 한다. 이 사건 본소 청구를 기각한 제1심판결은 정당하고 원고의 항소는 이유 없으므로 이를 기각하고, 이 법원에서 제기된 피고의 반소 청구는 이유 없으므로 이를 기각하기로 하여, 주문과 같이 판결한다.
판사 김○덕(재판장) 곽○경 송○환

③ **대법원 2022. 2. 17. 선고 2019다300095, 2019다300101 판결 [건물명도·보증금반환]**
판시사항

[1] 신탁계약의 내용이 신탁등기의 일부로 인정되는 신탁원부에 기재된 경우, 이로써 제3자에게 대항할 수 있는지 여부(적극)

[2] 위탁자인 갑 주식회사와 수탁자인 을 신탁회사가 체결한 오피스텔에 관한 부동산담보신탁계약에는 '위탁자는 수탁자의 사전 승낙을 받아 위탁자의 명의로 신탁부동산을 임대한다'는 조항이 있어 그 내용이 신탁원부에 기재되었고, 신탁을 원인으로 을 회사 명의의 소유권이전등기가 마쳐진 후 을 회사가 우선수익자로부터 '갑 회사의 임대차계약 체결에 동의하되, 수탁자는 보증금 반환에 책임이 없다'는 취지의 동의서를 작성·교부받아 이를 갑 회사에 교부하자, 갑 회사가 병과 임대차계약을 체결한 후 오피스텔을 인도하여 병이 그때부터 오피스텔에 거주하면서 주민등록을 이전하고 확정일자를 받았는데, 그 후 오피스텔을 공매로 취득한 정이 병을 상대로 건물명도를 구하는 소를 제기하자, 병이 반소로 정에게 보증금반환을 구한 사안에서, 신탁계약에서 수탁자의 사전 승낙 아래 위탁자 명의로 신탁부동산을 임대하도록 약정하였으므로 임대차보증금 반환 채무는 위탁자에게 있고, 이러한 약정이 신탁원부에 기재되어 임차인에게도 대항할 수 있으므로, 임차인인 병은 임대인인 갑 회사를 상대로 임대차보증금의 반환을 구할 수 있을 뿐 수탁자인 을 회사를 상대로 임대차보증금의 반환을 구할 수 없고, 을 회사가 임대차보증금 반환의무를 부담하는 임대인의 지위에 있지 아니한 이상 그로부터 오피스텔의 소유권을 취득한 정이 주택임대차보호법 제3조 제4항에 따라 임대인의 지위를 승계하여 임대차보증금 반환의무를 부담한다고 볼 수도 없다고 한 사례

원고(반소피고), 피상고인 A 소송대리인 변호사 한○동
피고(반소원고), 상고인 C 소송대리인 법무법인 새○로 담당변호사 윤○구, 조○영
원심판결 대전지방법원 2019. 11. 28. 선고 2019나101272(본소), 2019나117482(반소) 판결
판결선고 2022. 2. 17.
주문
상고를 기각한다.
상고비용은 피고(반소원고)가 부담한다.

이유

상고이유(상고이유서 제출기간이 지난 다음 제출된 준비서면의 기재는 상고이유를 보충하는 범위에서)에 대하여 판단한다.

1. 신탁법은 신탁재산의 독립성을 제3자에게도 대항할 수 있도록 신탁재산의 공시에 관한 독자적인 규정을 두고 있다. 구 신탁법(2011. 7. 25. 법률 제10924호로 전부개정되기 전의 것) 제3조 제1항은 "등기 또는 등록하여야 할 재산권에 관하여는 신탁은 그 등기 또는 등록을 함으로써 제3자에게 대항할 수 있다"라고 정하고 있고, 구 부동산등기법(2007. 5. 17. 법률 제8435호로 개정되기 전의 것) 제123조, 제124조는 신탁의 등기를 신청하는 경우에는 ① 위탁자, 수탁자 및 수익자 등의 성명, 주소, ② 신탁의 목적, ③ 신탁재산의 관리 방법, ④ 신탁 종료의 사유, ⑤ 기타 신탁의 조항을 기재한 서면을 그 신청서에 첨부하도록 하고 있고, 그 서면을 신탁원부로 보며 다시 신탁원부를 등기부의 일부로 보고 그 기재를 등기로 본다고 정하고 있다. 따라서 신탁계약의 내용이 신탁등기의 일부로 인정되는 신탁원부에 기재된 경우에는 이로써 제3자에게 대항할 수 있다(대법원 2004. 4. 16. 선고 2002다12512 판결 참조).

2. 원심판결 이유와 원심이 적법하게 채택한 증거에 의하면 다음과 같은 사실을 알 수 있다.

가. 주식회사 E(이하 'E'라 한다)는 2007. 6. 4. 이 사건 오피스텔을 포함한 H 오피스텔 162채에 관하여 I단체(이하 'I단체'라 한다)(취급지점 : 서현지점)를 1순위 우선수익자로, 주식회사 D(이하 'D'이라 한다)를 수탁자로 하는 부동산담보신탁계약을 체결하였고, D는 신탁을 원인으로 한 소유권이전등기를 마쳤다.

나. 이 사건 신탁계약상 위탁자는 수탁자의 사전 승낙을 받아 위탁자의 명의로 신탁부동산을 임대하도록 정하고 있었고(제9조 제2항 및 제10조 제3항), 이러한 신탁계약의 내용이 신탁원부에 기재되었다.

다. 우선수익자인 I단체는 2007. 6. 4.경 D에 이 사건 오피스텔에 관하여 'E의 임대차계약 체결에 동의하되, 수탁자는 보증금 반환에 책임이 없다'는 취지의 동의서를 작성하여 교부하였고, D는 이를 E에 교부하였다.

라. 피고(반소원고, 이하 '피고'라고만 한다)는 2007. 7. 3. E와 이 사건 오피스텔에 관하여 임대차계약을 체결한 후 이 사건 오피스텔을 인도받아 거주하면서 해당 주소로 주민등록을 이전하고 확정일자를 받았고, 이후 임대차계약을 연장

하면서 계속 거주하다가 2017. 9. 14. 퇴거하였다.

마. 원고(반소피고, 이하 '원고'라고만 한다)는 2016. 8. 31. 공매 절차에서 이 사건 오피스텔을 취득하였다.

3. 위 사실관계를 앞서 본 법리에 비추어 살펴본다.

이 사건 신탁계약에서 수탁자의 사전 승낙 아래 위탁자 명의로 신탁부동산을 임대하도록 약정하였으므로 임대차보증금 반환 채무는 위탁자에게 있다고 보아야 하고, 이러한 약정이 신탁원부에 기재되었으므로 임차인에게도 대항할 수 있다. 따라서 이 사건 오피스텔에 관한 부동산담보신탁 이후에 위탁자인 E로부터 이를 임차한 피고는 임대인인 E를 상대로 임대차보증금의 반환을 구할 수 있을 뿐 수탁자인 D를 상대로 임대차보증금의 반환을 구할 수 없다. 나아가 D가 임대차보증금 반환의무를 부담하는 임대인의 지위에 있지 아니한 이상 그로부터 이 사건 오피스텔의 소유권을 취득한 원고가 주택임대차보호법 제3조 제4항에 따라 임대인의 지위를 승계하여 임대차보증금 반환의무를 부담한다고 볼 수도 없다.

원심은 이와 같은 취지에서 원고를 상대로 임대차보증금의 반환을 구하는 피고의 반소청구를 기각하였다. 이러한 원심의 판단은 앞서 본 법리에 따른 것으로서 거기에 상고이유 주장과 같이 신탁부동산에 관한 보증금반환 채무의 귀속 및 주택임대차보호법상 임대인 지위 승계에 관한 법리를 오해하여 판결에 영향을 미친 잘못이 없다.

한편 피고가 상고이유에서 들고 있는 대법원 2014. 7. 24. 선고 2012다62561, 62578 판결은 수탁자의 사전 승낙을 받아 위탁자가 임대차계약을 체결하도록 정하고 있음에도 수탁자의 사전 승낙을 받지 못한 사안이고, 대법원 2019. 3. 28. 선고 2018다44879, 44886 판결은 수탁자의 동의 없이 임대차계약을 체결하였다가 수탁자로부터 소유권을 회복한 사안으로, 수탁자의 동의를 받아 위탁자가 체결한 임대차계약의 효력이 문제되는 이 사건과 사안을 달리하는 것이어서 이 사건에 원용하기 적절하지 않다.

4. 그러므로 상고를 기각하고, 상고비용은 패소자가 부담하도록 하여, 관여 대법관의 일치된 의견으로 주문과 같이 판결한다.

대법관 오○미(재판장) 김○수(주심) 박○화 노○악

④ 대법원 2023. 11. 9. 선고 2023다257600 판결 [임대차보증금반환]

상가건물 임대차에서 기간 만료나 당사자의 합의 등으로 임대차가 종료된 경우에도 상가건물 임대차보호법(이하 '상가임대차법'이라고 한다) 제9조 제2항에 의하여 임차인은 보증금을 반환받을 때까지 임대차 관계가 존속하는 것으로 의제된다. 이는 임대차기간이 끝난 후에도 상가건물의 임차인이 보증금을 반환받을 때까지는 임차인의 목적물에 대한 점유를 임대차기간이 끝나기 전과 마찬가지 정도로 강하게 보호함으로써 임차인의 보증금반환채권을 실질적으로 보장하기 위한 것이다. 따라서 상가임대차법이 적용되는 상가건물의 임차인이 임대차 종료 이후에 보증금을 반환받기 전에 임차 목적물을 점유하고 있다고 하더라도 임차인에게 차임 상당의 부당이득이 성립한다고 할 수 없다.

위와 같은 상가임대차법 제9조 제2항의 입법 취지, 상가건물 임대차 종료 후 의제되는 임대차관계의 법적 성격 등을 종합하면, 상가임대차법이 적용되는 임대차가 기간 만료나 당사자의 합의, 해지 등으로 종료된 경우 보증금을 반환받을 때까지 임차 목적물을 계속 점유하면서 사용·수익한 임차인은 종전 임대차계약에서 정한 차임을 지급할 의무를 부담할 뿐이고, 시가에 따른 차임에 상응하는 부당이득금을 지급할 의무를 부담하는 것은 아니다.

(6) 임차인의 계약이 갱신되면 전대차에 대해 임대인으로부터 임차인이 재차 전대차 갱신 동의를 받을 필요가 없다

관련 판결

광주지방법원 2022. 6. 23. 선고 2021나62347 판결 [건물인도]

원고의 청구는 상가건물의 임차인이 임대인으로부터 동의를 받아 목적물을 전대하였다고 하더라도 그 후 임차인의 요구에 따라 임대차계약이 갱신되면 전대에 관하여 다시 동의를 받아야 하고, 만약 동의를 받지 못하면 무단으로 전대한 것이 된다는 것을 전제로 하는 것이므로, 위와 같은 원고 청구의 전제에 관하여 먼저 판단한다.

살피건대, 당사자 사이에 다툼이 없거나 상가건물 임대차보호법의 제반 규정의 해석에 따라 인정되는 다음과 같은 사정 내지 법리에 비추어 보면, 상가건물에 관한 임대차계약이 임차인의 갱신 요구에 따라 갱신되는 경우 전 임대차에 관하여 전대의 동의가 있었다면 임대차계약이 갱신된 후에도 그 동의의 효력은 그대로 유지된다고 보아야 한다. 따라서 이와 다른 전제에 서는 원고의 청구는 더 나아가 살펴볼 필요 없이 이유 없다.

① 상가건물 임대차보호법 제3조 제2항은 같은 조 제1항이 정한 대항요건을 갖춘 임차건물의 양수인은 임대인의 지위를 승계한 것으로 본다고 규정하고 있는데, 이는 법률상의 당연승계 규정으로 보아야 하므로, 임차건물이 양도된 경우에 그 양수인은 건물의 소유권과 결합하여 임대인의 임대차계약상의 권리·의무 일체를 그대로 승계한다(대법원 2013. 1. 17. 선고 2011다49523 전원합의체 판결 등 참조). 피고가 이 사건 임대차계약에 관하여 위 대항요건을 갖추었으므로, 원고는 이 사건 건물의 양수인으로서 전 임대인인 소외 회사의 이 사건 임대차계약상 권리·의무 일체를 승계한다. 한편, 피고가 소외 회사로부터 F에 대한 전대의 동의를 받은 사실은 앞서 본 바와 같고, 위 전대는 이 사건 임대차계약상 이 사건 건물의 사용, 수익 방법에 관한 변경을 내용으로 하는 것으로서 이에 대하여 소외 회사가 동의하여 그에 관한 합의가 성립한 이상 이 사건 임대차계약의 내용에 반영되어 임대차계약상의 권리·의무의 일부로서 이 사건 건물을 양수한 원고에게 그대로 승계되었다고 볼 수 있다.

② 상가건물 임대차보호법 제10조 제1항 본문에 의하면, 임대인은 임차인이 임대차기간이 만료되기 6개월 전부터 1개월 전까지 사이에 계약갱신을 요구할 경우 정당한 사유 없이 거절하지 못하고, 제3항에 의하면, 갱신되는 임대차는 '전 임대차와 동일한 조건'으로 다시 계약된 것으로 보되, 다만 차임과 보증금은 증감할 수 있다고 정해져 있다. 위 규정에서 언급하는 '전 임대차와 동일한 조건'은 임대차계약의 내용을 이루는 모든 사항을 의미하는 것이라 할 것이고, 전대의 동의는 앞서 본 바와 같이 이 사건 건물의 사용, 수익 방법에 관한 변경에 관한 합의로서 전 임대차계약의 내용에 포함되므로 **상가건물에 관한 임대차계약이 임차인의 갱신 요구에 따라 갱신되는 경우 전 임대차에 관하여 전대의 동의가 있었다면 임대차계약이 갱신된 후에도 그 동의의 효력은 '전 임대차와 동일한 조건'으로서 그대로 유지된다고 보아야 한다.**

③ 또한 위 법 제13조 제2항에 의하면, 임대인의 동의를 받고 전대차계약을 체결한 전차인은 임차인의 계약갱신요구권 행사기간 이내에 임차인을 대위하여 임대인에게 계약갱신요구권을 행사할 수 있는바, 위 규정은 임차인의 갱신 요구에 따라 임대차계약이 갱신되는 경우 전 임대차에 관하여 있었던 전대 동의의 효력이 그대로 유지됨을 전제로 하는 것으로 보인다(만약 전대 동의의 효력이 유지되지 않는다면 임대인으로서는 자신이 동의하지 않는 전차인의 전차인으로서의 권리를 부인할 수 있다고 할 것이므로 위 규정은 의미를 잃게 된다).

(7) 기존 임대인이 적법한 관리권을 가질 경우 임차보증금을 반환하고 임차인에게 명도 청구를 할 수 있다

위탁자가 부동산담보신탁계약에 따라 임대인의 지위를 유지하는 관리권을 가질 경우 임대기간 만료 시 기존 임대인이 관리권의 행사로 임차보증금을 반환하고, 임차인에게 명도 청구를 할 수 있다. 이에 임차보증금 미반환 시 대항력 있는 임차권을 확보한 임차인은 수탁자 및 제3자인 공매 낙찰자에게 대항할 수 있어, 임차보증금을 위탁자인 임대인으로부터 반환받지 못하면 공매 낙찰자에게 명도를 거부할 수 있다.

기존 대항력(주민등록 전입신고 및 점유) 있는 임차권을 수탁자가 승계하지 않고, 기존 임대인인 위탁자가 유지하면서 관리권을 가지는 경우에 기존 임대인이 임차보증금을 반환하지 않으면, 임차인은 대항력이 있어 계속 점유권을 가지고 기존 임대인의 명도 청구를 거부할 수 있다. 그리고 임차인은 임대인의 지위를 승계하지 않은 수탁자에게 직접 임대차보증금 반환 청구권을 행사할 수 없지만, 제3자인 수탁자에게도 명도 거부권은 있어 동 임차인을 명도시키려면 수탁자는 임차보증금 반환 채무자는 아니지만 대항력 있는 임차권의 책임을 부담함으로써 수탁자가 임차보증금을 법정 대위변제 해야 (점유 회수권 상실위험 방어) 임차인을 명도시키고 점유를 회수할 수 있다.

이 경우 결과적으로는 수탁자가 임대인의 지위를 승계하는 것과 같다. 이때 수탁자로부터 소유권을 이전받는 공매 낙찰자도 임대인의 지위 승계를 하지 않지만, 대항력 있는 임차권의 책임을 부담하는 조건으로 낙찰을 받게 되므로 공매 감정가격에서 동 임차보증금만큼 차감한 금액 이내에서 입찰가를 산정 후 낙찰받아야 한다. 사실상 임차권의 책임을 떠안아 승계한 낙찰자는 결국 임대인의 지위 승계에 따른 임차보증금 반환 채무를 승계한 경우와 같아지게 된다.

대항력 있는 임차권의 부담 책임으로 신탁부동산을 저가로 낙찰 후 낙찰자가 기존 임대인인 위탁자를 대신해서 임차인에게 임차보증금을 법정 대위변제하고 임차인을 명도할 경우, 대위변제 금액 상당의 구상권을 기존 임대인에게 행사할 수 있고, 임대인에게 재산이 있을 경우 강제경매로 구상금을 회수하면 그만큼 별도의 이익을 얻게 된다.

관련 판결

대전지방법원 2020. 12. 10. 선고 2019가단100315 판결 [건물명도(인도)]
2. 승계참가신청의 적법 여부에 대한 판단
가. 피고는, 이 사건 상가는 2019. 12. 30. G로 소유권이 이전되어 수탁자인 G가 소유자이지 신탁자인 승계참가인이 소유자가 아니므로 승계참가인의 참가 신청은 부적법하다고 주장한다.

나. 판단
민사소송법 제81조에 의하면 소송이 법원에 계속되어 있는 동안에 제3자가 소송 목적인 권리 또는 의무의 전부 또는 일부를 승계한 경우 제3자는 참가의 취지와 이유를 밝혀 소송이 계속된 법원에 승계참가 신청을 할 수 있다.

원고는 전 임대인 D로부터 이 사건 상가를 매수한 후 피고를 상대로 건물명도 및 미납 금원 지급을 구하는 이 사건 소를 제기하였고, 이 사건 소송 계속 중인 2019. 12. 30. 승계참가인에게 2019. 12. 26.자 대물변제를 원인으로 **이 사건 상가를 포함한 이 사건 빌딩에 관한 소유권이전등기를 마쳐주었고, 승계참가인은 2019. 12. 30. 같은 날 신탁을 원인으로 G에 이 사건 빌딩에 대한 신탁등기를 마쳐주었으며**, 원고 또한 E은행과 주식회사 F에 신탁등기를 했고, 이 사건 임대차기간은 2020. 4. 8.까지인 사실은 앞서 본 바와 같다. 그런데 상가건물 임대차보호법(이하 '상가임대차법') 제3조 제2항에 따라 G가 이 사건 상가의 최종 양수인으로, D, 원고, 승계참가인을 거쳐 임대인 지위를 승계하는 것인지, 그렇다면 승계참가인은 임대인의 지위를 상실한 것은 아닌지 문제될 수 있다.
살피건대, 상가임대차법 제3조 제2항의 규정에 따라 임대인의 지위를 승계하는 임차상가의 양수인이 되려면 상가를 임대할 권리나 이를 수반하는 권리를 종국적·확정적으로 이전받게 되는 경우라야 하는데(대법원 2002. 4. 12. 선

고 2000다70460 판결 등 참조),

갑 제11호증의 각 기재와 변론 전체의 취지에 의하여 알 수 있는 다음의 사정, 즉 원고와 E는행 사이에 체결된 부동산신탁계약에 의하면, '신탁부동산에 관한 임대차계약을 체결하는 경우에도 **임대차계약은 위탁자 이름으로 체결하고, 임차인으로부터 임대차보증금 및 임대료 등을 직접 받기로 한다. 다만 위탁자는 임대차계약 체결 시 임대차계약상 임대인은 위탁자이며 임대차보증금 반환의무는 위탁자가 부담한다는 내용을 임차인에게 명확히 알려야 한다'**고 규정하고(부동산담보신탁계약서 제11조 제1항),

수탁자는 등기부등본상의 소유권 관리와 우선수익자의 요청에 따른 소유권 이전(처분) 업무만을 수행하며 실질적인 관리업무 및 보존행위는 위탁자가 우선수익자의 동의를 받아 자기 책임과 부담으로 수행하며(위 계약서 특약사항 제6조 제1항),

신탁부동산 위에 현존하는 건축물의 **기존 임차인에 대한 명도 책임은 위탁자가 부담한다고 되어 있어**(위 계약서 특약사항 제6조 제2항), 위 부동산신탁계약은 이 사건 상가의 사용·수익권(적어도 기존 임대차계약상의 임대인 지위를 포함한 관리권)은 위탁자인 원고에게 그대로 둔 채 이 사건 상가의 대·내외적인 소유권과 처분권만을 수탁자인 E는행에 이전하기로 하는 내용이라고 봄이 타당하다. 또한 승계참가인과 G 사이에 체결된 부동산신탁계약에 의하면, '이 신탁계약 이전에 위탁자와 임차인 간에 체결한 임대차계약이 있을 경우 그 임대차계약은 그 상태로 유효하며 임대차보증금의 반환의무, 기타 임대인으로서의 책임 및 권리 등 위탁자가 임대인의 지위를 계속하여 유지하는 것으로 한다'(위 계약 제10조 제1항)고 규정되어 있어, 위 부동산신탁계약 또한 이 사건 상가 사용·수익권(적어도 기존 임대차계약상의 임대인 지위를 포함한 관리권)은 위탁자인 승계참가인에게 그대로 둔 채 이 사건 상가의 대·내외적인 소유권과 처분권만을 수탁자인 G에 이전하기로 하는 내용이라고 봄이 타당하다.
그렇다면, 승계참가인이 이 사건 소송 계속 중 원고로부터 이 사건 상가를 임대할 권리나 이를 수반하는 권리를 이전받았고 G에 대한 신탁등기에도 불구하고 승계참가인이 여전히 이 사건 상가에 대한 임대인으로서의 지위를 가지고 있다고 판단된다.

따라서 승계참가인이 '소송이 법원에 계속되어 있는 동안에 소송목적의 권리 또는 의무의 전부나 일부를 승계한 경우'에 해당하므로 피고의 위 주장은 받아들일 수 없다.

3. 청구에 대한 판단

가. 이 사건 상가 명도 청구

위 인정 사실에 의하면, **이 사건 임대차는 2020. 4. 8. 기간 만료로 종료하였다 할 것이므로, 특별한 사정이 없는한 피고는 현 임대인인 승계참가인에게 이 사건 상가를 인도할 의무가 있다**(차임 연체를 이유로 한 임대차계약 해지로 인한 명도 주장에 대하여 따로 판단하지 않는다).

피고는 이 사건 임대차계약에 대해 갱신요구권을 행사하여 이 사건 임대차계약이 아직 종료되지 않았다고 주장하나, 이를 인정할 증거가 없으므로 피고의 위 주장은 받아들일 수 없다.

따라서 승계참가인의 위 청구는 이유 있다.

나. 임차인이 공매 낙찰자에게 대항력 있는 임차권을 주장하지 못하고, 명도 의무를 부담하는 경우

(1) 수탁자의 동의 없이 위탁자가 무단 임대차계약을 체결한 경우, 임차인은 공매 낙찰자에게 대항하지 못한다

신탁등기 후 수탁사의 동의 없이 전 소유자인 위탁자가 타인에게 부동산을 임대 시 임차인은 수탁사에 대해 공매대금 청구권 등 아무런 권리를 주장할 수 없다. 임차인은 최종 소유자인 수탁사와 임대차계약이 부존재하기 때문에 신탁등기 후 전 소유자인 신탁자와 임차인 간의 임대차계약을 근거로는 임차인이 불법 점유자로서 수탁자 및 이를 매수한 공매 낙찰자에게 대항할 수 없다.

따라서 공매 낙찰자가 이 사건 부동산의 소유권을 소외 수탁자로부터 공매(매매)로 취득했으므로, 임차인은 이 사건 부동산에 관한 점유권원을 주장·입증하지 못하는 한, 공매 낙찰자의 소유권에 기한 반환청구권(민법 제213조) 내지 소유권에 기한 방해배제 청구권의 행사에 따라 임차인은 공매 낙찰자에게 이 사건의 부동산을 인도할 의무가 있다.

(2) 판결 사례를 살펴보자

① 수원지방법원 성남지원 2021. 11. 10. 선고 2021가단211289 판결 [건물인도 인용]

한편, C와 원고 사이의 신탁계약에 의하면, "위탁자(C)는 수탁자(원고)의 사전승낙이 없는 경우에는 신탁부동산에 대하여 임대차 등 권리의 설정 또는 그 현상을 변경하는 등의 방법으로 가치를 저감하는 행위를 하여서는 아니 된다(제9조 제2항).",

"신탁기간 중 **임대인 명의를 위탁자로 하는 새로운 임대차계약을 체결하는 경우 제9조 제2항에 따라 수탁자의 사전승낙을 득하여야 한다.** 이 경우 수탁자는 임대차계약과 관련하여 권리의무를 부담하지 않으며, 제18조의 경우에 임차인에 대한 명도청구 등 수탁자의 조치사항을 임대차계약서에 명기하여야 한다(제10조 제3항).",

"제3항의 규정에도 불구하고 **위탁자가 임의로 체결한 임대차계약은 이로써 수탁자에게 그 효력을 주장할 수 없다(제10조 제4항)**"고 규정되어 있는데, 이 사건 임대차계약 체결 당시 C가 **수탁회사인 원고로부터 이 사건 임대차에 관하여 동의를 얻지 않았다.**
[인정근거] 다툼 없는 사실, 갑 제2호증의7, 제3호증, 제6호증의5의 각 기재, 변론 전체의 취지

2. 판단
위 인정사실에 의하면, 피고는 이 사건 임대차계약 체결에 관하여 수탁회사의 동의

를 받지 않아 적법한 임대 권한이 없는 C와의 사이에 이 사건 임대차계약을 체결한 것으로, 수탁회사인 원고에 대하여 이 사건 임대차계약의 효력을 주장할 수 없다. 따라서 피고는 이 사건 부동산을 무단 점유하고 있다고 보아야 하므로, 피고는 원고에게 이 사건 부동산을 인도할 의무가 있다.

② 서울중앙지방법원 2022. 11. 8. 선고 2021가단5325175, 2022가단 5140951 판결 [건물인도 인용]

1) 한편 이 사건 부동산에 관한 신탁계약상 G는 E의 사전승낙을 얻어 이 사건 부동산에 관한 임대차계약을 체결할 수 있다고 규정된 사실, 이 사건 임대차계약은 **E의 승낙 없이 체결된 사실은 앞서 본 바와 같다.**

   따라서 피고 회사는 신탁계약에 따라 이 사건 부동산의 대내외적 소유권이 E에게 이전된 후 **수탁자인 E의 사전승낙 없이 체결된 이 사건 임대차계약으로 E 및 E로부터 소유권을 이전받은 원고들에게 대항할 수 없다.**

2) 피고 회사의 주장에 대한 판단

   이에 대하여 피고 회사는 이 사건 임대차계약에 대하여 **E의 승낙을 받았고, 대항력을 취득한 임차인에 해당하여 원고들에게 대항할 수 있다고 주장한다.**

   을 제3 내지 5호증의 각 기재에 의하면 G와 피고는 2018. 5. 29. 이 사건 부동산에 관하여 임대차보증금 없이 월 차임 350만 원, 임대차기간 2019. 6. 10.부터 2021. 6. 9.까지로 정하여 임대차계약을 체결한 사실, E는 2019. 6. 18. '위와 같은 내용의 임대차계약 체결에 동의하되 수탁자인 E는 소유권관리업무 외에 임대차계약상 임대인으로서 보증금 반환, 비용상환 등 어떠한 의무도 부담하지 아니하며 임대인(위탁자)이 임대인으로서 책임을 부담한다'는 취지의 동의서를 작성하여 교부한 사실이 인정되나, **앞서 본 바와 같이 2019. 6. 21. G와 피고 회사가 계약 내용을 달리하는 이 사건 임대차계약을 체결함으로써 위 2018. 5. 29.자 임대차계약의 효력은 소멸하였다고 보는 것이 타당하고, 이 사건 임대차계약에 관하여 E의 승낙을 받지 않은 이상 피고 회사는 원고들에 대하여 임차권을 주장할 수 없다.** 피고 회사의 주장은 이유 없다.

③ 수원지방법원 평택지원 2021. 7. 7. 선고 2020가단62127 판결 [건물인도 인용]

주문
1. 피고는 원고에게 별지 목록 기재 부동산을 인도하라.
2. 소송비용은 피고가 부담한다.
3. 제1항은 가집행할 수 있다.

이에 대하여 피고는, 원고의 동의하에 이 사건 부동산의 **위탁자인 C와의 사이에 이 사건 임대차계약을 체결하여 이 사건 부동산을 점유하고 있으므로, 임차인으로서 이 사건 부동산을 적법하게 점유할 권리가 있다고 주장한다.**

살피건대, 원고가 2018. 9. 19. C와의 사이에 이 사건 부동산에 관하여 부동산담보신탁계약을 체결하고 같은 날 신탁을 원인으로 소유권이전등기를 마친 사실은 앞서 인정한 바와 같고, 앞서 본 증거에 의하면 이 사건 신탁계약에 따라 위탁자인 C는 수탁자와 우선수익자의 사전동의 없이는 신탁재산인 이 사건 부동산에 관하여 임대차계약의 체결 등 행위를 할 수 없는 사실(이 사건 신탁계약 제6조 제1항)이 인정된다.

이에 따르면, **이 사건 부동산에 관한 원고 명의의 신탁등기 이후 피고가 원고의 사전 동의 없이 C와 임대차계약을 체결한 뒤 이 사건 부동산의 점유를 이전받아 임차권을 행사하는 것은 이 사건 신탁계약의 내용을 위반하는 것으로서 원고에 대하여 그 임대계약의 효력을 주장할 수 없다**(피고는 원고의 사전동의가 있었다고 주장하나, 피고가 제출하는 증거만으로는 이 사건 임대차계약에 관한 원고의 사전 동의가 있었다고 인정하기에 부족하고, 달리 이를 인정할 만한 증거가 없다).

④ **서울서부지방법원 2020. 6. 18. 선고 2019가합35766 판결 [건물명도 및 부당이득반환 인용]**

상가임대차법상의 대항력 있는 임차인이라는 주장에 관한 판단
가) 피고 B는 E와 2015. 2. 17. 체결한 임대차계약에 따른 상가임대차법상의 대항력을 취득하였기 때문에 정당한 점유 권원이 있다고 주장하고 있는데, 앞서 본 바와 같이 2015. 5. 13. 이전에 체결된 임대차계약의 경우 그 보증금액이

상가임대차법의 적용범위에 해당하여야지만 대항력에 관한 상가임대차법 제3조 규정이 적용되므로, 먼저 2015. 2. 17. 체결된 피고 B와 E 사이의 임대차계약상 보증금액이 당시 시행 중이던 상가임대차법상 적용범위에 포함되는지 여부에 관하여 본다.

당시 시행 중이던 구 상가임대차법(2015. 5. 13. 법률 제13284호로 개정되기 전의 것, 이하 '구 상가임대차법'이라 한다)은 동법 시행령(대통령령 제25036호) 제2조 제1항 제1호에 의하여 서울특별시의 경우 보증금액이 4억 원 이하인 임대차에만 적용되는데, 피고 B의 주장에 의하더라도 피고 B와 E 사이에 2015. 2. 17. 체결된 임대차계약의 임대차보증금은 9억 원으로 구 상가임대차법의 적용 대상이 아님은 명백하다[원고가 주장하는 임대차계약상 임대차보증금도 그 환산 보증금액이 450,000,000원{ = 임대차보증금 100,000,000원 + 차임 환산 금액 350,000,000원(= 3,500,000원 × 100/1)}에 이르므로 구 상가임대차법의 적용 대상이 아님은 동일하다].

나) 이에 대하여 피고 B는, 위 2015. 2. 17. 체결된 임대차계약은 2017. 2. 16. 기간 만료로 종료된 이후 2017. 2. 17.부터 현재까지 1년마다 묵시적으로 갱신되어 왔고, 적어도 피고 B의 사업자등록신청서에 첨부된 임대차계약서상의 임대차보증금 4억 원에 대하여는 대항력이 인정된다는 취지로 주장한다.

살피건대, 2015. 5. 13. 이전에 체결된 임대차계약이라 하더라도 개정된 법 시행일인 2015. 5. 13. 이후 갱신되는 경우 그 시점부터는 보증금액의 제한 없이 제3조의 대항력에 관한 규정이 적용되기는 하나, 위 임대차계약이 최초 갱신될 당시인 2017. 2. 17.부터 G가 소유권을 취득한 2019. 4. 30.까지 이 사건 점포의 소유자는 F였음은 앞서 본 바와 같고, 갑 제8, 9호증의 각 기재와 변론 전체의 취지에 의하면,

2015. 4. 28. E와 F 사이에 체결된 신탁계약(이하 '이 사건 신탁계약'이라 한다)에서는 "위탁자는 **신탁계약 이전의 임차인과 위탁자 간 임대차계약의 임대인 명의를 수탁자로 갱신하는 등 임대차계약을 변경하는 데 협조하여야 한다 (제10조 제1항).**

신탁기간 중 임대차계약기간 만료 도래 또는 임대차계약을 해지하는 경우 이에 따른 임대차보증금 등 반환 채무는 위탁자가 부담하며, **새로운 임대차계약은 수탁자 명의로 행한다(제10조 제3항),**

제3항의 규정에도 불구하고 위탁자가 **임의로 체결한 임대차계약은 이로써 수탁자에게 그 효력을 주장하지 못한다(제10조 제4항),**

본 신탁계약일 이후에 수탁자 명의로 임대차계약은 없는 것으로 하며, 신탁계약 체결 이후 **새로운 임대차계약을 체결하는 경우에는 위탁자는 우선수익자의 서면동의를 득하여야 하며, …, 임대보증금은 수탁자 명의로 개설된 자금관리계좌로 입금된 경우에 한하여 수탁자에 대하여 임대차의 효력이 있으며, 우선수익자와 주 채무자 간의 여신거래계약 및 보증채무계약상 원리금상환에 우선적으로 충당함을 원칙으로 한다.** 또한 임대차계약서에 '수탁자는 본 담보처분 신탁에 따라 소유권을 관리 의무만 있을 뿐, 임대인으로서 민법상 책임은 물론 **임대보증금 반환에** 대한 의무가 전혀 없으며 **위탁자가 모든 책임을 부담한다**'는 사항을 반드시 기재하여야 하며, 월임료의 수납 등은 우선수익자가 정하는 바에 따르기로 한다(특약사항 제5조 제2항)라고 정한 사실을 인정할 수 있는바, 위 인정사실 및 신탁법상의 신탁은 위탁자가 수탁자에게 특정의 재산권을 이전하거나 기타의 처분을 하여 수탁자로 하여금 신탁목적을 위하여 그 재산권을 관리·처분하게 하는 것이므로, 부동산의 신탁에 있어서 수탁자 앞으로 소유권이전등기를 마치게 되면 대내외적으로 소유권이 수탁자에게 완전히 이전되고, 위탁자와의 내부관계에서 소유권이 위탁자에게 유보되어 있는 것은 아닌 점(대법원 2012. 7. 26. 선고 2012다33174 판결 등 참조) 등을 종합하여 보면,

이 사건 신탁계약에서 신탁 이후 기존의 임대차계약이 종료되는 경우 임대차보증금 등 반환 채무를 위탁자인 E가 부담하기로 하는 등으로 **F가 수탁자로서 기존의 임대차계약의 임대인으로서의 지위를 인수하지 않음을 명확히 하고 있으므로,** 상가임대차법상 대항력이 없는 임차인이었던 **피고 B가 2017. 2. 17. 임대차계약의 갱신으로 상가임대차법상의 대항력을 취득하기 위해서는 신규 임대차계약 체결과 마찬가지로 갱신되는 임대차계약에 관하여 이 사건 신탁계약에서 정한 바에 따라 우선수익자의 서면동의를 얻거나 F의 사전승낙 또는 사후**

추인을 받았어야 할 것인데, 2017. 2. 17. 이후 갱신된 피고 B가 주장하는 내용의 임대차계약(임대차보증금 9억 원)에 관하여 F가 사전승낙 또는 사후승인 하였다거나 우선수익자의 서면동의가 있었다고 인정할 만한 아무런 증거가 없으므로, 피고 B의 위 주장은 이유 없다.

다) 따라서 상가임대차법상 대항력이 있음을 전제로 하는 피고 B의 이 부분 주장은 이유 없다.

수탁자의 동의 없이 전입신고

- 경남 사천시 향촌동 1021, 향촌풍안에 제1동 160x호 아파트에 대한 우리자산 신탁의 신탁부동산 공매(입찰)공고 인용

차. 임대차 관련 특이사항

(1). 공매목적 부동산에 임대차가 존재하는 경우, 실제 임대차 권리관계는 관할주민센터(세무서) 전입세대열람(등록사항 열람) 및 탐방조사 등의 방법으로 매수인이 직접 매수인의 책임과 비용으로 사전 조사하여야 합니다.

(2). 2023.12.06.(수) 기준 공매목적 부동산 전입세대열람 결과 아래 표와 같이 공매목적 부동산에 우리자산신탁(주)의 동의 없이 전입신고가 되어있으며, 2023.12.06.(수) 이후로 우리자산신탁(주)의 동의 없이 추가적인 전입신고가 되어 있을 수 있음을 참고 하시길 바랍니다. 아울러 본 내용은 참고사항일 뿐 실제상황과 다를 수 있으므로 입찰자(낙찰자, 매수자)가 공매응찰 전에 직접 현장 방문하여 조사 및 확인하여야 하며 이와 관련하여 발생하는 모든 문제 해결에 대한 책임(인도 및 명도) 및 비용은 입찰자(낙찰자, 매수자) 부담으로 합니다.

전입일	전입자	대상부동산	비고
2022.05.31.	김**	160 호	-

(3). 공매목적 부동산에 점유권, 임차권, 유치권, 영업권, 사용권 등 일체의 권리제한사항이 있더라도 권리제한사항 해결 및 소멸에 필요한 일체의 책임 및 비용은 입찰자(낙찰자, 매수자) 부담으로 합니다.

(4). 위 (1)항 내지 (3)항의 권리제한사항을 입찰자(낙찰자, 매수자)는 충분히 인지하고 입찰하여야 하며 해당 권리제한사항으로 인하여 입찰자(낙찰자, 매수자)에게 손해가 발생하여도 입찰자(낙찰자, 매수자)는 우리자산신탁(주)에 공매부동산 매매계약 해지, 해제, 취소, 무효(이하 용어불문) 및 매매대금의 감액 요구, 매매대금 납부 기한의 연장 등 민형사상 일체의 이의 및 민원을 제기하지 못합니다.

출처 : 우리자산신탁의 신탁부동산 공매 공고

다. 수탁자 동의 없는 임대차계약이라도 신탁재산 귀속 즉시 대항력이 회복되어 1순위 대환 담보대출은 후순위로 밀려난다

(1) 신탁등기 말소 시 우발적인 대항력 있는 임차권의 회복

주택에 관한 부동산담보신탁계약을 체결한 위탁자가 수탁자의 동의 없이 임대차계약을 체결했으나 그 후 수탁자로부터 소유권을 회복한 경우, 권한 없는 임대인이 적법한 임대인으로 전환되어 임차인은 앞선 소유권의 회복 즉시 대항력 있는 임차권을 취득한다.

임대인(위탁자)이 부동산담보신탁계약을 체결한 경우 임대 권한은 특별한 약정이 없는 한 수탁자에게 있는 것이 일반적이지만, 위탁자가 수탁자의 동의 없이 임차인과 임대차계약을 체결했더라도 임차인이 전입신고 등 대항력 요건을 구비 후 신탁 종료를 원인으로 임대인이 다시 소유권을 취득한 경우라면 임차인은 임대인이 신탁 종료를 원인으로 주택에 관한 소유권이전등기를 마친 즉시 대항력을 취득한다.

이와 같이 임차인은 기존 권한 없는 임대인이 신탁등기 말소 및 부동산의 소유권이전등기를 마친 즉시 임차권의 대항력을 회복하게 되므로, 부동산담보신탁 대출을 대환대출하고 신규로 근저당권을 설정한 금융기관이나 대부업자는 임차인이 대항력을 회복(취득)한 다음에 설정된 것으로 된다.

대법원 2019. 3. 28. 선고 2018다44879[임차보증금반환·건물인도]

주택임대차보호법 제3조 제1항이 적용되는 임대차는 반드시 임차인과 주택의 소유자인 임대인 사이에 임대차계약이 체결된 경우에 한정되지는 않고, 주택의 소유자는 아니지만 주택에 관하여 적법하게 임대차계약을 체결할 수 있는 권한(적법한 임대 권한)을 가진 임대인과 사이에 임대차계약이 체결된 경우도 포함된다.

주택에 관한 부동산담보신탁계약을 체결한 경우 임대 권한은 특별한 약정이 없는 한 수탁자에게 있는 것이 일반적이지만, **위탁자가 수탁자의 동의 없이 임대차계약을 체결한 후 수탁자로부터 소유권을 회복한 때에는 임대차계약에 대하여 위 조항이 적용될 수 있음이 분명하다.**

갑 주식회사가 을 신탁회사와 갑 회사의 소유인 주택에 관하여 부동산담보신탁계약을 체결하고 을 회사에 신탁을 원인으로 한 소유권이전등기를 마친 후 을 회사의 승낙 없이 병과 임대차계약을 체결하였고, 병은 같은 날 위 주택을 인도받고 전입신고를 마쳤는데, 그 후 갑 회사가 위 주택에 관하여 신탁재산의 귀속을 원인으로 한 소유권이전등기를 마쳤고, 정 신용협동조합이 같은 날 위 주택에 관하여 근저당권설정등기를 마쳤으며, 이후 정 조합이 신청한 임의경매 절차에서 무 주식회사가 위 주택을 매수한 사안에서, 갑 회사는 임대차계약 체결 당시 수탁자인 을 회사의 승낙 없이 위 주택을 임대할 수 없었지만, 위 주택에 관하여 신탁재산의 귀속을 원인으로 한 소유권이전등기를 마침으로써 적법한 임대 권한을 취득하였고, 병이 위 주택을 인도받고 전입신고를 마친 날부터 위 주택에 관한 주민등록에는 소유자 아닌 병이 거주하는 것으로 나타나 있어서 제3자가 보기에 **병의 주민등록이 소유권 아닌 임차권을 매개로 하는 점유임을 인식**할 수 있었으므로, **병의 주민등록은 병이 전입신고를 마친 날부터 임대차를 공시하는 기능을 수행하고 있었다고 할 것**이어서, 병은 **갑 회사가 위 주택에 관하여 소유권이전등기를 마친 즉시 임차권의 대항력을 취득**하였고, 정 조합의 근저당권설정등기는 병이 대항력을 취득한 다음에 이루어졌으므로, **병은 임차권으로 주택의 매수인인 무 회사에 대항할 수 있다**고 한 사례

(2) 대항력 있는 임차권의 회복에 따른 주의 사항

(가) 담보 여력 초과 대출 주의

기존 임차인 존재 시 신탁등기 말소와 동시에 신규 근저당권 설정등기를 하고, 담보대출(대환대출)을 실행하는 금융기관 또는 대부업자는 대환대출로 신탁등기가 말소되면서 임대인 지위 흠결의 하자가 치유되어 대항력이 회복된 기존 임차인의 임차보증금을 부동산의 감정가에서 차감한 잔액 이내에서 담보 여력을 산정해서 대출함으로써 담보 여력 초과 대출이 되지 않도록 주의해야 한다.

이와 같이 신탁대출 대환 조건으로 귀속 즉시 설정한 1순위 근저당채권은 임차인의 대항력 부담을 안게 되어 후순위로 밀려나 손해를 당할 수 있으므로, 대부업체 등은 부동산신탁 담보대출 대환 시 주의가 필요하다.

(나) 투자자는 NPL 과다 평가 매입 주의

앞선 경우 NPL 투자자는 소유자로부터 제공받아 채권 양도인이 보관하는 주택 전입세대 확인서나 상가건물 임대차 현황서 등을 통해서 예상 낙찰가에서 대항력 있는 임차보증금을 차감한 잔액 이내에서 NPL(근저당채권)을 취득해야 손해를 당하지 않는다.

(다) 입찰참가자는 고가낙찰 주의

입찰참가자는 신탁등기가 말소되었어도 입찰 전에 전입세대 열람 등을 통해서 전입신고일 또는 사업자등록일이 근저당권 설정일보다 빠르면 대항력 있는 임차권을 인수하는 것으로 보고(임차인의 배당요구가 없는 경우), 예상 낙찰가에서 조사한 임차보증금을 차감한 금액 이내에서 낙찰가격을 정하고 낙찰받아야 손해를 입지 않는다.

수탁자의 동의 없이 위탁자로부터 신탁부동산을 매수한 매수인은 공매 낙찰자에게도 대항 불가

수탁자의 동의 없이 위탁자로부터 신탁부동산을 매수한 매수인은 수탁자에게 매매나 사용대차로 대항하지 못하고, 이를 낙찰받은 공매 낙찰자에게도 대항하지 못한다.

신탁부동산의 매매 사기를 당한 대부분의 매수인들은 수탁자 및 공매 낙찰자에게 다음과 같은 점유권원을 주장할 것이다. 그러나 신탁부동산의 소유자인 수탁자가 아닌 무권한의 위탁자로부터 신탁부동산을 매수한 것을 근거로는 매수인이 수탁자 및 공매 낙찰자에게 정당한 점유권을 주장할 수 없다.

또한 소유권이 없는 위탁자와 매매계약 및 이에 부수한 사용대차계약 체결 시 부동산담보신탁 약정에 따라 수탁자로부터 사전 동의를 받아야 하는데, 대부분 동의 없이 무단으로 매매계약 및 사용대차계약을 한 것이 되어 매수인의 점유는 불법점유에 해당된다.

또한 매수인들이 신탁부동산에 투입한 인테리어 비용은 부동산의 객관적 가치를 증가시키기 위한 유익비에 해당되지 않아서 이를 근거로 한 유치권 주장도 성립되지 아니하며 역시 불법점유에 해당될 뿐이다 (수원지방법원 성남지원 2022. 12. 21. 선고 2021가단242122 건물인도 판결 참조).

관련 판결

수원지방법원 성남지원 2022. 12. 21. 선고 2021가단242122 판결 [건물인도]

원고A 주식회사 소송대리인 법무법인 우리 담당변호사 이○표
피고1. B, 2. C 피고들 소송대리인 법무법인 에스 담당변호사 정○람
변론종결 2022. 12. 7.
판결선고 2022. 12. 21.

주문
1. 피고들은 공동하여 원고에게, ① 별지 목록 기재 부동산을 인도하고, ② 2021. 8. 11.부터 별지 목록 기재 부동산의 인도완료일까지 매월 950,000원의 비율로 계산한 돈을 지급하라.
2. 소송비용은 피고들이 부담한다.
3. 제1항은 가집행할 수 있다.

청구취지
주문과 같다.

이유
1. 인정 사실
가. 소외 D 주식회사(이하 '소외 회사'라고 한다)는 2019. 7. 8. 원고와 체결한 부동산담보신탁계약(이하 '이 사건 신탁계약'이라고 한다)에 따라 같은 날 원고에게 별지 목록 기재 부동산(이하 '이 사건 부동산'이라 한다)에 관하여 신탁을 원인으로 한 소유권이전등기를 마쳐 주었다.
나. 이 사건 신탁계약 중 주요 내용은 다음과 같다.
다. 피고들(부부임)은 이 사건 변론종결일 현재 이 사건 부동산을 점유하고 있다.
[인정 근거] 다툼 없는 사실, 갑제1 내지 6호증, 을제15호증의 각 기재, 변론 전체

의 취지

2. 건물인도, 부당이득 반환의무의 성립

가. 신탁법상의 신탁은 위탁자가 수탁자에게 특정의 재산권을 이전하거나 기타의 처분을 하여 수탁자로 하여금 신탁 목적을 위하여 그 재산권을 관리·처분하게 하는 것이므로(신탁법 제1조 제2항), 부동산의 신탁에 있어서 수탁자 앞으로 소유권이전등기를 마치게 되면 대내외적으로 소유권이 수탁자에게 완전히 이전되고, 위탁자와의 내부관계에 있어서 소유권이 위탁자에게 유보되어 있는 것은 아니라 할 것이며, 이와 같이 신탁의 효력으로서 신탁재산의 소유권이 수탁자에게 이전되는 결과 수탁자는 대내외적으로 신탁재산에 대한 관리권을 갖는 것이고, 다만, 수탁자는 신탁의 목적 범위 내에서 신탁계약에 정하여진 바에 따라 신탁재산을 관리하여야 하는 제한을 부담함에 불과하다(대법원 2002. 4. 12. 선고 2000다70460 판결 참조).

나. 이 사건의 경우 앞서 가.항에서 본 법리상 **이 사건 부동산의 대내외적인 소유자는 원고이고(따라서 완전한 소유권에 기하여 이 사건 부동산을 점유하고 있다는 피고들의 주장은 받아들이지 않는다), 피고들이 이 사건 부동산을 점유하고 있는 사실은 피고들도 다투지 않으므로, 피고들은 특별한 사정이 없는 한 공동하여 원고에게 이 사건 부동산을 인도하고, 2021. 8. 11.부터 이 사건 부동산의 인도완료일까지 매월 950,000원의 비율로 계산한 임료 상당의 부당이득금을 지급할 의무가 있다**(부당이득금의 액수와 그 기산일에 관하여 피고들은 특별히 다투지 아니한다).

3. 피고들의 주장에 관한 판단

가. 대물변제 약정에 따라 소외 회사는 피고 C에게 이 사건 부동산의 소유권이전등기를 마쳐 주어야 한다는 주장에 관하여

1) 피고들의 주장

가) 피고 C는 2020. 8. 9. 소외 회사로부터 이 사건 부동산을 매매대금 248,550,000원에 매수하기로 하면서, 그중 계약금 5,000,000원은 계약 체결일에, 잔금 243,550,000원은 2021. 7. 30.에 지급하기로 약정하였다.

나) 한편 피고 B는 소외 회사를 위하여 분양대행 업무를 수행하였는데, 소외 회사는 피고 B에게 분양대행 수수료 지급을 약속하는 과정에서 '법인 회생 절차가 개시되면 수수료 등 비용 지출에 있어 법원의 관리를 받게 되어 금원

지급이 어려울 수 있으니 이 사건 부동산의 소유권을 분양대행 수수료 지급에 갈음하여 대물변제로 넘겨주겠다'고 약속하였다.

다) 그 후 피고 B가 분양대행을 한 실적은 2020년 8월경부터 2021년 9월까지 E 아파트를 70호실 이상(소외 회사 및 관계사 F 주식회사 소유)에 이르렀고 이에 따라 소외 회사 측으로부터 최종적으로 지급받을 분양대행 수수료 금액이 3억 원이 넘게 되었으므로(약속된 인센티브 1억 원 포함), 소외 회사는 피고 C에게 이 사건 부동산에 설정되어 있는 피담보채무를 모두 상환하고 완전한 소유권이전등기를 마쳐 줄 의무를 부담하고 피고 C는 소외 회사에 대하여 이 사건 부동산에 관한 소유권이전등기청구권을 보유하고 있는 이상, 피고들은 이 사건 부동산을 점유할 정당한 권리가 있다.

2) 판단

살피건대, 앞서 본 바와 같이 이 사건 신탁계약의 체결 및 그에 기한 소유권이전등기에 의하여 이 사건 부동산의 소유권은 원고에게 이전되었고, 소외 회사는 원고의 사전승낙을 얻은 때에 한하여 이 사건 부동산을 처분할 권한이 있다고 할 것인데, 피고들의 주장에 의하더라도 피고 C와 이 사건 부동산에 관한 매매계약을 체결한 상대방은 원고가 아니라 소외 회사이고, 소외 회사가 피고 C와 체결한 매매계약에 관하여 원고로부터 사전 승낙을 받았거나, 원고가 이를 묵시적으로 동의하였다는 사실을 인정할 만한 아무런 증거가 없으므로, 피고들은 원고의 건물인도 청구에 대하여 소외 회사에 대한 소유권이전등기청구권을 근거로 대항할 수 없다. 피고들의 주장은 이유 없다.

나. 사용대차계약에 의한 정당한 점유 주장에 관하여

1) 피고들의 주장

아직까지 피고 C가 이 사건 부동산에 관한 소유권이전등기를 경료하지 못해 소유권에 기한 점유를 인정하기 어렵다고 하더라도, 애초에 피고 C의 매매잔금 지급 의무는 소외 회사의 피고 B에 대한 분양대행 수수료 지급의무로 갈음함으로써 완전히 이행된 것이므로 소외 회사의 매매잔금 지급 연체를 이유로 한 매매계약 해제 자체가 부적법하여 여전히 매매계약은 유효하며, 원고의 청구원인에 따르더라도 매매계약이 유효함을 전제로 이에 부수한 무상의 사용대차계약 역시 여전히 유효하여 피고들은 유효한 무상의 사용대차계약에 따라 이 사건 부동산을 적법하게 점유할 권리가 있으므로 원고의 건물인도 청구에 응할 수 없다.

2) 판단

살피건대, **설령 소외 회사와 피고들이 이 사건 부동산에 관한 매매계약을 체결하면서 부수적으로 무상의 사용대차계약을 체결한 것으로 인정되더라도, 앞서 본 바와 같이 이 사건 신탁계약 중 소외 회사는 원고 및 우선수익자의 사전 동의 없이 현재 소유하거나 장래에 취득하게 될 신탁재산 및 제반 권리의 전부 또는 일부를 제3자에게 양도, 이전, 임대 기타 처분행위를 할 수 없는 것(이 사건 신탁계약 중 제6조 제2항)으로 정한 사실을 알 수 있으므로, 위 규정은 타인에게 무상으로 이 사건 부동산의 점유·사용을 허락하는 사용대차계약 체결에 대해서도 적용되는 것으로 봄이 타당하다.**

그런데 갑제3호증에서 확인되는 피고 C와 소외 회사의 매매계약 체결일은 2020. 8. 9.로서 모두 이 사건 신탁계약 체결일인 2019. 7. 8. 이후이고, 매매계약 체결과정에 원고로부터 그에 대한 승낙을 받았음을 인정할 증거가 없다. 그렇다면 이 사건 신탁계약 제6조 제2항에 따라 피고들은 소외 회사와 체결한 이 사건 부동산에 관한 매매계약 또는 이에 부수한 사용대차계약을 근거로 원고의 이 사건 건물인도 청구에 대항할 수 없다고 판단된다. 피고들의 이 부분 주장 역시 이유 없다.

다. 유익비상환청구권을 피보전채권으로 한 유치권에 기한 점유 주장에 관하여

1) 피고들의 주장

피고들은 소외 회사와의 사용대차에 따라 적법하게 이 사건 부동산에 대한 점유를 개시하였고, 이 사건 부동산의 인테리어 공사를 위해 30,000,000원을 지출하였으며, 그 가액의 증가가 현존하여 회복자인 원고에 대하여 유익비 상환청구권을 가지므로, 이를 피보전채권으로 하는 유치권을 행사한다. 따라서 피고들은 유치권에 기해 이 사건 부동산을 적법하게 점유할 권리를 가진다.

2) 판단

살피건대, 을제12호증의 기재만으로는 이를 인정하기에 부족하고 달리 피고들이 인테리어 비용을 지출함으로써 이 사건 부동산의 가액 증가가 현존한다는 피고들의 주장을 인정할 증거가 없다.

오히려 **피고들이 주장하는 지출내역(을12)을 보면 '안방 붙박이장, 드레스룸 ㄷ자 하부장, 전신거울, 조명, 탄성 도장, 줄눈, 중문, 커튼, 블라인드 등의 인테**

리어 비용인 사실을 알 수 있으므로 앞의 각 인테리어 비용은 이 사건 부동산의 **객관적 가치를 증가시키기 위하여 피고들이 투입한 유익비에 해당한다고 보기도 어렵다.** 피고들의 유치권 주장도 이유 없다.

4. 결론

그렇다면 원고의 이 사건 청구는 이유 있어 이를 인용하기로 하여 주문과 같이 판결한다.

판사 방○현

불법 점유자의 장기 명도 지연에 대한
손해 위험의 사전 체크 필요

가. 장기 명도 지연이 예상될 경우 저가 입찰 필요

신탁등기 후 수탁사 미동의 임차인 등 불법 점유자로 인한 장기 명도 소송 및 명도 지연으로 낙찰자의 월세수익 등 사용수익의 손해 발생이 예상될 경우 공매 낙찰가가 하락할 수 있다.

이 경우 공매 낙찰자는 권원 없이 불법 점유한 임차인을 상대로 장기간 명도소송을 해서, 그 임차인을 강제로 퇴거시켜야 다른 사람에게 임대할 수 있어 공매 낙찰 후 장기간 임대수익의 손해를 입을 수 있다.

물론 이 경우 불법 점유한 기존 임차인을 상대로 월세 상당의 부당이득 반환 청구를 할 수 있으나, 동 임차인에게 강제집행 실익이 있는 재산이 부존재 시 부당이득금을 회수할 수 없어 역시 손해를 입는다.

나. 수탁자의 동의 없는 임차인을 상대로 한 명도소송은 수탁자 및 수익자 모두에게 이익

수탁자는 수익자에 대한 충실의무가 있어 수탁자는 수익자의 이익을 위하여 신탁사무를 처리해야 한다(신탁법 제33조). 또한 수탁자에게는 수익자의 이익에 반하는 행위의 금지의무가 있다.

그리고 수탁자는 신탁부동산의 공매처분 가격에 비례해서 처분수수료를 받기 때문에 우선수익자 및 수탁자의 동의 없는 임차인에 대해 공매처분 착수 전에 수탁자가 명도소송 제기 및 명도 집행으로 불법 임차인을 퇴거시켜 공매 낙찰가의 하락을 방지하고, 제대로 된 가격으로 매각되도록 처리하고 있다.

수탁자가 동의 없는 불법 임차인을 명도시킴으로써 신탁재산 가치의 저감을 방지하고, 가치 유지 후 제대로 된 가격에 매각함으로써 수익자의 수익금 감소를 방지하고 수익금이 증대되도록 할 수 있다. 동시에 이를 통해 수탁자는 처분수수료를 더 많이 받을 수 있어서 수탁자의 명도소송은 수익자 및 수탁자 모두가 윈윈(win-win)하는 이익을 가져다준다.

(1) 수탁자의 점유이전금지 가처분 신청 및 인도소송 제기 후 소송수계 조건 공매 공고

상기 동의 없는 임차인을 상대로 수탁자가 점유이전금지 가처분 신청 및 명도소송을 제기함과 동시에 공매처분을 하면서 공매 낙찰자가 동 가처분 및 명도소송을 수계할 수 있음을 공시하기도 한다.

경기도 동두천시 동두천동 215-5 에스앰팰리스 씨동 2층 20x호 다세대주택 공고 사례(교보자산신탁(주)의 공고번호 202212-41443-00호 실제 사례)

본 공매 부동산은 아래와 같이 부동산점유이전금지 가처분 결정(의정부지방법원 2022카단202221)을 받았으며, 현재 당사를 원고로 명도소송(의정부지방법원 2022가단124888)이 진행 중입니다. 따라서 매수자(낙찰자)는 당사로부터 본 소송을 수계를 할 경우가 발생할 수 있습니다(조회결과 이 건 본안소송은 2023. 3. 8. 모두 확정되어 매수인은 승계집행문을 받아 명도집행을 하면 될 것임). 본 소송의 판결로 인해 당사(매도자)가 명도의 책임을 부담하는 것은 아니며, 본 공매공고문의 7. 유의사항 2)항에 따라 공매 부동산의 인도, 일체의 명도 및 유치권은 매수자가 부담합니다. 또한, 해당 명도소송 결과 당사에게 부과되었거나 부과될 수 있는 판결금, 소송비용 등은 그 발생일과 관계없이 매수자(낙찰자)의 부담으로 처리합니다.

해당 주택의 무동의 임차인 2명에 대한 건물인도 소송은 확정되었으나 송달증명원의 발급이 없는 것으로 보아, 아직 명도 집행은 하지 않은 상태다. 실제 이 건의 공매조건에서도 '공매 부동산의 인도, 일체의 명도 및 유치권은 매수자가 부담한다'라고 공시함으로써 공매 매수인이 교보자산신탁의 인도 청구 확정판결에 승계집행문을 부여받고 명도 집행비용을 부담하면서, 세입자를 명도시켜야 하는 사건임을 알 수 있다. 따라서 공매 입찰자는 향후 예상 명도비용을 매수가격에서 차감 후, 최종 매수가격을 결정해서 입찰해야 할 것이다.

(가) 인도 청구 소송 확정판결 후 부동산의 양수인은 승계집행문을 부여받을 수 있다

서울중앙지방법원 2014. 11. 18. 선고 2014가합30419 판결 [집행문 부여]

① 앞서 본 바와 같이 관련소송 제1심 판결에 표시된 이 사건 퇴거청구권의 채권자는 대○토지신탁이고, 위 판결 중 이 사건 퇴거청구권을 인정한 부분은 확정되었다. **집행권원에 표시된 청구권이 부동산 소유권에 기초한 퇴거청구권인 경우 그 부동산의 소유권을 집행권원에 표시된 채권자로부터 양수한 자는 그 채권자의 승계인이 되는 것이므로,** 피고가 2009. 4. 30. 대○토지신탁으로부터 수탁자 경질 계약에 따라 이 사건 토지의 소유권을 양수받아 이에 관한 소유권이전등기를 마침으로써 대○토지신탁을 승계하였고, 이로써 **관련소송 제1심 판결에 기초한 집행적격이 피고에게로 이전되었다고 할 것이다.** 따라서 서울중앙지방법원 법원주사 B가 피고에게 이 사건 **승계집행문을 부여한 것은 적법하다.**

② 대○토지신탁이 이 사건 토지의 소유권을 취득하지 못하였다는 점은 관련소송 제1심 판결에 표시된 이 사건 퇴거청구권에 대한 실체상의 이의사유로서 청구이의의 소(민사집행법 제44조)의 대상이 될 뿐 이 사건 승계집행문의 부여에 대한 이의사유가 될 수 없다. **관련소송 제1심 판결의 집행력은 위와 같은 청구이의의 소등에 따라 그 효력이 배제되지 않는 이상 여전히 유효하므로, 위 판결에 표시된 채권자인 대○토지신탁으로부터 그 집행적격을 이전받은 피고에게 부여된 이 사건 승계집행문은 적법하다.**

(나) 승계집행을 할 수 없는 경우

수원지방법원 성남지원 2015. 12. 18. 선고 2015가단210339 판결 [강제집행에 관한 소송]

1) 승계집행문은 판결에 표시된 채무자의 포괄승계인이나 그 판결에 기한 채무를 특정하여 승계한 자에 대한 집행을 위하여 부여하는 것인데, 이와 같은 강제집행 절

차에 있어서는 권리관계의 공권적인 확정 및 그 신속·확실한 실현을 도모하기 위하여 절차의 명확·안정을 중시하여야 하므로, 그 기초 되는 채무가 판결에 표시된 채무자 이외의 자가 실질적으로 부담하여야 하는 채무라거나 그 채무가 발생하는 기초적인 권리관계가 판결에 표시된 채무자 이외의 자에게 승계되었다고 하더라도, 그 자가 **판결에 표시된 채무자의 포괄승계인이거나 그 판결상의 채무 자체를 특정하여 승계하지 아니한 이상, 그 자에 대하여 새로이 그 채무의 이행을 소구하는 것은 별론으로 하고, 판결에 표시된 채무자에 대한 판결의 기판력 및 집행력의 범위를 그 채무자 이외의 자에게 확장하여 승계집행문을 부여할 수는 없다**(대법원 2002. 10. 11. 선고 2002다43851 판결 등 참조).

어떤 부동산에 대하여 **점유이전금지가처분이 집행된 이후에 제3자가 가처분 채무자의 점유를 침탈하는 등의 방법으로 가처분채무자를 통하지 아니하고 그 부동산에 대한 점유를 취득한 것이라면**, 설령 그 점유를 취득할 당시에 점유이전금지가처분이 집행된 사실을 알고 있었다고 하더라도, 실제로는 가처분채무자로부터 점유를 승계받고도 점유이전금지가처분의 효력이 미치는 것을 회피하기 위하여 채무자와 통모하여 점유를 침탈한 것처럼 가장하였다는 등의 특별한 사정이 없는 한 **그 제3자를 민사집행법 제31조 제1항에 정한 '채무자의 승계인'이라고 할 수는 없다**(대법원 2015. 1. 29. 선고 2012다111630 판결 등 참조).

(다) 상기 201호 의정부지방법원 2022가단124888 건물인도 청구 판결(가집행 선고로 판결 확정 전에도 신속하게 집행토록 했다)

주   문

1. 피고들은 원고에게 별지2 기재 부동산을 인도하라.

2. 소송비용은 피고들이 부담한다.

3. 제1항은 가집행할 수 있다.

청 구 원 인

1. 당사자의 관계

원고1)는 경기도 동두천시 E ___ F ___ G 동 H 호(별지 목록 기재 부동산, 이하 '이 사건 부동산' 이라 합니다)의 소유자이고(갑 제1호증 등 기사항전부증명서), 피고 D 은 이 사건 부동산에 대하여 원고와 부동산담보 신탁계약을 체결한 위탁자이며, 나머지 피고들은 권원없이 이 사건 부동산을 점 유중인 자들입니다.

2. 피고들의 이 사건 부동산 인도의무

가. 원고는 2015. 7. 10. 피고 D (이하 '위탁자' 라고 합니다)과 이 사건 부 동산에 대하여 부동산담보신탁계약을 체결하고, 같은 날 소유권이전등기를 마 침으로써 소유권을 취득하였습니다(갑 제2호증 부동산담보신탁계약서).

나. 이후 위탁자는 우선수익자에 대하여 여신거래 등의 채무를 불이행하였고, 이에 우선수익자는 원고에게 부동산담보신탁계약서 제18조 제1항 제1호 위반 에 근거한 환가처분요청을 하였으며(갑 제3호증의 1 공매 요청 공문), 원고는 위와 같은 요청에 따라 처분절차를 개시하였습니다(갑 제3호증의 2 공매 예정 통지).

다. 위탁자는 부동산담보신탁계약서 제23조에 따라 처분절차가 개시되는 경우

---

1) 원고는 2020. 1. 28. A ___ 주식회사로 상호를 변경하였습니다.

이 사건 부동산을 원고에게 자진 인도할 의무가 있는바, 더 이상 이 사건 부동산을 사용할 권한이 없습니다.

라. 피고 B 는 원고의 소유권 취득 이후인 2016. 9. 13., 피고 C 는 2019. 10. 31. 이 사건 부동산에 각 전입신고를 마치고 점유중인 자들로(갑 제4호증 전입세대열람내역서), 원고는 위 피고들의 점유를 승낙한 사실이 없는 바 아무런 권원없이 이 사건 부동산을 점유하고 있다할 것입니다.

마. 따라서 피고들은 원고에게 이 사건 부동산을 인도할 의무가 있습니다.

3. 결론

이와 같은 이유로 본 소송에 이르렀는바, 원고의 청구를 모두 인용하여 주시기 바랍니다.

---

(2) 한편 가처분 명령을 집행하는 경우에 집행문을 부여받을 필요가 없지만, 가처분에 대한 재판이 있는 뒤에 채권자의 승계가 이루어진 경우에는 예외적으로 집행문을 부여받아야 승계된 채권자를 위하여 집행을 할 수 있다(민사집행법 제292조 제1항, 제301조). 또한 계속 중인 인도 청구 소송도 공매 낙찰자가 수계해서 진행해야 할 것이다.

(3) 강제집행과는 달리 보전명령의 집행에는 원칙적으로 집행문 부여가 필요 없는데, 예외적으로 민사집행법 제292조 제1항의 규정에 따라 보전명령 발령 후 그 집행이 이루어지기 전에 채권자 또는 채무자의 승계가 있어 그 승계인에 대하여 또는 승계인이 집행할 때는 승계집행문을 받아야 하고, 이 승계에는 일반승계 이외에 특정승계도 포함된다.

보전처분 신청 후 보전명령 발령 전에 이미 채권자 또는 채무자의 승계가 있었음에도 이를 간과하고 보전명령의 절차를 중단하지 않았기 때문에, 종전의 채권자를 위해서 또는 채무자에 대해서 보전명령이 발령된 때에는 보전명령 후에 승계가 있는 경우와 다를 바 없고, 보전소송의 신속성이나 소송경제상 민사집행법 제292조 제1항을 유추해서 승계집행문을 받아 집행할 수 있다고 해석해야 할 것이다.

이미 가처분의 보전명령의 집행이 완료된 후 그 권리를 승계한 자가 있는 때에는, 특히 승계인이 새로이 집행을 할 필요가 있는 때(예를 들면, 승계인이 목적물의 현금화명령을 구하거나 집행의 취소를 구하는 경우)를 제외하고는 집행기관에 대해 승계집행문을 제시하고, 집행을 개시하게 하는 문제는 생기지 않는다.

(4) 점유이전금지 가처분 이후에 매매나 임대차 등에 기하여 가처분채무자로부터 점유를 이전받은 제3자에 대하여 가처분채권자가 가처분 자체의 효력으로 직접 퇴거를 강제할 수는 없고, 가처분채권자로서는 본안판결의 집행단계에서 승계집행문을 부여받아서 그 제3자의 점유를 배제할 수 있다(대판 1999. 3. 23. 98다59118).

(5) 소송물의 양도라 함은 소송계속 중에 소송물인 권리관계에 관한 당사자의 지위(당사자적격)가 특정적으로 제3자에게 이전되는 것을 말한다. 이는 소송계속 중에 일반승계(상속·법인합병 등) 이외의 사유로 소송물에 관한 당사자적격이 이전되는 경우이다.

매매·증여·채권양도 등 임의처분은 물론 민사집행법상 매각·채권전부명령 등 법률상의 이전도 포함되고, 승계취득이든 원시취득(예컨대 시효취득)이든 관계없다. 그리고 소송계속 중에 소송물의 양도가 이루어져야 한다.

승계참가와 승계인수의 차이는 제3자 쪽에서 자발적으로 참가하는 가(자발참가, 임의참가) 혹은 기존 당사자 쪽에서 제3자를 강제적으로 끌어들이는가(강제참가)에 있을 뿐, 권리·의무의 전부 또는 일부를 승계한다는 점에는 전혀 차이가 없다.

승계참가의 심리절차를 살펴보면, 승계참가 신청은 소 제기에 해당하고 참가요건(소송 계속 중 소송목적인 권리의 양수)은 소송요건에 해당하므로 이 신청에 대해서는 피참가인과 그 상대방은 이의를 제기하지 못하며, 참가요건에 흠이 있는 때(소송 계속 중의 소송목적인 권리의 양수가 아닌 경우)에는 변론을 거쳐 판결로 참가 신청을 각하해야 한다. 상고심에서는 승계참가가 허용되지 않는다(대법원 2001. 3. 9. 선고 98다51169 판결).

토지소유권에 기한 가옥의 철거, 토지의 인도를 구하는 소송에서 그 가옥의 소유권을 양수한 자, 소유권에 기한 등기 말소 청구 소송의 계속 중에 당해 부동산을 매수해서 이전등기를 경료하거나 저당권을 설정받은 자 등은 승계인에 해당한다.

(6) 승계인수는 당사자(기존 양도인) 쪽에서 승계인을 강제적으로 소송에 끌어들이는 제도이기 때문에 당사자가 소송 인수의 신청을 하여야 한다. 인수신청이 있으면 법원은 허부의 결정을 하여야 하는데, 그 결정 전에 양쪽 당사자와 피인수 신청인(제3자)을 심문하여야 한다(민사소송법 제82조 2항).

(가) 청주지방법원 2023. 5. 11. 선고 2022가단65262 판결 [건물인도]

원고 A 주식회사
원고 승계참가인 B조합
원고 및 원고승계참가인의 소송대리인 변호사 김○률
원고 및 원고승계참가인의 소송복대리인 변호사 박○현
피고 C

주문
1. 피고는 원고 승계참가인에게 별지 목록 기재 부동산을 인도하라.
2. 원고의 청구를 기각한다.
3. 소송비용 중 원고와 피고 사이에 생긴 부분은 원고가, 원고승계참가인과 피고 사이에 생긴 부분은 피고가 각 부담한다.
4. 제1항은 가집행할 수 있다.

1. 원고의 청구에 대한 판단
원고는 소유자로서 피고에 대하여 별지 목록 기재 부동산의 인도를 구하였는데, 이 사건 소송 계속 중 원고 승계참가인에게 위 부동산의 소유권을 이전하였는바, 원고의 청구는 이유 없어 이를 기각한다.

2. 원고 승계참가인의 청구에 대한 판단
가. 청구의 표시 : 별지 목록 기재 부동산의 소유자로서 적법한 권리 없이 이를 점유하고 있는 피고에 대한 인도 청구

(나) 서울동부지방법원 2021. 10. 28. 2021가단114793판결[건물인도]
원고 승계참가인들의 청구에 관한 판단

원고 A는 이 사건 임대차기간이 만료되기 1월 전에 갱신 거절의 통지를 하여 이 사건 임대차계약은 2021. 2. 27. 기간 만료로 종료되었고, 그 이후 원고 승계참가인들이 이 사건 부동산에 관하여 소유권이전등기를 경료함에 따라 이 사건 임대차계약상의 원고들의 임대인 지위를 승계하였으므로(주택임대차보호법 제3조 제4항, 제4조 제2항 참조), 특별한 사정이 없는 한, 피고는 원고 승계참가인들에게 이 사건 부동산을 인도할 의무가 있다.

다. 신탁등기 시 선순위로 소액의 근저당권 설정 및 임의경매 신청에 의한 인도명령 집행으로 명도 지연 방지 가능

소액 근저당에 의한 임의경매로 낙찰자는 바로 인도명령 집행으로 명도 후 타에 임대 및 신속한 점유가 가능하고, 수탁사는 잉여 배당금으로 우선수익자(겸 소액 근저당권자)의 대출채권을 회수할 수 있다.

신탁부동산 공매 시 수탁자의 동의 없이 위탁자와 무단 임대차계약을 체결한 불법 점유 임차인 및 가장 유치권자 등의 존재 시 이들을 상대로 한 공매 낙찰자의 장기간의 명도소송 및 명도 집행의 리스크로 인한 공매 낙찰가의 하락을, 소액 근저당권에 따른 임의경매의 신속한 인도명령 집행으로 방지할 수 있어 부동산담보신탁 대출 시 선순위 소액 근저당권 설정 병행이 신탁부동산의 저가 낙찰 방지 및 공매진행중지 가처분에 따른 공매 절차 지연 등에 대한 적절한 채권보전 방법이 되나, 한편으로는 소액 채무의 근저당권으로 임의경매 신청 시 소액 채무여서 변제 가능성이 높아 임의경매 신청 및 신탁 공매 신청도 취하(취소)될 가능성이 높다.

| 100만 원의 근저당 인수 조건과 임의경매 신청 및 공매 절차 병행 |

* 등기사항증명서상 2019. 01. 18.자 근저당권(채권최고액 187,200,000원, 근저당권자 주식회사 신한은행), 2020. 10. 21.자 근저당권(채권최고액 1,000,000원, 근저당권자 에스비자산관리대부 주식회사)이 있으며, 매수자가 입찰가격(대금) 외 별도의 비용으로 이 근저당을 승계하여 책임 처리하는 조건입니다.
* 매도인(당사)의 소유권 이전서류 교부 전까지, 신탁등기 전 설정된 위 근저당의 피담보채무 변제를 소명하며 이 신탁계약의 위탁자가 수탁자인 매도인(당사)에게 공매 중지 요청을 할 경우, 매도인(당사)은 이 공매의 낙찰 및 매매계약을 무효로 할 수 있으며, 무효로 할 경우 매도자(당사)는 낙찰자가 기납부한 대금을 이자 없이 원금만 반환하며 이 경우 낙찰자는 당사에 민형사상 일체의 이의 및 민원을 제기할 수 없습니다.
* 등기부 등본 상 2023. 09. 14.자 및 2023. 09. 20.자에 임의 경매 개시 결정이 있으며, 경매 낙찰로 매도인이 소유권을 매수인에게 이전하는 것이 불가능 할 경우, 신탁사 또는 매수인은 이 매매계약을 해제할 수 있으며, 이 경우 매수인은 매도인(신탁사)에 지급한 금액만 이자없이 반환 받기로 하고 이에 대하여 추후 일체의 이의를 제기하지 않기로 합니다.

수분양자가 신탁등기 전에
분양계약을 체결했어도
이후 신탁대출은 사해행위 불성립

신탁등기 전에 분양계약 체결 후 수탁자에게 신탁등기를 한 경우, 우선수익자인 대출금융기관은 대부분 선의여서 수분양자의 사해신탁 취소 청구는 대부분 기각된다. 부동산담보신탁등기(수탁자로 소유권이전등기)의 사해행위(신탁계약)에 대해 우선수익자인 금융기관의 선의를 인정해서 다른 채권자가 수탁자를 상대로 한 사해행위 취소 청구를 법원이 대부분 기각했다.

여기서 수분양자의 사해행위의 피보전채권은 장래 확실하게 발생할 '분양계약 해지에 따른 분양대금반환 청구권 내지 소유권이전등기 의무 불이행에 따른 손해배상 청구권'이 될 것이다. 따라서 이와 같이 부동산담보신탁등기 전 분양계약에 따른 분쟁이 있는 신탁부동산을 공매로 취득해도 공매 낙찰자는 소유권을 상실할 위험이 거의 없다.

한편 (우선)수익자가 없이 수탁자에게 신탁으로 소유권이전등기 시 수탁자는 선의여도 사해행위 취소 청구가 인용될 수 있어(우선수익자 부존재로 수탁자가 항변할 수익자의 선의가 존재할 수 없기 때문), 이 경우 공매 낙찰자는 소유권을 상실할 수 있다.

부동산담보신탁이 아닌 개발신탁으로서 우선수익권자인 금융기관이 없는 경우 위탁자인 채무자와 수탁자 사이의 신탁계약을 사해행위로 인정하여 취소한 판례(**대법원 1999. 9. 7. 선고 98다41490 보증금반환 등 판결**)

채무자가 채무를 변제하지 아니한 채 그의 유일한 재산인 부동산에 관하여 제3자와 사이에 신탁계약을 체결하고 그 제3자 명의로 소유권이전등기를 경료한 경우, 그 신탁계약은 채권자를 해함을 알고서 한 사해행위라고 봄이 상당하다.

한편 수원지방법원 2014. 1. 9. 선고 2012가합19942 사해행위 취소 판결에 따르면, 이 건은 채무자가 채무초과 상태에서 추가로 공동 우선수익권을 설정함으로써 채무자가 가지는 신탁재산인 잉여 수익권이라는 책임재산의 감소를 초래했으므로 사해행위를 인정했다.

이에 부동산담보신탁으로서 우선수익권자인 대출금융기관이 존재할 경우, 이들이 선의이기 때문에 수탁자를 상대로 한 사해행위 취소는 인정이 안 된다. 이러한 우선수익권자가 있는 담보신탁부동산의 공매 낙찰자는 소유권을 상실할 위험이 거의 없다.

① **수원지방법원 2014. 1. 9. 선고 2012가합19942 판결 [사해행위 취소 인정]**

(1) 청구원인에 관한 판단
　(가) 피보전채권의 성립
　앞서 인정한 각 사실에 의하면, B는 이 사건 상가 부지에 대한 지적정리가 완료되었음에도 원고에게 이 사건 분양계약에 따른 이 사건 상가의 대지권 등기절차를 이행하지 아니하였고, 이러한 B의 의무불이행을 이유로 한 원고의 해제

의사표시가 2010. 6. 22. B에게 도달함에 따라 원고와 B 사이의 이 사건 분양계약은 적법하게 해제되었으며, 계약해제의 효과는 소급하여 발생하므로 **이 사건 분양계약 해제로 인한 원고의 B에 대한 원상회복청구권, 즉 이 사건 상가의 분양대금 806,655,400원 및 이에 대한 지연이자 상당의 반환청구권**은 늦어도 이 사건 상가의 부지에 관한 지적정리가 완료된 2007. 3. 26.경 발생하였다 할 것이고, 사해행위로 볼 수 있는 법률행위인 이 사건 신탁계약은 위 청구권 발생 후인 2007. 10. 19. 체결되었으므로, 원고의 B에 대한 위 분양대금반환 청구권은 채권자취소권의 피보전채권이 될 수 있다.

(나) 사해행위 성립 및 사해의사

살피건대, 갑 제7 내지 9호증, 을 제3호증(각 가지번호 포함)의 각 기재 및 변론 전체의 취지에 의하여 인정되는 다음의 각 사정, 즉 ① 이 사건 신탁계약이 체결될 무렵인 2007. 12. 31.경 B의 자산 총액은 156,342,601,260원, 부채 총액은 115,875,205,308원, 자본 총액은 40,467,395,952원이었으나, 당시 B의 재무제표에서 그 재산상 가치가 62,655,200,600원으로 평가된 이 사건 각 부동산의 소유 명의가 이 사건 신탁계약에 기하여 대한토지신탁 앞으로 이전됨에 따라, B의 자본 총액은 −22,187,804,648원(= 40,467,395,952원 − 62,655,200,600원)이 되어 채무초과 상태에 이르게 된 점, ② 이 사건 신탁계약 체결 당시 분양사업의 목적물인 건물은 이미 완공되어 있었고 위 분양사업의 시행인 B와 수분양자들 사이에 위 건물에 관한 분양계약까지 거의 완료된 상태였으므로, B가 자금난으로 해당 사업을 계속 추진하기 어려운 상황에서 자금을 융통하여 사업을 계속함으로써 채무변제력을 갖출 목적으로 대한토지신탁과 사이에 이 사건 신탁계약을 체결하였다고 보기는 어려운 점, ③ 당초 이 사건 신탁계약의 수익자는 B로 지정되어 있었으나 2009. 7. 30. B의 최대주주이자 모회사인 J공사(이하 '소외 공사'라 한다)가 신탁원부에 우선수익자(우선수익의 범위 : 소외 공사가 B에 대하여 가지는 제반 권리의 금전적 가치의 합계액)로 추가되었고 2012. 7. 16. 디케이엠에스제사차유한회사가 **신탁원부에 공동우선수익자로 추가됨으로써, B의 채권자들이 위 신탁재산(B의 수익권)에 대한 강제집행을 통하여 채권을 추심하는 것이 사실상 불가능하게 된 점** 등을 종합하면, B와 대한토지신탁 사이에 체결된 이 사건 신탁계약은 B의 다른 채권자들에 대한 공동담보를 감소시키는 사해행위에 해당한다고 봄이 상당하고, 이 경우 수익자인 대한토지신탁의 악의는 추정되므로, 특별한 사정이 없는 한 이 사건 신탁계약은 사해행위로서 취소되어야 한다.

※ 서울고등법원 2015. 5. 1. 2014나10115호에서 무자력이 아닌 유자력으로 인정되어 사해행위 취소 청구가 기각되었으나 상기 1심처럼 무자력으로 인정될 경우 수탁자의 신탁에 의한 소유권이전등기는 사해행위로 말소될 수 있다.

사해신탁 취소 청구 기각 판례(우선수익자인 금융기관의 선의 인정)

② 부산지방법원 동부지원 2022. 6. 29. 선고 2020가합1232 판결 [사해행위 취소 청구 기각]

앞서 본 신탁법 규정에 따르면, 신탁계약이 사해신탁에 해당하더라도 수익자가 수익권을 취득할 당시 선의인 경우에는 수탁자의 선의·악의를 불문하고 그 취소를 구할 수 없다.

이 사건 신탁계약 당시 우선수익자인 E조합 및 F조합이 선의인지 여부에 관하여 먼저 살피건대, 이 법원의 E조합 및 F조합에 대한 각 금융거래정보 제출명령 회신에 변론 전체의 취지를 더하여 인정할 수 있는 다음과 같은 사정,

즉 ① E조합 및 F조합은 C와는 이 사건 신탁계약과 함께 이루어진 대출거래 외에 다른 거래관계가 있었던 것으로 보이지 않는 점, ② E조합 및 F조합의 C에 대한 대출 관련 자료상으로도 C가 이 사건 신탁계약 당시 신용이나 재정 악화 등으로 무자력 상태에 있었다고 볼 만한 뚜렷한 내용은 없는 점, ③ E조합 및 F조합의 C에 대한 대출 당시 이 사건 각 부동산의 감정평가액은 합계 114억 원에 이르는 반면, E조합 및 F조합의 대출금은 각 48억 원과 7억 원에 불과하여 E조합 및 F조합과 C의 대출 거래가 거래관행이나 사회통념에 비추어 이례적인 것으로 보이지 않는 점, ④ 그러한 상황에서 **E조합 및 F조합이 이 사건 신탁계약의 취소로 인한 담보 상실의 위험을 감수하면서까지 C에게 대출을 실시할 만한 특별한 이유가 있었던 것으로 보이지 않는 점 등을 종합해보면, 우선수익자인 E조합 및 F조합으로서는 이 사건 신탁계약이 사해신탁에 해당한다는 점을 알지 못하였다고 봄이 상당하고**, 원고가 제출한 증거만으로는 위와 같은 인정을 뒤집기 부족하다. 결국 이 사건 신탁계약의 수익자의 선의가 인정되는 이상 원고는 수탁자인 피고를 상대로 사해행위 취

소를 구할 수 없으므로, 원고의 주장은 나머지 점에 관하여 더 나아가 살필 필요 없이 이유 없다.

③ 서울중앙지방법원 2016. 5. 18. 선고 2015가단5234865 판결 [사해행위취소 기각]

2) 나아가 신탁법 제8조 제1항은 '채무자가 채권자를 해함을 알면서 신탁을 설정한 경우 채권자는 수탁자가 선의일지라도 수탁자나 수익자에게 민법 제406조 제1항의 취소 및 원상회복을 청구할 수 있다. 다만, 수익자가 수익권을 취득할 당시 채권자를 해함을 알지 못한 경우에는 그러하지 아니하다'고 규정하고 있는데, 을 제1, 3, 7호증(각 가지번호 포함)의 각 기재에 변론 전체의 취지를 더하면 이 사건 신탁계약 당시 이 사건 빌라는 원고의 세 차례 강제경매개시신청이 모두 취하되었고 그 외 등기부상 가압류, 가처분, 강제집행 등이 경료되어 있지 아니한 사실, ○○새마을금고가 의뢰하여 실시한 감정평가에서 이 사건 빌라는 감정평가액(2,787,000,000원)이 근저당권의 채권최고액(2,060,000,000원)을 크게 초과하는 것으로 평가된 사실, **○○새마을금고 내부의 대출심의 의결서 등에도 A의 원고에 대한 체납 조세 채무에 관한 내용을 찾을 수 없는 사실**이 인정되는바, 이에 의하면, 이 사건 신탁계약의 1순위 우선수익권자인 ○○새마을금고가 이 사건 신탁계약 체결 당시 원고를 포함한 채권자들을 해함을 알지 못하였다고 보이므로 이 사건 신탁계약의 취소는 허용되지 아니한다.

④ 울산지방법원 2021. 4. 14. 선고 2019가합18224 판결 [사해신탁취소 기각]

자금난으로 사업을 계속 추진하기 어려운 상황에 처한 채무자가 자금을 융통하여 사업을 계속 추진하는 것이 채무를 변제하는 최선의 방법이라 생각하고, 특정 채권자에게 부동산을 담보로 제공한 후 그로부터 신규자금을 추가로 융통받았다면 이는 특별한 사정이 없는 한 사해행위에 해당하지 않는다. 이러한 법리는 담보권 설정에 갈음하여 신규로 자금을 제공하는 채권자와 그 채권자를 수익자로 하는 신탁계약을 체결하고 신탁을 원인으로 소유권이전등기를 하는 경우에도 마찬가지이다. 이러한 방식의 신탁행위가 사해행위 또는 사해신탁에 해당하는지 여부는 신탁계약 당시의 채권채무관계·신탁의 경위·목적·경제적 의미·신탁을 통하여 제공받은 자금의 용처 등 관련 사정들을 종합적으로 고려하여 합목적적으로 판단해야 한다(대법원 2008. 10. 23. 선고 2008다42874 판결, 대법원 2005. 11. 10. 선고 2005다33718 판결 등 참조).

나. 판단

살피건대, 앞서 인정한 사실 및 앞서 든 증거들을 종합하여 인정되는 다음과 같은 사정들에 비추어 보면, 원고가 제출한 증거들만으로 이 사건 신탁계약이 사해신탁에 해당한다고 보기 부족하고, 달리 이를 인정할 만한 증거가 없다.

즉, ① 이 사건 회사는 이 사건 신탁계약이 체결될 무렵 원고에 대한 공사대금 등 채무를 변제하지 못하고 있었고, 이에 원고는 이 사건 부동산에 대한 유치권 행사를 고려하고 있었다는 것인바, 그러한 상황에서 이 사건 회사로서는 신규자금을 융통함이 없이 다세대주택의 신축사업을 계속할 별다른 방안이 없었을 것으로 보인다.

② 이 사건 회사는 2018년 6월경 이 사건 신탁계약에 기한 우선수익권을 담보로 G조합으로부터 19억 원을 차용하기로 하면서 이 사건 신탁계약을 체결하였는데, 위 19억 원 중 1,347,855,771원은 이 사건 부동산 부지에 관한 근저당권자인 H 조합에게 지급되었고, 2억 7,000만 원은 원고에게 공사대금 등 변제 명목으로, 나머지 81,553,460원은 신탁등기 등 각종 비용 명목으로 사용되었다.

③ 이 사건 회사는 위와 같이 신규자금 19억 원을 차입하여 H조합에 대한 채무를 변제함으로써 신축한 집합건물인 이 사건 부동산에 대한 소유권보존등기를 마칠 수 있었던바, 위 신탁으로 인하여 이 사건 회사의 책임재산이 실질적으로 감소된 것으로 평가할 수는 없다.

④ 이 사건 신탁계약으로 신탁재산인 이 사건 부동산의 소유권이 피고에게 이전되나, 신탁재산은 소비하기 쉽도록 현금화되지 아니하고, 신탁원부에 신탁에 관한 모든 사항이 공시되므로 원고로서도 신탁재산의 운용상태를 확인 및 감시할 수 있으며, 피고는 자본시장과 금융 투자업에 관한 법률에 따라 인가받은 신탁업자로서 피고에게 공신력 있는 신탁사무의 처리를 기대할 수 있어 보인다.

⑤ 위와 같이 이 사건 신탁계약 체결 당시 이 사건 회사의 자금 상황, 이 사건 신탁계약을 체결하게 된 경위, 이 사건 신탁계약을 통해 제공받은 자금의 용처 등을 종합하여 보면, 이 사건 신탁계약은 이 사건 회사가 다세대주택 신축사업을 계속 추진하여 채무변제력을 확보하는 측면에서 필요하고 부득이한 것이었다고 판단된다.

다. 소결

따라서 이 사건 신탁계약이 사해신탁에 해당한다고 볼 수 없으므로, 이 사건 신탁계약이 사해신탁에 해당함을 전제로 한 원고의 청구는 나머지 점에 대하여 더 살펴볼 필요 없이 이유 없다.

신탁원부를 발급받아
낙찰자의 부담 조건 등 점검

부동산 공매 물건 주소지 등이 포함된 매각 공고를 보고 부동산 등기사항전부증명서상 신탁원부를 발급받아 NPL채권자 겸 우선수익권자를 찾아낸 후 이들과 NPL 취득 협상을 한다. 신탁원부 발급 방법은 다음과 같다.

가. 사설 인터넷 전자민원서비스를 이용할 경우

사설 인터넷전자민원서비스(www.인터넷전자민원서비스.kr, https://www.pureunweb.co.kr) 사이트는 신탁원부 발급을 수수료를 받고 대행해줌으로 본인이 법원에 방문하지 않고, 수수료만 지급하면 편리하게 신탁원부 등을 카카오톡이나 이메일로 수령할 수 있다. 자세한 이용방법은 다음과 같다.

사이트 접속 → 부동산 등기대장 관련 서류 클릭 → 신청인과 전화번호, 신탁원부 발급 주소 등 입력 후 수령방법(이메일 다운로드 혹은 카카오톡) 선택 → 결제방법 선택 후 동의 및 수수료 결제 → 완료 후 마이페이지에서 처리 결과 확인 → '완결' 표시가 뜨면 발급 완료

폐쇄서류/지방주택가격확인서/신탁원부 등 미전산 서류는 관공서 업무시간 기준으로 1~2시간이 소요된다.

해당 대행업체에서 신탁원부를 발급받은 후 '오○○님, 인터넷전자민원서비스입니다. 신청하신 신탁원부 서류는 이메일 전송이 완료되었습니다'라고 문자 메시지를 받으면 이메일에서 신탁원부를 다운받을 수 있다.

나. 법원 인터넷등기소에서 신탁원부 발급예약 후 방문 수령할 경우

법원 인터넷등기소에서 신탁원부 발급예약을 할 경우, 반드시 인터넷등기소에 본인의 아이디 및 비밀번호로 회원가입을 해야 한다. 신탁원부 발급예약 후 음영화 작업이 완료되면 등기소나 법원 등기과를 방문해서 이를 수령해야 하므로, 몇 건 안 되는 경우 앞선 사설 대행 서비스를 이용하는 것이 더 편리하다.

신탁원부에는 발급예약이 필요한 경우와 아닌 경우가 있는데, 이를 확인하는 절차는 다음과 같다.

법원 인터넷등기소 접속 → '등기열람/발급' 클릭 → 부동산 : '폐쇄등기부 등 발급예약' 클릭 → 발급 예약 진행 : 신탁원부 부동산 물건 주소 입력 → 문서구분 : 영구보존문서 지정 → 하단의 '선택' 클릭 → '신탁원부' 클릭 → 하단에 **'발급예약 없이 등기소에서 발급 가능'**하다는 문자가 표시된 경우 가까운 등기소 또는 법원 등기과에 방문해 발급받기

발급예약 후 진행해야 하는 경우 다음의 방법으로 진행한다.

법원 인터넷등기소 접속 → '등기열람/발급' 클릭 → '부동산 : 폐쇄등기부등 발급예약' 클릭 → 발급예약 진행 : 신탁원부 부동산 물건 주소 입력 → 문서구분 : 영구보존문서 지정 → 하단의 '선택' 클릭 → '신탁원부' 클릭 → '다음' 클릭 → 전자우편주소, 휴대전화번호 입력 → 'SMS수신동의' 클릭 → '다음' 클릭 → 하단의 '신청' 클릭 → '발급예약 내역보기'에서 '상세' 클릭 → '접수' 혹은 '처리 중', '처리완료' 등의 상태 표시 확인

완료 예정 일시는 업무량에 따라 단축 또는 지연될 수 있으며, 발급 예약 신청인 정보를 입력한 경우 음영화 작업 완료 즉시 등기소에서 핸드폰으로 '[Web발신] ○○타워 제2층 제207호(접수 2024-0000000) 등기소에 방문하여 발급 신청하십시오'라고 문자 메시지로 통지가 온다.

추가로 등기소에서 이메일로 '안녕하십니까? 대한민국 법원 인터넷등기소입니다. 귀하가 20xx.xx.xx.에 이미지 폐쇄등기부 등에 대하여 발급예약하신 접수번호(발급예약번호 2024-0000000)의 처리가 완료되었으니 가까운 등기소(국)에 방문하여 발급받으시기 바랍니다. 자세한 사항은 대한민국 법원 인터넷등기소(http://www.iros.go.kr)를 참고하시고, 등기소(국) 방문 시 신청한 부동산 표시정보와 접수번호(발급예약번호 2024-0000000)를 기재하여 등기사항증명서를 발급받으시기 바랍니다'라고

이메일로도 통지가 온다.

　음영화 완료 통지를 받으면 가까운 등기소 또는 법원 등기과의 부동산등기사항 창구에 방문해서 부동산 등기사항전부증명서 발급신청서 양식을 작성한다. 여기에 신청인 성명, 연락처 기재, 부동산의 표시에 주소 기재(부동산 고유번호도 가능), 집합건물, 토지, 건물 중 필요한 통수 기재, 필요한 증명서, 영구보존문서 선택, 기타 – 요약표 선택 후 번호표 뽑기, 창구에 발급신청서 제출 후 카드 단말기로 발급 수수료를 결제한 다음 개인정보가 음영화 된 신탁원부를 수령한다.

NPL 승계취득 후 우선수익권 증서 및
신탁원부상 우선수익권자 변경 등 사후관리

　신탁 NPL 및 우선수익권 승계취득 후 취득자는 수탁사에게 우선수익권증서 및 신탁원부에 대한 수익권자 변경 신청 후 변경된 우선수익권자 증서 및 변경된 신탁원부(신탁원부 기록변경 신청 : 처분승낙한 수탁사와 기존 우선수익권자의 변경 동의 날인 및 승계수익자의 변경신청 날인 필요)가 포함된 부동산 등기사항전부증명서를 발급받아 승계수익자가 보관한다.

　그 밖에 NPL 승계취득자는 NPL 서류 원본을 기존 NPL채권자로부터 교부받아 보관한다. 이후 신탁부동산 공매로 배당받은 금액으로 NPL에 변제 충당해서 채권을 회수하면 된다. 잔존채권이 발생하면 소멸시효 중단 등을 위해 채무자를 상대로 지급명령 신청 등 집행권원을 취득 후 채무자의 일반재산을 조사해서 추심한다.

신탁원부를 구성하는
부동산담보신탁계약서(안)

신탁원부를 구성하는 부동산담보신탁계약서의 내용은 신탁사별로 약간의 차이가 있는데 여기서는 다른 신탁사와 구별되는 약정 조항을 모두 통합 후 다음과 같이 '부동산담보신탁계약서(안)'를 만들었다. 여기에 공매처분 및 방법, 진행 절차, 낙찰자 부담 조건 등이 모두 담겨 있고, 이를 포함하는 내용으로 대부분의 신탁부동산 공매 입찰 공고(안)가 작성되어 공고된다.

가. 신탁원부에 첨부되는 부동산담보신탁계약서(안)의 내용

부동산담보신탁
제   호

부동산담보신탁계약서

위탁자 :

수탁자 : ○○자산신탁(주)

부동산담보신탁계약서

위탁자 _____(이하 "甲"이라 함)은 "별지2" 기재의 부동산(이하 "신탁부동산"이라 함)을 수탁자인 ○○자산신탁(주)(이하 "乙"이라 함)에 신탁하고 다음과 같이 부동산담보신탁계약(이하 "신탁계약"이라 함)을 체결한다.

제1조(신탁목적)
이 신탁은 신탁부동산의 소유권 관리와 위탁자 甲(채무자가 따로 있는 경우에는 이를 포함한다. 이하 같다)이 부담하는 채무 내지는 책임의 이행을 보장하기 위하여 수탁자 乙이 신탁부동산을 보전·관리하고 채무 불이행 시 환가·정산하는데 그 목적이 있다.

제2조(신탁기간)
① 신탁계약기간은 "별지1"의 1과 같이 하며, 신탁기간 만료 전에 甲과 乙이 협의하여 그 기간을 연장할 수 있다.
② 제1항의 신탁기간 만료 전에 우선수익자의 요청 등에 의하여 신탁부동산을 처분한 경우에는 양수인에게 소유권이전등기를 마친 때에 이 신탁이 종료한 것으로 본다.

다른 신탁사의 약정 내용(예시)

제2조(용어의 정의)
이 신탁계약에서 사용하는 용어는 아래에서 정의하는 의미를 갖는다.
① "위탁자"란 신탁부동산을 수탁자에게 위탁하는 자를 말한다.
② "수탁자"란 이 신탁계약에 따라 신탁부동산을 신탁재산으로 인수하는 자를 말한다.
③ "수익자"란 이 신탁계약에 따라 신탁재산으로부터 금전의 지급을 받거나 그 밖의 이 신탁계약상의 권리를 갖고 의무를 부담하는 자로서 별첨 2에 적힌 자를 말한다.
④ "우선수익자"란 이 신탁계약에 따라 신탁재산으로부터 금전의 지급을 받거나 그 밖의 이 신탁계약상의 권리를 갖고 의무를 부담하는 자로서

별첨2에 적힌 자를 말하며, 이 신탁계약상 별도로 규정하지 않는 한 우선수익자를 포함한다.

⑤ "수익권"이란 이 신탁계약에 따라 수익자가 신탁재산으로부터 금전을 지급받을 권리 그 밖의 이 신탁계약상 수익자가 갖는 모든 권리를 말한다.

⑥ "우선수익권"이란 이 신탁계약에 따라 우선수익자가 신탁재산으로부터 금전의 지급을 받거나 그 밖의 이 신탁계약상 우선수익자가 갖게 되는 권리를 말한다.

⑦ "우선수익권금액"이란 우선수익자가 이 신탁계약에 따라 신탁부동산의 처분대금 등 신탁재산으로부터 피담보채권의 변제를 위하여 우선하여 지급받게 될 금액의 한도로서, 별첨2에 적힌 것을 말한다.

⑧ "피담보채권"이란 이 신탁계약에 따라 우선수익자가 신탁재산으로 그 변제를 담보하고자 하는 채권으로서 신탁재산을 담보로 하며 이는 별첨2에 적힌 것을 말한다.

⑨ "채무자"란 피담보채권에 관한 채무를 이행하여야 하는 자로서 별첨2에 적힌 자를 말한다.

⑩ "신탁부동산"이란 이 신탁계약에 따라 위탁자가 수탁자에게 신탁하는 별첨 1 에 적힌 부동산을 말한다.

⑪ "신탁재산"이란 이 신탁계약 제4조에 따라 신탁재산에 속하는 재산을 말한다.

⑫ "신탁기간"은 이 신탁계약 제3조에 정의된 기간을 말한다.

⑬ "신탁특약"이란 위탁자와 수탁자가 이 신탁계약에서 정하지 아니한 사항 또는 이 신탁계약과 달리 정하고자 하는 사항을 정하기 위하여 이 신탁계약의 별첨4에 첨부된 신탁특약을 말한다.

제2조의 2(위탁자의 변경)

① 위탁자는 수탁자 및 수익자 전원의 동의를 받아 위탁자의 지위를 제3자에게 이전할 수 있다. 이로 인한 신탁원부 등에 적힌 내용 변경 및 수익권증서 발행에 따른 비용은 위탁자가 부담한다.

② 제1항의 경우 위탁자가 여러 명일 때에는 다른 위탁자의 동의도 받아야 한다.

제3조(수익자)

① 이 신탁계약에서 수익자는 "별지1"의 2와 같이 한다.

② 甲은 乙의 승낙을 얻어 수익자를 새로 지정하거나 변경할 수 있다. 다만, 기존의 우선수익자를 변경하고자 하는 경우에는 그 우선수익자의 동의가 있어야 한다.

③ 제2항의 경우 발생하는 비용은 甲이 부담한다.

제4조(신탁 원본)

신탁원본은 신탁부동산과 신탁부동산의 관리, 처분, 운용, 수용, 멸실, 훼손 그 밖의 사유로 수탁자가 얻은 재산(수용보상금, 보험금 등 신탁재산에 관한 물상대위로 취득한 재산 포함), 乙이 임대인으로서 취득·보관하는 임대차보증금, 신탁부동산의 처분대금 및 처분절차와 관련하여 발생된 위약금, 신탁재산에 속하는 금전의 운용에 의하여 발생한 이익, 제11조 보험계약에 의한 보험금 및 기타 이에 준하는 것으로 한다.

제5조(신탁수익)

신탁수익은 신탁부동산으로부터 발생하는 임대료, 신탁재산에 속하는 금전의 운용에 의하여 발생한 이익 기타 이에 준하는 것으로 한다.

제6조(수익권증서)

① 乙은 甲의 청구가 있는 경우에 이 신탁계약을 증명하기 위한 수익권증서를 발행하여 甲에게 교부할 수 있다.

② 乙은 신탁부동산에 대한 신탁등기 및 보험가입을 종료한 후에 부동산 가격 내에서 신탁부동산 담보목적의 수익권증서를 발행하여 우선수익자에게 교부하여야 한다.

③ 수탁자는 신탁부동산에 대한 신탁등기 및 보험부보를 완료한 후에 부동산 가격 내에서, 우선수익자 앞으로 수익권증서를 발행하여 위탁자에게 교부한다.

④ 위탁자가 신탁기간 중 우선수익자를 추가 지정하여 수탁자에게 수익권증서의 발급을 요청하는 경우에 수탁자는 신탁부동산의 잔존 담보가격 내에서 우선수익자가 요구하는 금액으로 수익권증서를 발급할 수 있다. 이때 신탁원부등 기재내용 변경에 따른 일체의 비용은 위탁자가 부담한다.

⑤ 위탁자가 우선수익자를 변경 지정하고자 하는 경우에는 후순위 우선수익자가 없는 경우 또는 후순위 우선수익자의 동의를 얻은 경우에 한하여 기발행된 수익권증서와 상환으로 변경된 수익권증서를 재발행할 수 있다. 이때 신탁원부 등 기재내용 변경에 따른 일체의 비용은 위탁자가 부담한다.

⑥ 위탁자가 이 신탁계약에 따라 수익자를 추가로 지정하거나 변경할 수 있는 권리는 상속을 원인으로 제3자에게 승계되지 아니한다.

⑦ 우선수익자가 다수 있는 경우에는 상호 신탁이익의 교부순서는 수익권증서에 기재되어 있는 순위에 의한다.

⑧ 甲은 수익권증서를 신탁목적에 적합하게 사용하여야 하며, 乙의 동의 없이 이를 타인에게 양도하거나 담보의 목적으로 질권설정 등 처분행위를 할 수 없다.

제7조(우선수익자의 수익권)

① 우선수익자가 갖는 수익권의 수익 범위는 우선수익자와 주 채무자("별지1"의 3) 간의 여신거래 및 보증채무로 인하여 증감 변동된 우선수익자의 원금, 이자 및 지연손해금 등으로 한다. 단, "별지1"의 4를 최고한도로 한다.

② 제1항에 불구하고, 甲이 주 채무자가 아닌 경우에 우선수익자의 수익권의 범위는 甲과 우선수익자 간의 보증계약, 담보설정계약 등에 기한 채무를 기준으로 한다.

③ 신탁부동산의 신탁원본에 대한 우선수익자의 수익권은 수익자의 수익권보다 우선한다. 단, 제5조에 의한 신탁수익에 대한 수익권의 귀속은 甲과 乙 간의 합의에 의한다.

④ 우선수익자가 갖는 수익권의 유효기간은 이 신탁계약에 의하여 우선수익자로 지정 등기된 날로부터 이 신탁계약 종료일까지로 한다.

⑤ 우선수익자는 乙의 사전 동의 없이는 신탁기간 중 우선수익자의 지위를 타인에게 양도 또는 명의변경하거나 수익권에 대하여 질권의 설정 등 기타 처분행위를 할 수 없다.

⑥ 甲 및 그 승계인은 우선수익자의 지위를 가질 수 없다.

⑦ 신탁재산의 처분정산 시, 선순위 우선수익권이 소멸한 경우에는 차순위 우선수익자의 순위가 승진한다.

제8조(신탁부동산의 소유권 이전 및 신탁등기)

① 甲은 신탁계약 체결 즉시 신탁부동산의 소유권을 乙에게 이전하여야 한다.
② 제1항의 경우 甲은 등기필증, 인감증명서, 위임장 등 소유권이전등기 및 신탁등기에 필요한 제반서류를 乙에게 제공하여야 한다. 이때 소요되는 제비용은 甲이 부담한다.

제9조(신탁부동산의 보전관리 등)
① 甲은 신탁부동산을 사실상 계속 점유 사용하고, 신탁부동산에 대한 실질적인 보존과 일체의 관리행위 및 이에 따른 비용 일체를 부담한다.
② 甲은 乙의 사전승낙이 없는 경우에는 신탁부동산에 대하여 임대차 등 권리의 설정 또는 그 현상을 변경하는 등의 방법으로 가치를 저감하는 행위를 하여서는 아니된다.
③ 甲은 신탁부동산의 멸실, 훼손 등 기타의 사고 발생 또는 이와 같은 사태의 발생이 예상되는 경우에는 즉시 이를 乙에게 통지하여야 한다.
④ 甲이 제3항을 위배함으로써 乙이 부담하게 되는 손해배상책임에 대해서는 甲이 이를 부담하기로 한다.
⑤ 甲은 신탁부동산의 가치보전 및 처분에 필요한 乙의 재산관리 행위를 용인·협조하여야 한다.
⑥ 乙의 재산관리기간은 이 신탁계약이 존속하는 기간으로 하며, 신탁기간이 연장 또는 단축되는 경우에도 또한 같다.

제10조(임대차 등)
① 이 신탁계약 이전에 甲과 임차인 간에 체결한 임대차계약이 있을 경우 그 임대차계약은 그 상태로 유효하며 임대차보증금의 반환의무, 기타 임대인으로서의 책임 및 권리 등 甲이 임대인의 지위를 계속하여 유지하는 것으로 한다. 단, 임대차계약상 임대인의 명의를 乙로 갱신하고 임대차보증금을 甲과 乙 간에 인수·인계하는 경우에는 임대인의 지위를 乙이 승계하는 것으로 한다.
② 제1항의 경우 임대차보증금 외에 임차인이 甲에게 지급하는 차임이 있을 때에는 그 차임은 甲이 계속 수령하는 것으로 하며, 甲이 수령하는 차임은 이 신탁계약과 관련하여 우선수익자와 주 채무자 간의 여신거래계약 및 보증채무계약상 원리금상환에 우선적으로 충당함을 원칙으로 한다. 단, 甲이 물상보증인인 경우에는 보증채무가 발생한 경우부터 그러하다.

③ 신탁기간 중 임대차계약 기간의 만료 또는 임대차계약의 해지 등으로 인하여 임대인 명의를 甲으로 하는 새로운 임대차계약을 체결하는 경우 제9조 제2항에 따라 乙의 사전승낙을 얻어야 한다. 이 경우 乙은 임대차계약과 관련하여 권리의무를 부담하지 않으며, 제18조의 경우에 임차인에 대한 명도청구 등 乙의 조치사항을 임대차계약서에 명기하여야 한다.

④ 제3항의 규정에도 불구하고 甲이 임의로 체결한 임대차계약은 이로써 乙에게 그 효력을 주장할 수 없으며, 그로 인해 발생하는 일체의 손해를 甲은 乙에게 배상하여야 한다.

⑤ 제3항의 규정에 의하여 甲 명의로 새로운 임대차계약을 체결하는 경우 임차인의 요구가 있으면 甲과 乙이 공동날인한다.

⑥ 신탁계약기간 중 임대인 명의를 乙로 하는 새로운 임대차계약을 체결하는 경우에는 甲과 乙 간에 별도의 특약을 체결하여 그에 따르기로 한다.

⑦ 신규 임대차보증금 또는 재임대차보증금이 기임대차보증금보다 많을 경우에는 乙이 우선수익자와 협의하여 그 결과에 따라 처리하거나 甲과 乙 간 특약을 체결하여 그에 따라 乙이 관리하도록 한다.

제11조(보험계약)

① 신탁부동산에 대한 보험계약은 乙이 정하는 방법으로 체결하며 이 계약이 존속하는 동안 이를 계속하여야 한다. 이 경우 보험계약의 계약자는 甲, 수익자는 乙로 한다.

② 이 신탁계약 이전에 체결된 보험계약이 있는 경우에는 보험수익자를 乙로 변경한다.

③ 제1항에 의한 보험계약에 근거하여 乙이 보험금을 수령하였을 때에는 다른 신탁목적물을 추가 제공하는 등의 상당한 사유가 없는 한 그 수령금으로 신탁부동산에 이해관계를 가진 권리자의 채권을 보전하기 위하여 신탁기간 만료 전 임에도 불구하고 제22조에서 정한 방법에 따라 정산할 수 있다.

제12조(신탁계약 물건 추가제공)

① 신탁부동산의 가치가 저감되어 우선수익자의 채권보전에 부족 또는 그 발생이 예견되는 때에는 우선수익자 또는 乙의 청구에 의하여 甲은 乙이 인정하는 부동산을 이 신탁계약의 추가 목적물로 제공하여야 한다.

② 위탁자가 신탁부동산에 건물을 신축, 증축 또는 대수선하는 경우 건물 사용승인이 있을 때까지 우선수익자의 채권이 잔존하는 경우에는 건물 사용승인과 동시에 신축 등으로 증가 및 변경된 건물을 수탁자에게 추가로 신탁하여야 한다.

③ 전항의 증가 및 변경된 건물에는 완성 건물 뿐만 아니라 시설물 및 미완성 건물을 포함한다.

④ 위탁자 甲이 제1항에 의한 추가 목적물 제공을 거부하거나 상당기간 이행하지 못하는 경우 수탁자 乙은 우선수익자의 청구에 의해 신탁부동산을 처분할 수 있다.

제13조(선관주의 의무 및 하자담보책임)

① 乙은 신탁부동산의 담보가치 보전 및 기타 신탁사무에 대하여 선량한 관리자의 주의의무를 가진다.

② 甲 또는 수익자에게 손해가 발생되더라도 乙의 고의 또는 과실에 의하지 아니한 경우에는 乙은 그 책임을 부담하지 아니한다.

③ 甲은 신탁부동산의 권리 등의 하자 및 이로 인한 乙 및 우선수익자의 손해에 대해 책임을 부담한다.

제14조(신탁재산에 속하는 금전의 운용방법)

① 제21조, 제22조 제3항의 신탁부동산 처분과 관련된 계약보증금 및 중도금은 금융기관에 예치하되 동 운용방법은 乙이 정한다.

② 수탁자는 신탁재산을 다른 신탁재산 및 수탁자의 고유재산과 구분하여 관리하여야 한다.

제15조(비용의 부담)

① 신탁부동산 및 신탁이익에 대한 제세공과금, 유지관리비 및 금융비용 등 기타 신탁사무의 처리에 필요한 제비용 및 신탁사무처리에 있어서의 乙의 책임 없는 사유로 발생한 손해는 甲의 부담으로 한다.

② 신탁재산에 속하는 금전이 제1항의 제비용 등의 지급에 부족하고 甲으로부터 그 부족 금액을 받을 수 없을 경우에는 乙이 상당하다고 인정한 방법으로 신탁부동산의 일부 또는 전부를 매각해서 대위 지급할 수 있다. 또는 신탁재산을 담보로 제공하여 지급에 필요한 금원을 차용하거나 수익자에게 그 지급을

청구할 수 있다.

③ 甲이 제1항의 비용 등을 지급시기에 납부치 않는 경우에는 乙이 대신 납부할 수 있으며, 이 경우에는 그 지급일로부터 우선수익자로 처음 지정된 금융기관 연체이율에 의한 지체상금을 乙에게 지급하여야 한다.

④ 乙은 제3항의 대납금과 지체상금을 甲 또는 우선수익자에게 지급할 금전 또는 재산 중에서 이를 공제·수취할 수 있다.

제16조(신탁의 계산 및 수익의 교부)

① 신탁부동산에 관한 계산기일은 매년 12월 31일 및 신탁종료일로 하고, 乙은 당해기의 수지계산서를 작성해서 수익자에게 통보하고 신탁수익은 현물로 교부한다.

② 계산기 이전에 甲과 乙이 합의하는 경우에는 신탁부동산에 의하여 발생된 수익과 비용 및 신탁보수를 매월 또는 매분기별로 가정산할 수 있다.

③ 이 신탁계약에 따른 신탁이 종료한 경우, 수탁자는 지체 없이 신탁사무에 관한 최종의 계산을 하고, 수익자와 귀속권리자의 승인을 받아야 한다.

④ 수익자와 귀속권리자가 제1항의 계산을 승인한 경우 수탁자의 수익자 및 귀속권리자에 대한 책임은 면제된 것으로 본다. 다만 수탁자의 직무수행에 부정행위가 있었던 경우에는 책임이 면제되지 않는다.

⑤ 최종계산서에 대하여 수익자 및 귀속권리자가 승인을 하지 아니한 경우 수탁자는 수익자 및 귀속권리자에게 최종계산의 승인을 요구하고, 수익자 및 귀속권리자는 계산승인의 요구를 받은 때로부터 1개월 이내에 승인 여부를 수탁자에게 통지하여야 한다.

⑥ 수탁자는 제3항의 계산승인을 요구하는 경우 "수익자 및 귀속권리자는 최종계산에 대하여 이의가 있는 경우 계산승인을 요구 받은 때로부터 1개월 이내에 이의를 제기할 수 있으며, 그 기간 내에 이의를 제기하지 않으면 수익자 및 귀속권리자가 최종계산을 승인한 것으로 본다"라는 취지의 내용을 수익자 및 귀속권리자에게 알려야 한다.

⑦ 수익자 및 귀속권리자가 수탁자로부터 제3항의 계산승인을 요구 받은 때로부터 1개월 내에 이의를 제기하지 아니하는 경우 제1항의 계산을 승인한 것으로 본다.

⑧ 수탁자는 신탁의 계산이 완료된 후 수익자에게 신탁재산을 인도하여야 한다.

제17조(신탁보수)

① 신탁보수는 "별지3"의 1에 의하여 산출된 금액으로 한다.

② 제1항의 신탁보수는 수익권증서를 발급함으로써 지급의무가 발생한다.

　(수익권양도 등에 따른 원부변경 보수는 보수 관련 특약에 기재할 것)

③ 신탁부동산 처분에 따른 신탁보수는 제1항에서 정한 보수 외에 별도로 신탁 재산의 처분금액을 기준으로 "별지3"의 2 기준을 적용하여 산출한다.

④ 제3항에서 정한 신탁보수는 계약보증금 수령시 보수의 50%를, 처분 잔대금 수령 시 나머지 보수 50%를 지급하기로 한다. 단, 乙은 해약이 된 경우에도 계약보증금 수령 시 받은 보수를 甲에게 환급하지 않는다.

　또는 제4항에서 정한 환가처분 시 매매계약 체결 후 매수자 귀책사유로 인하여 매매계약이 무효, 취소 또는 해제되어 수탁자가 위약금으로 계약보증금을 귀속시킨 경우로서 귀속된 계약보증금이 수탁자가 계약보증금 수령 시 받은 보수를 초과하는 경우에는 신탁보수를 위탁자에게 환급하지 않는다.

⑤ 신탁계약이 신탁기간 중 중도해지 되는 경우 신탁보수는 환급하지 아니한다.

⑥ 乙이 입주자의 알선을 행한 때에는 제1항 및 제3항에서 정한 신탁보수와 별도로 부동산 임대차 중개수수료 상당액을 받을 수 있다.

제18조(신탁부동산 처분시기)

① 乙은 다음 각 호의 1에 해당하는 경우에 신탁기간 종료 전이더라도 우선수익자의 청구에 의하여 신탁부동산을 처분할 수 있다. 다만, 제3호의 사유 발생으로 위탁자가 우선수익자의 채권을 확보하기에 충분하다고 인정하는 부동산을 추가 제공하는 경우에는 처분하지 아니한다.

　1. 우선수익자와 채무자 간에 체결한 여신거래 및 보증채무 약정 불이행 시. 단, 甲이 주 채무자가 아닌 경우에는 甲과 우선수익자 간의 보증계약, 담보 설정 계약 등에 기한 채무 불이행 시

　2. 甲이 신탁계약을 위반한 경우

　3. 기타 담보가치 저감 등 환가요인 발생 시

② 신탁계약 체결 시 甲으로부터 임대차보증금을 인계받지 못한 乙이 신탁등기 전 주택임대차보호법 또는 상가건물임대차보호법상의 대항력 있는 임차인으로부터 임대차보증금의 반환을 요청받고 동 사실을 甲에게 통지하여 임대차보증금의 반환을 촉구하였으나 甲이 이를 이행하지 아니하는 경우에 乙은 신

탁부동산을 처분할 수 있다.

③ 제1항 및 제2항의 경우 乙은 乙에게 신고된 최종 주소로 서면통지 등을 발송하면 보통의 우송기간이 경과한 때에 甲에게 도달한 것으로 보며, 甲은 신탁부동산 처분사실을 사전에 인지하지 못한 이유 등으로 乙에게 처분행위에 대하여 이의를 제기하지 못한다.

다른 신탁회사의 약정 내용(예시)

제18조(신탁부동산의 처분)

① **수탁자는** 채무자가 피담보채권에 관한 채무를 불이행하여 기한의 이익이 상실된 경우 **위탁자에게 14일 이상의 기간을 부여하여 위반사유를 해결하여 없앨 것을 요구하였음에도** 불구하고 위탁자가 적절한 조치를 취하지 아니하는 때에는 **우선수익자의 서면 요청에 의하여 신탁부동산을 처분할 수 있으며**, 우선수익자가 여러 명인 경우에는 **최우선 순위인 우선수익자가 서면으로 요청해야 한다.**

② 제1항의 경우 수탁자는 우선수익자의 신탁부동산 **처분요청을 받은 날로부터 10일 이내에 내용증명우편으로 처분예정 사실을 위탁자에게 통지**하여야 한다. 수탁자가 제1항에 따라 이 신탁계약상 적힌 주소 또는 이 신탁계약 체결 후 위탁자가 신고한 주소로 **2회 이상 내용증명우편에 의한 통지**를 보냈음에도 불구하고 그 통지가 계속 반송된 경우에는 수탁자의 책임 있는 사유 없이 위탁자의 책임 있는 사유로 위탁자의 변경된 주소 등 소재를 알지 못하는 경우에 한하여 **최종 내용증명우편을 발송한 시점에 그 통지가 도달한 것으로 본다.**

제19조(처분 방법)

① 공개경쟁 입찰로 매각하는 것을 원칙으로 한다. 단, 유찰 시 다음 공매공고 전까지 전차 공매조건으로 수의계약할 수 있다.

② 제20조에서 정한 금액 이상을 제시한 응찰자 중 매수희망금액이 가장 높은 자를 낙찰자로 결정한다.

③ 그 밖의 처분조건 및 처분가격, 방법, 절차 등은 신탁 특약으로 정한다.

제20조(공매 예정가격)

① 신탁부동산의 처분 시 예정가격은 감정평가 전문기관의 감정평가액 이상으로 乙이 결정하는 것을 원칙으로 한다. 다만, 신탁기간 개시 후 6개월 이내로서 가격변동 요인이 발생하지 않을 경우에는 수익권증서상의 신탁부동산 가격 이상으로 乙이 결정할 수 있다.

> **다른 신탁사의 약정 내용(예시)**
>
> ① 신탁부동산의 처분 시 예정가격은 **수익권증서에 기재된 재산가액 또는 우선수익권 수익한도 금액 중 큰 금액의 150% 해당 금액을 예정가격**으로 한다. 다만 위탁자 또는 우선수익자의 요청으로 처분을 위하여 **별도의 감정평가**를 하는 경우에는 동 금액을 예정가격으로 한다.

② 제1항의 예정가격으로 처분되지 않을 경우 다음 처분예정가격은 직전의 처분 시 예정가격을 기준으로 10% 해당액을 순차적으로 차감한 금액으로 한다.

제21조(처분대금 납부기한)

① 신탁부동산 처분대금은 처분계약을 체결한 날로부터 **30일(또는 60일)** 이내에 완납하는 것을 원칙으로 한다.

② 3회 이상 처분을 시도하여도 처분되지 않을 경우 매수예정자를 용이하게 확보하기 위하여 신탁부동산의 이해관계인이 가지는 채권을 만족시킬 수 있는 범위 내에서 처분대금 납부기한을 연장하여 분할 납부하게 할 수 있다. 이 경우 예정가격은 직전의 처분 예정가격 미만으로 할 수 없다.

제22조(처분대금 정산방법)

① 乙은 처분대금 등에서 환가절차에 따른 정산순서는 다음과 같이 한다.

   1. 신탁계약과 관련된 비용 및 보수

      가. 비용 : 전기 · 수도 · 관리비 · 보험료 · 신문공고료 등(처분잔대금 수납, 약정일까지 乙 명의로 고지된 재산세 등 조세공과금)

      나. 보수 : 乙에게 지급하여야 하는 재산처분수수료 및 미지급 재산관리 수수료

2. 신탁등기 전 소액임대차보증금(주택임대차보호법 제8조, 상가건물임대차보호법 제14 조)
3. 신탁등기 전 임대차보증금(주택임대차보호법 제3조의 2, 상가건물임대차보호법 제5조), 근저당권(채권최고액 범위 내), 전세권, 등기된 임차권 등의 피담보채권. 단, 이들 간의 순위는 민법의 규정에 의한다.
4. 乙에게 반환의무 있는 임대차보증금 중 제2호 및 제3호에 해당하지 않는 것
5. 우선수익자의 채권
6. 순차 변제하고 잔여액이 있을 경우 그 잔여분을 수익자(수익자가 없으면 甲)에게 지급

② 처분대금 정산시기는 처분잔대금 수납 이후로 한다. 다만, 처분대금을 분할 납부하는 경우 수탁자에게 손해가 없는 때에는 완전 수납 전이라도 정산할 수 있다.

③ 신탁부동산 처분과 관련하여 계약보증금(계약 해제 시 위약금 포함), 중도금, 잔금 등은 이해관계인에게 지급할 때까지 수탁자가 관리하며 그 운용수익금은 제1항의 정산 대금에 포함한다.

③ 처분대금 등의 정산은 처분대금을 전부 받은 후에 하는 것을 원칙으로 한다. 다만 처분대금을 분할 납부하는 경우 제1항의 순서에 따라 지급 가능한 금액의 범위 내에서 중간 정산할 수 있으며, 제1항 제6호 및 제3항의 금액은 위탁자가 매수인에게 신탁부동산을 명도하고 매수인의 인수확인서 원본을 수탁자에게 교부한 경우에 한하여 지급할 수 있다.

④ 신탁부동산에 설정된 권리의 실행으로 신탁부동산의 처분대금 중 전부 또는 일부를 수탁자가 받거나 신탁부동산의 수용에 따른 보상금, 신탁부동산의 멸실, 훼손에 따른 보험금 등 신탁재산에 관한 물상대위권에 기하여 수탁자가 금전을 받은 경우에는 전 3항을 따른다.

제23조(명도의무)
신탁부동산에 대한 처분절차가 개시되는 경우에 甲은 자진 명도하여야 하며, 주택임대차보호법상 대항력 있는 임차인 이외의 점유자에 대한 명도에 적극 협조하여야 한다.

제23조(명도의무)

위탁자는 제18조 제2항의 통지를 받은 날로부터 **3영업일이 경과한 날까지 신탁부동산을 수탁자 또는 수탁자가 지정하는 자에게 명도하여야 하며,** 수탁자에게 대항할 수 있는 점유자가 있는 경우 해당 점유자 이외의 점유자들이 신탁부동산을 명도하도록 하여야 한다.

제24조(신탁해지 및 책임부담)

① 甲은 신탁해지로 인하여 乙에게 발생되었거나 발생될 비용 및 민·형사상 모든 책임을 완료한 경우에 한하여 신탁계약해지를 요청할 수 있으며, 乙은 이를 확인하고 이의가 없을 경우 해지에 응하여야 한다.

② 제1항의 규정에도 불구하고 경제정세의 변화, 신탁부동산의 멸실, 담보가치의 하락, 기타 상당한 사유에 의하여 신탁의 목적달성 또는 신탁사무 수행이 불가능하거나 현저히 곤란한 때에는 乙은 甲과 협의하여 신탁을 해지할 수 있으며, 이 경우 乙은 그 책임을 부담하지 아니한다.

③ 제2항의 해지에 있어 乙은 제비용, 신탁보수와 손해보상금을 신탁부동산으로 부터 공제하거나 甲에게 청구할 수 있다.

④ 신탁법 제22조에 정한 신탁 전의 원인으로 발생된 권리의 실행으로 인한 신탁부동산의 환가대금 중 잔여액을 乙이 수령한 경우에는 제22조의 규정에 준하여 정산한다.

제25조(신탁계약의 종료)

① 이 신탁계약은 다음 각 호의 경우에 종료한다.

   1. 제24조에 의한 해지

   2. 신탁기간 종료 및 甲과 우선수익자 간의 거래관계의 종료에 따른 수익권증서의 반환

   3. 제18조에 의한 신탁부동산의 처분으로 양수인에게 소유권이전등기가 경료되고, 신탁부동산에 관한 처분대금의 정산이 종료되고 신탁의 최종 계산이 완료된 경우

   4. 신탁부동산의 멸실, 권리의 하자 등의 사유로 신탁목적을 달성할 수 없는 경우

② 이 신탁이 신탁기간 만료 시 또는 신탁해지로 종료하는 경우에는 신탁부동산을 현상 그대로 인도한다.

③ 신탁 종료 시 乙은 최종 계산에 관하여 甲의 동의를 받도록 한다. 단, 甲에게 이미 통지한 사항은 甲이 동의한 것으로 간주하여 최종 계산서에 이를 생략할 수 있으며, 수익자가 10일 이내에 최종 계산서에 관하여 이의제기가 없는 경우에는 이를 동의한 것으로 간주한다.

④ 신탁부동산 처분으로 신탁계약이 종료하는 때에는 제3항의 본문을 적용하지 않는다.

⑤ 제1항에 따라 이 신탁계약에 따른 신탁이 종료하는 경우 수익자는 이 신탁계약에 따라 발행된 수익권증서를 전부 수탁자에게 반환하여야 하고 수탁자는 수익자 (신탁특약으로 신탁재산의 귀속권리자를 별도로 정한 경우에는 그 귀속권리자)에게 신탁재산을 현상대로 인도하여야 한다. 다만 신탁재산관리인이 선임된 경우에는 신탁재산을 현상대로 신탁재산관리인에게 인도하여야 한다.

⑥ 제1항에 따라 이 신탁계약에 따른 신탁이 종료되는 시점에 수탁자가 지급받아야 할 비용 등과 신탁보수를 일부 또는 전부를 지급받지 못한 경우 수탁자는 제2항에 따라 신탁재산을 인도하기 전에 신탁재산에 속하는 금전으로 이를 지급받을 수 있다. 신탁재산에 속한 금전으로 이를 지급하기에 부족한 경우 수탁자는 신탁부동산의 일부 또는 전부를 처분하여 그 지급에 사용할 수 있다.

제26조(신고사항)

① 甲 또는 그 상속인은 다음 각 호의 경우에는 지체 없이 그 사실을 서면에 의하여 신고하여야 한다.

1. 신탁계약서, 수익권증서 및 신고인감의 분실 시
2. 甲 및 그 대리인 기타 신탁관계인의 사망 또는 주소, 성명, 행위능력 등의 변경 및 신고 인감의 변경 시
3. 기타 신탁계약에 관하여 변경을 인정하는 사항의 발생

② 제1항의 신고가 지체됨으로써 발생한 손해에 대하여 乙은 그 책임을 지지 아니한다.

> **다른 신탁사의 신탁약정 내용(예시)**
>
> ② 수탁자는 이 신탁계약에 적힌 내용 또는 이 신탁계약 체결 후 제1항에 따라 위탁자가 신고한 내용에 따라 이 신탁계약 및 신탁특약에 따른 통지 등 신탁사무를 처리하며, 위탁자의 책임 있는 사유로 인해 제1항의 신고가 지체되거나 누락되어 발생한 결과에 대하여는 수탁자는 수탁자의 책임 있는 사유가 없는 한 그 책임을 지지 아니한다. 수탁자가 이 신탁계약에 적힌 내용 또는 제1항에 따라 이 신탁계약 체결 후 위탁자가 **신고한 내용에 따라 2회 이상 내용증명우편에 의한 통지를 보냈음에도 불구하고 그 통지가 계속 반송된 경우에는** 수탁자의 책임 있는 사유 없이 위탁자의 책임 있는 사유로 위탁자의 변경된 주소 등 소재를 알지 못하는 경우에 한하여 **최종 내용증명우편을 발송한 시점에 그 통지가 도달한 것으로 본다.**

③ 제1항의 신고를 게을리 하여 乙에게 손해가 발생한 경우에 甲은 그 손해를 배상하여야 한다.

제27조(사해신탁의 금지 등) 위탁자의 신탁행위는 조세회피를 위한 목적이어서는 아니 되며, 신탁부동산이나 신탁관계인에 대한 신탁계약 체결 이전의 조세체납 또는 채권채무관계로 인하여 신탁부동산에 대한 체납처분 등의 제반 문제가 발생될 경우 이의 해결책임은 위탁자에게 있다.

제28조(비밀유지) 위탁자, 수탁자 및 우선수익자는 신탁부동산에 대한 부동산의 양도·양수 및 신탁계약을 체결함에 있어 취득한 비밀을 법령에 의한 경우이거나 재판상 필요한 경우가 아니고는 상대방의 사전 동의없이 제3자에게 누설 또는 공표해서는 아니 된다.

제29조(소송수행)
① 乙은 甲의 소송수속 신청이 있는 경우 승낙하여 이에 응하거나 乙 스스로의 판단으로 소송 수속을 할 수 있다.
② 제1항의 소송인지대 및 변호사 보수 등 소송에 관한 일체의 비용은 甲이 부담한다.
③ 본 계약과 관련된 분쟁의 소송관할은 서울중앙지방법원으로 한다. 다만, 관할법원에 관하여 별도의 합의가 있는 경우에는 그에 따른다.

제29조(소송수행)

① 수탁자는 소송사건이 발생한 때에는 즉시 그 개요를 위탁자 등에게 통보하여야 한다. 소송이 취하, 화해 또는 완결된 때에도 또한 같다.

② 수탁자는 신탁사무처리상 불가피하다고 인정되는 경우에 위탁자 등과 협의하여 소제기 등을 할 수 있다.

③ 수탁자가 전항에 의거 소제기 등을 하고자 하는 경우 위탁자 등과 협의하여 적당하다고 인정되는 변호사를 선임하여 소송수행 일체를 위임할 수 있으며, 소송인지대 및 변호사 보수 등 소송에 관련된 일체의 비용은 위탁자 또는 수익자가 부담한다.

④ 수탁자의 고의 또는 과실 없는 사유로 신탁부동산과 관련한 소송이 제기되고 수탁자가 최선의 노력으로 방어를 하였음에도 불구하고 패소한 경우 그 패소 금액도 전항의 비용으로 보며 제16조의 규정에 준하여 처리한다.

제30조(기타사항)

이 계약에서 정하지 아니한 사항에 대하여는 甲과 乙이 따로 체결하는 계약에 의하기로 한다.

특약사항

위탁자 겸 수익자 ○○○(주)(이하 '위탁자'라 함)와 수탁자 ○○자산신탁(주)(이하 '수탁자'라 함)는 담보신탁계약(이하 '본계약'이라고 한다)체결을 근거로 다음과 같이 특약('본계약'과 '특약사항'을 합하여 '신탁계약'이라 한다)을 정하기로 한다.

이 신탁계약서는 3통을 작성하여 甲, 乙 각 1통씩 보관하고 나머지 1통은 등기 시 사용한다.

20   년   월   일

위탁자 :
수탁자 : ○○자산신탁 주식회사
　　　　서울시 강남구 xx번지
　　　　대표이사 _____ (인)

※ 첨부서류 별지1 주요 신탁내용
　　　　　　별지2 부동산 목록
　　　　　　별지3 신탁 보수
　　　　　　별지4 특약사항

〈별지1〉

주 요 신 탁 내 용

1. 신탁기간 :　　　년　　월　　일부터　　　　년　　월　　일까지

2. 수익자

<table>
<tr><td colspan="3">신탁원본의 우선수익자</td></tr>
<tr><td rowspan="3">1순위</td><td>성명(법인명)</td><td></td></tr>
<tr><td>생년월일(법인등록번호)</td><td></td></tr>
<tr><td>주소</td><td></td></tr>
<tr><td rowspan="3">2순위</td><td>성명(법인명)</td><td></td></tr>
<tr><td>생년월일(법인등록번호)</td><td></td></tr>
<tr><td>주소</td><td></td></tr>
</table>

<table>
<tr><td colspan="2">신탁원본 및 신탁수익의 수익자</td></tr>
<tr><td>성명(법인명)</td><td></td></tr>
<tr><td>생년월일(법인등록번호)</td><td></td></tr>
<tr><td>주소</td><td></td></tr>
</table>

3. 주 채무자

　　성명(법인명) :

　　생년월일(법인등록번호) :

　　주소 :

4. 수익권증서 발행금액 : 一金　　　　　　整(₩　　　　　　　)

5. 계약일자 :　　　　년　　월　　일

6. 계약당사자

위탁자(甲) :

수탁자(乙) : ○○자산신탁 주식회사

　　　　　　　서울시 강남구 xx번지

　　　　　　　대표이사

부 동 산 목 록

소재지	지번	지목 용도	면적 (㎡)	비고

<별지3>

신 탁 보 수

1. 재산관리보수

□ 기준금액 × (5.5/1,000 이내)

주 1. 기준금액 = 수익권증서 발급금액
   2. 보수는 수익권증서 신규 발급 시마다 별개로 산정한다.
   3. 보수는 신탁기간의 증감(기간연장, 중도해지)에 관계없이 일시납 정액으로 한다.

2. 재산처분보수

처분가격	보수요율	보전액
1억 원까지	8/1,000	–
1억 원 초과 5억 원까지	7/1,000	10만 원
5억 원 초과 10억 원까지	6/1,000	60만 원
10억 원 초과 50억 원까지	5/1,000	160만 원
50억 원 초과 100억 원까지	4/1,000	660만 원
100억 원 초과 500억 원까지	3/1,000	1,660만 원
500억 원 초과	2/1,000	6,660만 원

<별지4> 특 약 사 항

나. 우선수익권부 NPL 양수도 계약서(안)

수익권부 대출채권
양도양수 계약서

양도인(갑) : ○○조합
양수인(을) : ○○대부

수익권부 대출채권 양도양수 계약서

양도인(갑) : ○○조합
　　　　　 : 조합장 ○○○

양수인(을) : ○○대부
　　　　　 : 대표이사 ○○○

전 문

○○조합(이하 "갑" 이라고 한다)은 주식회사 ○○대부(이하 "을"이라고 한다)에게 채무자 주식회사 디○스에 대한 수익권부 대여금 채권에 관하여 다음과 같이 양도양 수계약을 체결한다 .

다 음

제1조(목적)

이 계약은 채무자 주식회사 디○스(이하 "채무자회사"라 함)에 대한 "갑"의 수익권 부 대여원리금 채권을 "을"이 양수함을 목적으로 한다.

제2조(양도양수 대상인 대여금채권 및 담보)

① "갑"의 양도대상 채권은 "갑"이 2015. 11. 12. 여신거래약정에 의하여 채무자 회사에게 대여한 금일십오억일천만원(₩1,510,000,000) 중 현재 "갑"이 보유 한 원금잔액 금일십억사천구백이십만원(₩1,049,200,000) 및 이에 대한 이자, 지연손해금, 기타 부수 채권 전부를 포함한다.

② 위 대여금 채권을 담보하기 위하여 "갑" 이 보유한 다음의 수익권을 "을"에게 양 도하기로 한다.

다 음

> "갑" 은 수탁사 국제자산신탁 주식회사가 발행한 부동산담보신탁 수익권증서 (증서번호 T20151933-001호)상의 1순위 수익권 십구억육천사백삼십만 원 (₩1,964,300,000)을 "을"에게 양도하기로 한다 .

③ 전항과 관련한 수익권증서의 이전등기 등에 관한 제반 비용은 "을"이 부담한다.

제3조(대금 및 지급 방법)

① 본건 대상채권의 대금은 원금 일십억사천구백이십만원정(₩1,049,200,000)과 잔금일까지 이자를 포함하기로 하며, 그 지급기일은 다음과 같다.

순 번	구분	지급금액(원)	지급기일
1	계약금		본 계약 체결 시
2	잔금		본 계약 체결 후 30일 이내
	합계		

② "을"은 본건 계약과 동시에 "갑"에게 계약금 전액을 지급하되, 본건 양도양수 계약의 매매대금(계약금 및 잔금)은 "갑"이 지정하는 아래 계좌로 송금하기로 한다. (예금주 : 00000000000000, 계좌번호 : 000000000000)

③ "지급기일"이라 함은 해당기일의 "갑"의 영업개시 시부터 영업종료 시까지를 의미하며, 해당 지급기일이 금융기관의 휴무일인 경우에는 그 해당 지급기일 이후 첫 영업일을 대금 지급기일로 한다.

④ 본건 계약의 잔금지급기일은 본 계약 체결일로부터 30일 이내로 한다.

⑤ 양도양수대금의 지급은 상계, 항변 기타 어떠한 조건이나 제한 없이 이루어지며, 제세공과금이나 기타 어떠한 공제도 있어서는 아니 된다. 또한 "을"은 양수대금 지급의무와 관련하여 어떠한 이의도 제기할 수 없으며, 어떠한 경우에도 매매대금의 반환을 청구할 수 없다 .

제4조(승인 및 권리의 포기)

① 양수인은 자신의 직접 채무자, 양도대상채권, 담보권, 양도대상채권 및 담보권 관련 서류의 실사를 한 후 본 계약을 체결한다.

② 본 계약과 상반되는 여하한 것에도 불구하고, 양도인은 채무자의 재무상태 및 변제자력 또는 양도대상채권 및 담보권과 관련된 조건, 양도가능성, 집행가능성, 완전함, 대항요건, 양도대상채권 및 담보권 관련 문서의 정확성 및 그 양도가능성을 포함하여 양도대상 채권에 대한 여하한 진술 및 보장도 하지 아니 한다.

③ 양수인은 양도인이 현재의 형식과 상태대로 양도대상 채권 및 담보권을 양도함을 확인한다.

④ 양도인은 양도대상 채권 및 담보권의 양도와 관련하여 어떠한 보증 및 담보책임을 부담하지 아니 한다.

제5조(양도인의 면책)

양수인은 본건 계약 체결과 동시에 양도대상 채권 및 담보권의 양수 및 보유와 관련하여 양도인에게 발생하는 모든 조치, 채무 약정 손해로 부터 양도인을 영구히 면책시킨다.

제6조(이행지체 및 계약해제)

① "을"이 제3조에서 정한 잔금지급일에 잔금의 지급을 지체하는 때에는, "갑"의 이행제공 내지 최고 없이도 "을"은 그 즉시 이행지체 상태에 빠지고, 본건 매매계약은 잔금 지급기일의 익일 "0시"부터 해제되는 것으로 한다. 이 경우 "을"은 어떠한 이유로도 잔금지급일의 연기를 요청할 수 없다. 다만, "갑"은 그 의사에 따라 본건 양도양수 계약이 해제되는 시기를 달리 정할 수 있다.

② 제1항에 따라 본건 계약이 해제되는 경우 "갑"은 대상채권에 관하여 제3자와 새로운 매매계약을 체결할 수 있고, 이에 대하여 "을"은 아무런 이의를 제기할 수 없다.

제7조(계약금의 귀속 및 손해배상 등)

제6조 제1항에 따라 본 계약이 해제된 경우 "을"은 "갑"에 대하여 계약금의 반환을 구할 수 없고, "갑"은 기수령한 계약금을 위약금으로 몰취 한다. 이와 별도로 "갑"은 "을"에게 실손해액에 대한 손해배상을 구할 수 있고, "을"은 이에 대하여 이의를 제기할 수 없다.

제8조(채권증서 등의 교부)

① "갑"은 제3조의 매매잔대금을 전액 영수한 때에는 채무자에 대한 여신거래약정서, 수익권증서, 근보증서 등 일체를 "을"에게 교부하여야 한다.

② "을"은 "갑"으로부터 영수한 전항의 채권 관련 서류를 교부 받은 때에는 영수증을 교부하여야 한다.

제9조(수익권 양도 승낙 등)

① "갑"이 "을"로부터 제3조에 따른 대금 전액을 영수한 때에는 "갑"은 수탁사에게 본건 우선수익권을 "을"에게 이전하였다는 취지의 통지를 해야 하고, 수탁사로부터 수익권양도에 대한 사전 승낙을 얻어야 한다.

② "갑"이 수탁사에게 본건 우선수익권의 양도통지를 한 때에 본건 우선수익권이 "을"에게 양도된 것으로 본다.

③ 수익권증서의 수익권자인 "갑"은 상기 수탁사로부터 대출채권 양도전에 수익권

양도에 대한 사전 승낙을 얻을 의무가있다. 대출채권의 양도대금 완납기일까지 "갑"이 수탁사로부터 수익권양도 승낙을 얻지 못할 경우 대출채권양수도 계약은 해제된 것으로 간주한다.

제10조(채권양도 및 대항력)

① "갑"은 "을"로부터 제3조의 매매잔대금을 영수한 때에는 본 계약에 의하여 대상 채권이 양도된 사실과 매수인(양수인) "을"의 인적사항(주소, 연락처)이 기재된 채권양도 통지를 채무자 및 채무관계인에 대하여 통지하여야 하며, 이때 통지에 소요되는 비용은 "갑"이 부담하기로 한다. 채권양도 통지 이후 "갑"은 채권양도 통지의 도달 여부에 불문하고, 대상채권의 관리나 추심에 관하여 아무런 책임을 부담하지 아니한다.

② 제1항에 따라 채권양도 통지 후 송달이 되지 않는 경우 추가적 송달은 양수인의 부담으로 양도인의 대리인 또는 수임인으로서 양수인이 통지하기로 한다. 양도인 은 채권양도 통지를 양수인에게 위임한다.

제11조(권리관계 확인의 책임 등)

"을"은 대상채권과 관련하여 현재 및 장래의 권리관계(압류, 가압류, 가처분, 가등 기, 소유권에 관한 사항, 유치권, 세금체납, 임대차 등)와 담보 부동산의 현황 및 담 보물건의 상태에 관하여는 "을"의 책임하에 충분히 검토하고 확인하였으며, "을"은 본 건 대상채권의 양도양수 완료 후 "갑"이 인지하지 못한 어떠한 권리 관계 등에 대 하여 "갑"은 일체의 책임을 부담하지 않으며, 매수인 "을"은 "갑"에게 민, 형사상 일 체의 책임 및 손해배상 등을 청구할 수 없음을 확인한다.

제12조(담보책임 등)

"갑"과 "을" 간의 이 계약과 관련하여 현재 "갑"이 인지하지 못한 문제에 대하여 "갑"은 양수인에게 양도인의 담보책임을 부담하지 아니한다.

제13조(치유할 의무의 부존재)

"을"은 양도대상 채권의 채무자들의 채무 불이행이 있는 경우에 그러한 의무 불이행 이 본건 양도양수 계약 체결 이전에 있었는지 여부를 불문하고, "갑"에게 그와 같은 채무 불이행을 치유할 것을 요구할 수 없다.

제14조(부제소 및 부집행 등의 합의)

"을"은 본건 양수양도계약서를 다른 용도에 사용할 수 없으며, 본건 계약과 관련하여 "갑"에게 민,형사상 일체의 소송, 신청 등을 제기하지 않기로 한다.

제15조(합의관할)

"갑"과 "을"사이에 본건 계약과 관련하여 다툼이 생긴 때에는 ○○지방법원을 제1심 관할법원으로 한다.

제16조(환매요청 금지 등)

① 양수인 "을"은 본 양도채권의 환매를 요구할 수 없다.

② "갑"과 "을"은 신의에 따라 본 계약을 성실하게 이행하기로 한다.

제17조(기타 사항)

"갑"과 "을"은 본건 계약을 체결 및 이행하고, 거래를 완성할 권한 및 능력을 보유하고 있으며, "갑"과 "을"이 본건 양수양도계약을 체결하고 이행하는 것이 "갑"과 "을"의 정관규정 또는 기타 내부규정에 모순되지 아니하고, 본건 양수양도계약의 체결 및 이행에 필요한 내부 수권절차를 모두 이행하였다.

[특 약 사 항]

제1조(채권매매잔금 납부이전의 채무금의 변제 등)

① "갑"과 "을"은 본 대상채권의 계약 체결 이후 잔금납부기일 이전에 채무자 등으로부터 대상채권의 전부 또는 일부가 변제된 경우, 변제금 수령의 권한은 "갑"에게 있으며, "을"의 동의는 요하지 않는다.

② 변제금 수령 시 "갑"의 판단에 따라 다음 각 호와 같이 결정하기로 한다.

　(가) "갑"이 채무자 등으로부터 대출이자 및 연체대금을 전액 변제("갑"의 판단에 따라 채권 정상화가 가능한 금액)받은 경우 상호 간 별도의 통지 없이 계약은 해제된 것으로 본다. 기수령한 계약금은 즉시 반환하고, 계약해제로 인한 별도의 손해는 청구하지 않기로 합의 한다.

　(나) "갑"이 채무자 등으로부터 대출이자 및 연체대금 중 일부를 변제("갑"의 판단에 따라 채권 정상화가 불가능한 금액)받은 경우 채권양수양도계약은 유효하고, "을"은 일부변제된 금원을 공제한 잔금을 지급하기로 한다.

본 계약 체결 사실을 증빙하기 위하여 본 계약서 2부를 작성하여 각 1부씩 소지하기로 한다.

첨 부 서 류

1. 여신거래 약정서 사본   1부
2. 수익권증서 사본   1부
3. 당사자 법인등기부 등본   각 1부
4. 당사자 인감증명서   각 1부

20　.　.　.

양도인(갑) : ○○조합
조합장 ○○○(인)

(을) : 주식회사 ○○대부

우선수익권부 NPL 취득 후 공매 낙찰가 하락 요인의 제거 조치

공매 낙찰가 하락 요인인 불법 점유자들에 대한 명도 조치를 수탁자에게 요청

공매 대상 신탁부동산에 위탁자가 거주하거나 수탁자의 동의 없는 임차인이 전입해서 거주할 시, 공매 낙찰자는 이들을 명도소송으로 부동산에서 퇴거 조치할 동안 낙찰 부동산을 사용·수익할 수 없다. 따라서 이러한 낙찰 후 지연 인도기간 동안의 월세 상당의 손해도 추산해서, 이를 공매 예상 낙찰가에서 차감 후 입찰참가를 해야 한다.

따라서 공매 낙찰 전에 이들 불법 점유자를 명도시키면 이것이 신탁부동산의 공매 낙찰가 상승요인으로 작용해서, 결과적으로 우선수익자인 NPL 양수인의 배당정산금이 증가하게 된다. 이에 NPL 양수인은 신탁부동산의 현장 조사를 통해 불법 점유자를 파악한 후, 수익자의 이익을 위하여 신탁사무를 처리해야 하는 충실 의무(신탁법 제33조) 및 선관 의무(신탁법 제32조)를 부담하는 수탁자에게 이들 불법 점유자를 상대로 명도소송 조치 등을 요청해야 한다.

가. 수탁자의 동의 없는 임차인 등 권원 없는 점유자에 대해 즉시 명도소송 요청

NPL 양수인이 수탁자의 동의 없는 임차인 등 불법 점유자를 발견 시, 즉시 수탁자에게 이들에 대해서 점유이전금지 가처분 신청 및 부동산 인도 청구 소 제기 조치를 하도록 요청해야 한다.

나. 공매 공고와 동시에 위탁자를 상대로 한 명도소송 요청

위탁자는 공매 공고 등 공매 절차 착수 시부터 신탁계약 약정상 명도 의무가 발생하므로, NPL 양수인은 공매 공고 후부터 수탁자에게 위탁자를 상대로 가처분 신청 및 부동산 인도 청구 소 제기 조치를 요청해야 한다.

다. 공매 낙찰자는 소유권 이전 후 명도소송 수계 또는 부동산 명도 판결로 승계 집행

공매 낙찰 전에 명도소송으로 명도 집행이 완료된 경우, 공매 공고문에 이를 적시토록 수탁자에게 요청해서 낙찰가 하락을 방지한다. 한편 공매 낙찰자가 소유권 이전 후까지 앞선 명도소송 등이 진행 중일 경우 낙찰자가 소송을 수계(승계)하거나, 인도 청구 판결이 선고된 사건은 낙찰자가 승계 집행문을 부여받아 불법 점유자들을 명도 집행하면 된다.

우선수익권부 NPL 투자자는 가장·과잉 유치권자를 상대로 직접 유치권 부존재 확인 소송을 제기해서 부당한 유치권 제거

유치권이 제거되면 신탁부동산 공매 낙찰가의 상승으로 인해 우선수익권부 NPL의 양수인 또는 대위변제자의 배당정산금이 증가되므로, 이들은 유치권자를 상대로 유치권 부존재 확인 청구 소의 이익이 있다.

NPL 양수인의 불법 유치권 제거 판례

인천지방법원 2019. 4. 18. 선고 2018가단233302 판결 [유치권 부존재 확인]

원고	A 유한회사
소송대리인	법무법인 한○
담당변호사	조○형, 박○진
피고	주식회사 B
변론종결	2019. 3. 7.
판결선고	2019. 4. 18.

주문

1. 피고의 별지 목록 기재 각 부동산에 관한 유치권이 존재하지 아니함을 확인한다.
2. 소송비용은 피고가 부담한다.

청구취지

주문과 같다.

이유

1. 기초사실

가. 주식회사 C는 별지 목록 기재 각 부동산(이하 '이 사건 부동산'이라 한다)의 소
   유자 D에게, 2014. 2. 27. 4억 2,000만 원을, 2015. 9. 8. 28억 원을 각 대
   여하였다.

나. D는 2015. 9. 8. 주식회사 C와 이 사건 부동산에 관하여 위탁자를 D, 수익자
   겸 1순위 우선수익자(수익권리금 33억 6,000만 원)를 주식회사 C로 하는 부
   동산신탁계약(이하 '이 사건 신탁계약'이라 한다)을 체결하였고, 주식회사 C는
   같은 날 이 사건 부동산에 관하여 이 사건 신탁계약을 원인으로 한 소유권이전
   등기를 마쳤다.

다. **주식회사 C는** 2017. 11. 21. 이 사건 부동산에 관한 공매공고를 하였고,
   2017. 11. 30. **E 주식회사와 체결한 자산양수도계약, 2017. 12. 27. E 주식
   회사 및 원고와 체결한 자산양수도계약의 양도계약을 통하여 D에 대한 대여금
   채권과 이에 수반하는 권리 일체(이 사건 신탁계약상 우선수익자 지위 포함)를
   양도하였다.**

라. **주식회사 C는** 2017. 12. 28. 및 2018. 1. 4. 2차례에 걸쳐 D에게 위 대여금
   채권 및 이에 수반하는 권리 일체가 **원고에게 양도되었다는 내용의 채권양도통
   지서를 내용증명으로 발송하였다.**

마. 피고는 이 사건 변론종결일 현재 위 D가 대표이사로 있는 주식회사 F(이하 'F'
   이라 한다)에 대한 공사대금채권을 피담보채권으로 한 유치권이 있다고 주장하
   면서 서울 강서구 G 지상 건물(이 사건 부동산을 포함, 이하 '이 사건 건물'이라
   한다)을 점유하고 있다.

[인정 근거 - 다툼 없는 사실, 갑 제1 내지 7호증(각 가지번호 포함, 이하 같다)의
각 기재, 변론 전체의 취지]

2. 당사자의 주장

가. 원고의 주장

1) 유치권의 피담보채권 및 견련관계에 관한 주장

피고가 주장하는 F에 대한 공사대금 채권은 존재하지 않고, 이 사건 부동산과 견련성도 인정되지 않는다. 그리고 피고는 2018. 2. 20. 이 사건 부동산의 잠금장치를 부수고 불법적으로 점유를 개시하였는바, 상행위가 아닌 다른 원인으로 이 사건 부동산의 점유를 개시한 것으로서 상사유치권의 대상도 되지 않는다.

2) 피고의 점유에 관한 주장

① 피고는 2018. 2. 20. 이 사건 건물의 잠금장치를 부수고 불법적으로 점유를 침탈하였으므로, 민법 제320조 제2항에 따라 피고에게는 유치권이 인정될 수 없다.

② 피고가 2018. 2. 20. 전에 이 사건 부동산을 점유하지 아니하였고, 채무자를 직접점유자로 하는 간접점유로는 유치권이 인정될 수 없다.

③ 그리고 유치권이 배타성을 가지는 물권이고, 이 사건 부동산의 소유권이 2015. 9. 8. 이미 주식회사 C에게 이전되었음을 감안하면, 피고의 불법적인 점유개시가 D와의 합의로 치유된다고 할 수 없다.

나. 피고의 주장

1) 유치권의 피담보채권 및 견련관계에 관한 주장

① 피고는 F와 이 사건 건물에 관하여, 2015. 10. 30. 공사대금을 4억 9,500만 원으로 하는 인테리어 공사계약을, 2015. 11. 24. 공사대금을 5,940만 원으로 하는 에어컨 공사계약을 각 체결하였고, 위 각 공사를 2016. 12. 31.경까지 완료하였다. 그 후 피고는 4,453만 원 상당의 추가공사까지 하였는데, F로부터 4억 4,000만 원을 지급받았으므로, 피고는 F에 대하여 1억 5,893만 원(= 4억 9,500만 원 + 5,940만 원 + 4,453만 원 − 4억 4,000만 원)의 공사대금채권이 있다.

② 위 공사대금채권은 이 사건 부동산에 관하여 생긴 채권이고, 설령 그렇지 않다고 하더라도, 피고와 F 사이의 상행위로 생긴 채권이므로, 상법 제58조에 따라 견련관계와 무관하게 상사유치권이 인정된다.

2) 피고의 점유에 관한 주장

① 피고는 2016. 12. 31.경부터 이 사건 건물을 F와 공동점유 또는 F를 직접 점유자로 하여 간접점유하다가, 2018. 2. 20.부터 직접점유하였으므로, 피고가 2018. 2. 20. 점유를 개시하였음을 전제로 그 점유개시가 불법이라는 원고의 주장은 이유 없다.

② 설령 피고가 점유를 개시한 시점이 2018. 2. 20.이라고 하더라도, D는 피고의 직원 H에 대하여 고소를 취소하여 피고의 점유를 승인하였으므로, 피고의 이 사건 건물 점유는 불법점유라고 할 수 없다.

3. 판단

가. 피고의 이 사건 부동산에 대한 점유가 적법한지 여부

피고가 주장하는 피담보채권이 존재하는지에 관하여 보기에 앞서 피고의 이 사건 부동산에 대한 점유가 유치권 성립을 위한 적법한 점유에 해당하는지에 관하여 살펴본다.

1) 피고의 점유개시 시점 (2018. 2. 20.로 인정된다)

피고는 2016. 12. 31.경부터 이 사건 부동산에 피고의 일부 장비를 남겨두는 방법으로 이 사건 건물을 F와 공동점유하였다거나, F를 직접점유자로 하여 이 사건 건물을 간접점유하였다고 주장하나, 이를 인정할 증거가 없다.

오히려 당사자 사이에 다툼이 없거나, 갑 제14, 15호증, 을 제8호증의 각 기재에 변론 전체의 취지를 종합하면, 피고의 직원인 H는 2018. 2. 20. 오전에 이 사건 건물의 잠금장치를 파손하고 이 사건 건물에 대한 점유를 개시한 사실, D는 2018. 2. 27. 11 : 50경 위 H가 이 사건 건물 출입문에 채워 놓은 쇠사슬 자물쇠를 절단기로 자른 사실이 각 인정되는바, 2018. 2. 20. 전에는 F가 이 사건 건물을 점유하고 있었다가 **2018. 2. 20.에야 비로소 피고가 이 사건 건물을 점유하게 되었음이 인정된다.**

게다가 유치권의 성립요건이자 존속요건인 유치권자의 점유는 직접점유이든 간접점유이든 관계가 없으나, 다만 유치권은 목적물을 유치함으로써 채무자의 변제를 간접적으로 강제하는 것을 본체적 효력으로 하는 권리인 점 등에 비추어, 그 **직접점유자가 채무자인 경우에는 유치권의 요건으로서의 점유에 해당하지 않는다고 할 것이므로**(대법원 2008. 4. 11. 선고 2007다27236 판결, 대법원 2014. 10. 30. 선고 2013다83763 판결 등 참조), 피고의 간접점유 주장은 이러한 면에서도 이유 없다.

2) 피고의 점유가 적법하게 개시되었는지 (X)

민법 제320조 제2항에 따르면 유치권을 주장하는 자의 점유가 불법행위로 인한 경우, 즉 점유가 불법행위로 인하여 개시된 경우에는 유치권이 인정되지 않는다(대법원 1976. 5. 25. 선고 76다482 판결, 대법원 2011. 12. 13. 선고 2009다5162 판결 등 참조).

F가 2018. 2. 20.까지 이 사건 건물을 점유하고 있었는데, **피고의 직원인 H가 2018. 2. 20. 오전에 이 사건 건물의 잠금장치를 파손하고 비로소 피고가 이 사건 건물에 대한 점유를 개시하였음은 앞서 본 바와 같으므로, 피고의 이 사건 건물에 대한 점유는 불법행위로 인하여 개시되었다고 봄이 상당하다.**

3) D와의 합의로 피고의 점유가 적법하게 되었는지 (X)

당사자 사이에 다툼이 없거나, 갑 제13호증, 을 제3호증(= 을 제8호증의 4), 을 제8호증의 3의 각 기재에 변론 전체의 취지를 종합하면, 서울남부지방검찰청 2018형제22932호 사건(H에 대한 재물손괴 및 건조물침입, D에 대한 재물손괴 사건)의 형사조정절차에서 2018. 5. 25. H와 D가 서로에 대한 **고소를 취소하기로 합의한 사실이 인정되나, 위 인정사실만으로는 D가 2018. 5. 25.부터 피고가 이 사건 건물을 점유하는 것에 동의하였다고 보기에 부족하고,** 달리 이를 인정할 증거가 없다.

그리고 신탁법 제3조는 "등기 또는 등록하여야 할 재산에 관하여는 신탁은 그 등기 또는 등록을 함으로써 제3자에게 대항할 수 있다"라고 규정하고, 부동산등기법 제123조, 제124조는 신탁의 등기를 신청하는 경우에는 ① 위탁자, 수탁자 및 수익자 등의 성명, 주소, ② 신탁의 목적, ③ 신탁재산의 관리방법, ④ 신탁종료 사유, ⑤ 기타 신탁의 조항을 기재한 서면을 그 신청서에 첨부하도록 하고 있고 그 서면을 신탁원부로 보며 다시 신탁원부를 등기부의 일부로 보고 그 기재를 등기로 본다고 규정하고 있는데, 갑 제1호증의 기재에 의하면, 이 사건 신탁계약 당시 그 계약서 제6조 제5항에 "D는 주식회사 C의 사전 승낙 없이는 신탁부동산에 대해 임대차, 저당권설정, 전세권설정 등 소유권을 제한하는 행위나 신탁부동산의 현상을 변경하는 등의 방법으로 가치저감행위를 해서는 안 된다"라고 정한 사실이 인정되고, 주식회사 C가 2015. 9. 8. 이 사건 부동산에 관하여 이 사건 신탁계약을 원인으로 한 소유권이전등기를 마친 사실은 앞서 본 바와 같으므로, **설령 D가 피고의 점유를 동의 내지 승인하였다고 하더라도, 이는 이 사건 신탁계약의 내용에 반하는 것으로서 위 동의 내지 승인으로써 피고의 이 사건 건물에 대한 점유가 원고와의 관계에서 정당한 점유라 할 수 없다(서울고등법원 2016. 3. 29. 2015나2039843호 판결의 취지 참조).**

나. 피고에게 상사유치권이 인정되는지 여부

살피건대, 피고가 2018. 2. 20. 이 사건 건물의 **잠금장치를 파손하고** 이 사건 건물에 대한 점유를 개시한 사실은 앞서 본 바와 같은바, 피고의 이 사건 건물에 관한 **점유는 상행위로 인한 것이라고 할 수 없으므로,** 피고의 이 부분 주장은 이유 없다.

다. 소결론

따라서 피고의 이 사건 부동산에 대한 점유는 민사 또는 상사유치권 성립의 전제가 되는 점유라고 할 수 없으므로, 피고가 F에 대한 공사대금채권을 가지는지 여부에 관하여 더 나아가 살필 필요 없이 **피고에게는 유치권이 있다고 할 수 없다.**

그리고 **원고는 이 사건 신탁계약의 우선수익자 지위를 양수한 자로서 공매 절차에서 피고의 유치권 행사에 따른 법률상 지위의 불안정을 제거하기 위하여 유치권 부존재의 확인을 구할 법률상 이익이 있다.**

4. 결론

그렇다면, 원고의 청구는 이유 있으므로, 이를 인용하기로 하여 주문과 같이 판결한다.

판사 전○욱

신탁부동산 NPL
투자 수익 창출 방법

신탁 NPL 투자로 수익을 얻는 방법은 크게 NPL 할인차익과 유입
후 재매각 차익 등을 얻는 방법이 있는데, 기본 수익구조는 일반
근저당권부 NPL 투자 시 수익구조와 거의 같다.

NPL 연체이자 배당 투자법

　신탁부동산의 공매 절차는 법원 경매와 달리 빠르게 진행되므로 우선수익권부 NPL 매입대금의 질권대출도 2~3개월 이내에 배당정산금으로 상환되는 실정이다. 이에 공매 신청을 지연해서 신청하지 않는 한 짧은 공매 절차로 인해서 연체이자 배당정산 차익을 보고 투자하기에는 적당하지 않다.

　따라서 NPL 투자자는 NPL 매입 후 채무자에게 지급명령 신청 등 집행권원의 취득으로 통상 연 7% 정도의 지연손해금보다 많게 소송촉진 등에 관한 특례법에 따른 연 12%의 지연손해금으로 채권을 확장시켜 배당차익을 증가시킬 수 있다.

NPL 할인차익 배당 투자법

가. NPL 할인매입 후 하자를 치유하거나, 부동산의 실수요자에게 매각하는 방식으로 할인차익 취득 가능

최근에는 유찰이 많이 이루어진 수의계약 대상 신탁부동산의 우선수익권부 NPL을 직전 유찰가 수준으로 할인매입한 다음, 수의계약으로 매각이 공고된 신탁부동산에 대해서 이를 매수할 실수요자를 NPL 양수인이 직접 구한 후 NPL 할인매입 금액보다 높게 수의계약을 체결하는 방법으로 NPL의 할인차익을 얻고 있다.

또한 하자가 있는 신탁부동산의 NPL은 하자를 반영해서 제2금융권(신협, 새마을금고, 수협, 저축은행 등)에서 저가로 NPL 할인매입 후 하자를 제거한 다음, 제대로 된 가격으로 공매하면 할인차익을 얻을 수 있다.

나. 신탁부동산의 낙찰자가 매매계약을 체결하면서 매수인의 지위 교체 특약을 할 수 있는가?

신탁부동산의 처분은 당사자 간 사적자치로 강행법규 및 관련 법령에 위반되지 않는 한도에서 자유롭게 처분 조건을 설정할 수 있는 것이 원칙이다.

예를 들면 우선수익권부 NPL 양수인이 NPL 할인매입대금보다 높게 신탁부동산의 매수대금을 지급하는 조건으로 유입하는 부동산 매매계약을 체결하면서, 여기에 매수인 지위 교체(변경) 허용 특약을 명시한다. 이후 새로운 매수인을 섭외해서 매수인을 교체한 후, 새로운 매수인이 매매대금을 지급하도록 한다. 이 경우 NPL의 양수인은 부동산 매매대금과 NPL 매입대금과의 차액 상당을 NPL의 할인차익으로 얻게 된다.

이는 NPL 매각 시 공개경쟁 입찰에 참여한 자산관리회사들이 NPL 낙찰 후 매수인의 지위 교체 특약을 체결한 다음, 페이퍼컴퍼니 형식의 자회사인 유동화전문 유한회사로 매수인의 지위를 넘겨주는 경우와 비슷한 방식이다.

한편 수탁자가 공매 공고를 하면서 신탁부동산의 매매계약 체결 시 매수인의 명의변경은 불가하며, 매수인은 본인의 명의로 대금 납부 및 소유권 이전을 해야 한다고 공고하는 경우도 있다. 이에 매수인 명의변경 특약은 공매 공고 조건 및 매매계약에 따라서 처리해야 할 것이다.

서울중앙지방법원 2015가합550187 판결 [공탁금출급 청구권 확인·공탁금출급 청구권 확인 등·공탁금출급 청구권 확인의 소]

바. 삼○씨엔씨의 기한의 이익 상실 및 이 사건 부동산의 공매 진행

1) 삼○씨엔씨는 이 사건 대출약정에 따른 대출금채무를 불이행하여 기한의 이익을 상실하였고, 이에 대출금융기관들은 2014. 3. 14. ○○자산신탁에게 이 사건 부동산에 관한 공매 진행을 요청하였다.

2) ○○자산신탁은 이 사건 담보신탁계약에 정한 절차에 따라 공매 절차를 실시하여, 2014. 10. 31. 주식회사 화○자산관리와 담보대상부동산에 관한 매매계약을 체결하였고, **위 회사로부터 매수인의 지위를 양수한 마스○ 제12호** 서초○ ○○브이 주식회사(이하 '마스○'이라 한다)는 같은 해 12. 23. ○○자산신탁에게 위 매매계약에 기한 잔금을 모두 지급하였으며, 같은 날 마스○ 앞으로 담보대상 부동산에 관한 소유권이전등기도 마쳐졌다.

대구지방법원 2016. 6. 30. 선고 2015나310269 판결 [구상금 독촉사건]

① 이 사건 신탁계약의 신탁재산 처분에 관한 조항에서는 "공개경쟁 입찰로 매각하는 것을 원칙으로 한다. 단 유찰 시 다음 공매 공고 전까지 전차 공매조건으로 수의계약할 수 있다"라고 규정하고 있는데, 하○은행이 진행한 이 사건 공매 절차에서 낙찰을 받은 D가 잔금 지급기한인 2014. 5. 28.까지 잔금을 납부하지 아니하여 사실상 유찰된 것과 같은 결과가 되었고, 그 무렵 D는 하○은행에 **매매계약의 계약자 지위 및 낙찰자 지위를 다른 사람에게 이전하겠다는 내용의 계약자(낙찰자) 지위 양도확인서까지 작성해주고, 하○은행으로부터 계약보증금을 반환받았다.**

② 위와 같이 이 사건 신탁계약에서 예외적으로 유찰된 경우 수의계약을 체결할 수 있다고 규정한 것은, 만약 다시 입찰절차를 진행한다면 통상 공매조건으로 제시하는 입찰금액이 이전의 입찰절차보다 낮아지게 될 뿐만 아니라 새로 입찰절차를 진행하기 위해서는 비용을 추가로 투입하여야 하는 점을 고려하여, 다시 입찰절차를 진행하기 전에 기존의 공매조건으로 계약을 체결할 의사가 있는 사람이 있다면 그 조건으로 계약을 체결하는 것이 오히려 수익자에게 이익이 되기 때문이다. **이 사건의 경우와 같이 잔금 미지급으로 사실상 유찰된 결과가 발**

생한 경우에도 앞의 조항을 적용하여 새로이 입찰절차를 진행하기보다 기존 공매조건으로 수의계약을 체결하는 것이 수익자에게 더 이익이 된다. 따라서 하○은행이 D와의 계약이 이행되지 않자 원고와 이 사건 매매계약을 체결한 것을 신탁법 위반이라고 할 수 없다.

NPL채권자의
유입 후 투자법

가. 유입 후 일반 매매로 차익 실현

신탁 공매 부동산에 유치권, 법정지상권, 가장 대항력 있는 임차권, 그 밖의 하자 등이 존재해서 수차례에 걸쳐 유찰로 공매가격이 하락한 상태에서 저가로 부동산담보신탁 NPL의 할인매입 및 NPL 할인매입가격보다 약간 높은 가격으로 공매 부동산을 저가로 낙찰받는다. 그를 상계로 유입취득 후 하자를 치유한 다음 정상가격으로 부동산을 매각하면 상당한 재매각 차익을 얻을 수 있다.

나. 유입 후 부동산 조각 투자 유동화로 차익 실현

유입 후 부동산 조각 투자 업체에 관리처분신탁의 방법으로 부동산 자산을 현금으로 유동화할 수 있다. 물적, 법률적 하자가 있는 물건을 저가로 공매 매수 후, 하자를 제거한 다음 정상적인 가격으로 평가해서 조각 투자를 의뢰하면 신속하게 투자원금 회수가 가능하고, 투자수익까지 취할 수 있다.

다. NPL채권자의 유입 후 개발수익 투자법

NPL 보유 투자자가 공매에 참가해서 부동산을 유입 후 하자를 제거하고, 개발해서 개발수익을 취할 수 있다.

NPL 및 우선수익권 양수인의 신탁 특약상 우선매수권 또는 매수인 지정권 행사 투자법

신탁계약상 각 처분 조항에도 불구하고 수탁자는 NPL채권자인 우선수익자의 요청에 따라 매도인의 담보책임을 부담하지 않는 조건으로, 우선수익자 또는 우선수익자가 지정하는 자에게 신탁부동산의 소유권 이전등기를 경료함과 동시에 신탁등기를 말소할 수 있다는 특약이 존재하는 경우가 있다.

가. 신탁부동산 NPL 및 우선수익권 양수인의 매수인 지정 투자법

(1) 신탁부동산 NPL 및 우선수익권의 양수인이 신탁부동산을 매수할 예비 매수인을 구하고, 2곳 이상의 감정평가 기관의 감정평가 절차를 거쳐 예비 매수금액도 매수인과 합의로 내정해둔다.

(2) 투자자는 신탁부동산 NPL 및 우선수익권을 예비 매수금액보다 낮게 할인양수해서 우선수익자의 지위를 승계취득한다.

(3) 승계 우선수익자가 수탁자에게 예비 매수인을 지정 통보하고, 매수인에게 신탁부동산을 매각하도록 요청한다. 우선수익권부 NPL 투자자는 매수인의 부동산 매수금액에서 NPL 매입대금을 차감한 잔액을 수익으로 취하게 된다.

관련 판결

서울중앙지방법원 2022. 7. 7. 선고 2021가합574665 판결 [매매계약 체결 절차 이행청구의 소]

1. 인정 사실

가. D와 피고는 2020. 2. 25. 별지1 목록 기재 각 부동산(이하 '이 사건 각 부동산' 이라 한다)에 관하여 별지2 목록 기재 부동산처분신탁계약(첨부된 신탁특약을 포함하여 이하 '이 사건 신탁계약'이라 한다)을 체결하였다. 이 사건 신탁계약 에 따르면, D는 위탁자(각주1), **피고는 수탁자**, 주식회사 E(이하 'E는행'이라 고만 한다)은 제1순위 우선수익자, 주식회사 F(이하 'F'라고만 한다)는 수익자 겸 채무자이다. 이 사건 신탁계약 중 이 사건에 관한 주요 내용은 다음과 같다.

> **<특약사항>**
> **제1조(신탁의 목적)**
> 이 신탁계약의 목적은 위탁자가 수익자[또는 우선수익자가 지정하는 자(이하 '매수자')]에게 이 사건 각 부동산을 처분함에 있어 매수자가 향후 서울시 역세권 2030 청년주택건설사업 (이하 '본PF 사업') 진행을 위한 건축허가를 득하여 소유권을 취득할 수 있을 때까지 수탁 자가 신탁부동산에 관한 등기부상 소유권관리 및 처분에 따른 소유권이전 업무 등을 수행 하는 데 있다.
> **제5조(신탁부동산의 처분)**
> ① 매수자는 아래와 같이 매매대금을 지급하였으며, 위탁자는 동 매매대금을 수령하였음을 확인한다.
> - 매매대금(계약금, 중도금 및 잔금 일체) : 6,000,000,000원(기 지급 완료)
> ② 매수자는 이 신탁계약 체결 이후 본PF 사업 진행을 위한 건축허가를 득한 후 우선수익 자의 동의를 얻어 수탁자에게 신탁부동산의 소유권이전을 요청할 수 있으며, 수탁자는 위탁자의 별도 동의 없이 매수자의 요청 시 소유권이전과 관련된 일체의 서류를 교부 키로 한다.
> ③ 수탁자는 본조 제1항에 명시된 금액으로 매수자와 신탁부동산의 매매계약을 체결키로 한다.
> ④ 우선수익자가 "별도 매수자"를 지정할 경우 수탁자에게 매수자지정서를 제출키로 하며, 수탁자는 본조 제1항에 명시된 금액으로 "별도 매수자"와 신탁부동산의 매매계약을 체

결하고 "별도 매수자"에게 소유권을 이전하기로 한다. 이 경우 위탁자와 기존 매수자간 매매계약은 별도의 조치가 없어도 자동 실효하며, 기존 매수자의 매매대금 반환청구권은 "별도 매수자"에게 양도되는 것으로 본다. 수탁자는 "별도 매수자"로부터 처분대금을 받아 이를 신탁의 이익으로서 위탁자에게 교부하여야 하나, 급부과정을 단축하여 기존 매매계약상 매매대금의 반환, 새로운 매매계약상 매매대금의 지급, 매매대금 상당의 신탁이익 지급 과정은 생략하기로 한다. 위탁자와 수탁자, 그리고 우선수익자는 이상의 법률관계 및 급부제공 생략 등에 동의하며 어떠한 이의도 제기하지 않기로 한다.

나. **원고는** 2021. 3. 29. E는행이 이 사건 신탁계약과 관련하여 F에 대하여 가지는 대여금 등 일체의 채권을 **대위변제함에 따라** 이 사건 신탁계약상 **제1순위 우선수익자의 지위를 E는행으로부터 이전받았다.** 이후 원고는 2021. 3. 30. 위 지위 이전 사실을 통지함과 함께, 우선수익자 변경에 따른 신탁원부의 기재사항 변경절차를 이행하고, 이 사건 신탁계약 특약사항 제5조 제4항에 따라 우선수익자의 지위에서 주식회사 G(이하 'G'이라고만 한다)를 별도의 매수자로 지정하면서 G와 매매계약을 체결할 것을 피고에게 요청하는 내용의 문서를 피고에게 발송하여, 그 무렵 위 문서가 피고에게 도달하였다.

다. 피고는 2021. 5. 20. 원고의 위 나.항 기재 매매계약 체결 요청에 대하여, 'F를 채무자로, 피고를 제3채무자로 하는 다수의 압류 및 가압류명령이 있어 피고가 원고의 요청에 따라 별도 매수자에게 이 사건 각 부동산의 소유권을 이전할 경우 해당 압류 및 가압류 채권자들이 피고를 상대로 (가)압류 위반 등을 원인으로 법률상 문제를 제기할 가능성이 있다'는 이유로 매매계약 체결을 거절하는 내용의 문서를 원고에게 발송하였다. 이에 원고는 2021. 9. 9. 피고에게 G와의 매매계약 체결을 재차 요청하는 문서를 발송하였으나, 피고는 2021. 10. 1. 앞서와 같은 이유로 매매계약 체결을 다시 거절하였다.

라. **원고(대위변제자인 우선수익자)는** 2021. 10. 15. 이 사건 소를 제기하였고, 이 사건 소송 계속 중인 2022. 4. 28. G를 매수자로 지정한 것을 취소하고 **주식회사 C(이하 'C'라고만 한다)를 별도 매수자로 지정**한 후, 같은 날 이 사건 신탁계약 특약사항 제5조 제4항에 따라 **별도 매수자로 지정된 C와 피고(수탁자)가 이 사건 각 부동산에 관한 매매계약을 체결할 것을 요구하는 내용의 문서를 피고에게 발송**하였으나, 피고는 현재까지 원고의 매매계약 체결 요구에 응하지 않고 있다.

【인정 근거】다툼 없는 사실, 갑 제1 내지 7호증(가지번호 포함)의 각 기재, 변론 전체의 취지

2. 원고의 주장

이 사건 신탁계약 특약사항 제5조 제4항에 따르면, 우선수익자가 별도 매수자를 지정할 경우 수탁자인 피고는 별도 매수자와 이 사건 신탁계약에서 정한 바에 따라 이 사건 각 부동산에 관한 매매계약을 체결하고 별도 매수자에게 소유권이전등기절차를 이행하도록 되어 있다. 그런데 이 사건 신탁계약상 제1순위 우선수익자의 지위를 E는행으로부터 이전받은 원고가 C를 별도 매수자로 지정하였음에도, 피고는 현재까지 위 특약사항에서 정한 매매계약 체결 및 소유권이전등기절차를 이행하지 않고 있다.

따라서 원고는 피고에 대하여, 주위적으로 C의 이 사건 각 부동산에 관한 매매계약 체결에 관한 청약의 의사표시에 대하여 승낙의 의사표시를 할 것을 구하고, 예비적으로 원고가 이 사건 신탁계약에 따라 이 사건 각 부동산에 관하여 피고에 대하여 별도 매수자를 지정할 권한이 있음을 확인을 구한다.

3. 주위적 청구에 관한 판단

가. 청구원인에 관한 판단

이 사건 신탁계약 체결 당시 E는행이 제1순위 우선수익자, F가 수익자 겸 채무자의 지위에 있었던 사실, 원고가 2021. 3. 29. E은행이 이 사건 신탁계약과 관련하여 F에 대하여 가지는 대여금 등 일체의 채권을 대위변제함에 따라 위 제1순위 우선수익자의 지위를 E은행으로부터 이전받은 사실, 이 사건 신탁계약 특약사항 제5조 제4항 문언에 따르면 '우선수익자가 별도 매수자를 지정할 경우, 수탁자는 같은 조 제1항에 명시된 금액(6,000,000,000원)으로 별도 매수자와 이 사건 각 부동산의 매매계약을 체결하고 별도 매수자에게 소유권을 이전'하기로 되어 있는 사실, 제1순위 우선수익자인 원고가 이 사건 소송 계속 중인 2022. 4. 28. C를 별도 매수자로 지정한 후, 피고에 대하여 C와 이 사건 각 부동산에 관한 매매계약을 체결할 것을 요구한 사실은 앞서 살핀 바와 같다.

따라서 **피고(수탁자)는** 이 사건 신탁계약 특약사항 제5조 제4항에 따라 **원고(대위변제자인 우선수익권자)가 별도 매수자로 지정한 C와 이 사건 각 부동산**

에 관한 매매계약을 체결할 의무를 부담하므로, 이 사건 각 부동산에 관한 매매 계약 체결과 관련하여 C가 피고에게 표시한 청약의 의사에 대하여 승낙의 의사 표시를 할 의무가 있다.

나. 우선수익권 투자자의 우선매수권 행사 투자법

앞선 예비 매수인이 약속을 위반해서 매매계약이 무산될 경우, 신탁 특약상 우선매수 규정이 있는 우선수익자가 직접 자신 명의로 상계(우선수익 지급 청구권과 매매대금 납부 채무 간 대등액으로 상계 및 차액 납부)해 소유권 이전을 받는다. 또는 우선매수권 등을 행사하지 않고, 공매 입찰참가로 낙찰받은 후 상계 납부로 유입취득한 다음, 재매각 등을 통해 수익을 취할 수도 있다.

신탁원부 검토 결과, 신탁부동산에 대한 우선수익자의 우선매수권이 특약된 경우 우선수익권부 NPL을 매입한 NPL의 양수인은 이 특약에 따라 사실상 1 : 1 수의계약으로 수익성 좋은 신탁부동산을 남들보다 먼저 선점해서 우선수익 배당정산 청구권과 매수대금 채무를 상계해서 (또는 사실상 대물변제로) 자신 명의로 매수할 수 있다. 다만 우선수익자는 객관적이고 합리적인 감정평가를 거친 적정가격을 기준으로 수탁자와 협의해서 매수대금을 정해야 할 것이다.

신탁부동산 NPL 할인양수인이 신탁부동산 할인매수 및 위탁자 지위 이전 약정으로 이중의 할인차익을 향유하는 투자법

신탁부동산 NPL의 할인양수인이 이후 위탁자와 신탁부동산 할인매수 계약을 체결 후 매매대금에서 위탁자의 신탁 대출채무를 차감한 잔액을 위탁자에게 매매잔금으로 지급하면서, 동시에 위탁자 지위 이전 약정을 체결한다.

이때 NPL 양수인 겸 신탁부동산의 할인매수인은 기존 위탁자에게 가지는 양수금채권과 부동산 매수대금 채무를 상계 처리해서 양수금 채권을 소멸시키고, 신탁재산 귀속을 원인으로 신위탁자인 신탁부동산의 할인매수인(NPL 할인양수인)에게 소유권이 이전등기 된다. 이후 매수한 부동산의 시세 상승 시, 재매각을 통해 NPL 할인차익 및 부동산 할인차익 등 이중의 차익을 향유할 수도 있다.

우선수익권부 NPL 투자자가 낙찰로 유입취득 시 상계 납부의 방법

이론상 유입취득 시
상계 납부 가능

민사집행법에 기초해서 진행되는 법원 경매에서는 일반적으로 NPL 채권을 매입한 투자자가 부동산을 유입취득하는 경우에는 민사집행법 제143조(특별한 지급방법)에 따라 상계하는 방법으로 배당기일에 대금을 납부할 수 있다.

여기서 유입취득이란 NPL채권자(대위변제 또는 채권양수로 NPL을 취득한 자)가 입찰에 참여해서, 집행대상 부동산을 취득하는 것을 말한다. 이때 NPL채권자는 배당받을 배당금 지급 청구채권과 낙찰대금 납부 채무를 대등액에서 상계 처리해서 간편하게 납부할 수 있다.

> **민사집행법 제143조(특별한 지급방법)**
> ① 매수인은 매각조건에 따라 부동산의 부담을 인수하는 외에 배당표(配當表)의 실시에 관하여 매각대금의 한도에서 관계채권자의 승낙이 있으면 대금의 지급에 갈음하여 채무를 인수할 수 있다.
> ② 채권자가 매수인인 경우에는 매각결정기일이 끝날 때까지 법원에 신고하고 배당받아야 할 금액을 제외한 대금을 배당기일에 낼 수 있다.

③ 제1항 및 제2항의 경우에 매수인이 인수한 채무나 배당받아야 할 금액에 대하여 이의가 제기된 때에는 매수인은 배당기일이 끝날 때까지 이에 해당하는 대금을 내야 한다.

신탁부동산 공매 절차의 경우에도 이론상 NPL 투자자인 양수인 겸 1순위 승계 우선수익자는 공매 절차에 참가해서 부동산을 낙찰받은 후, 우선수익금 배당 청구권과 공매 낙찰대금 납부 채무를 상계하는 방법으로 공매 낙찰대금을 납부하고, 신탁부동산을 유입취득 할 수 있다.

그런데 신탁부동산 NPL을 매입해서 유입취득 시 실무상 상계 납부가 어려울 수 있다.

우선수익권부 NPL 양수인이 신탁부동산을 공매로 낙찰받은 후, 낙찰 전부터 수탁자가 진행 중인 소송에서 추후 발생할 소송비용과 체납세금 등 정산할 채권이 공매대금 납부일까지 특정되지 않고, 시간이 소요되는 등 유동적일 수 있고, 또는 정산 이의제기로 공매대금 납부일에 바로 상계 처리할 수 없는 다음과 같은 사정 등이 있는 경우다.

- 甲은 신탁부동산의 처분과 관련된 부가가치세의 세무처리를 담당하되, 관계 법령 또는 세무 관할관청의 해석에 따라 정해지는 경우에는 신탁부동산의 처분과 관련된 부가가치세의 세무처리 주체를 우선수익자로 정하기로 한다.
- 乙은 신탁부동산을 처분(공매에 의한 환가를 포함한다)하는 경우, 처분대금에서 신탁재산 관련 조세를 우선적으로 납부하며, 신탁기간 종료 이후에 납부기한이 도래하는 신탁재산 관련 조세가 존재하는 경우, 乙은 해당 조세 납부를 위해 필요한 금전을 제외한 잔여 신탁재산을 신탁재산의 귀속 권리자에게 교부한다.
- 신탁종료 이후에 발생되는 민원이나 소송 관련 비용(판결원리금 포함)에 대해서는 그 예상 상당액을 정산금에서 예치하고 사후 정산하기로 한다.

원칙적으로 수탁사가 상계 납부 조건을 공시하지 않는 한, 우선수익권부 NPL 양수인이 유입취득 하더라도 공매 공고 조건대로 일단 낙찰대금을 납부하고, 배당정산 일자에 우선수익금을 배당받아야 한다.

실무상 상계로 공매대금을 납부한 사례가 많지는 않다. 이에 우선수익권부 NPL 양수인이 공매 낙찰 계획을 할 경우, 일단 낙찰대금 대출기관을 확보해두고 낙찰받아야 한다.

이와 같이 신탁부동산의 우선수익 지급 청구 채권과 공매 낙찰대금의 납부는 법상 상계는 가능하므로 수탁사를 설득해서, 공매 입찰 전에 상계 납부의 양해 및 협조를 미리 구한다. 그리고 수탁사가 배당 순위에 따른 상계 금액 및 납부할 차액을 산정하고, 대금 납부일(보통 낙찰로 매매계약 체결 후 30일 또는 60일)과 정산일을 같은 일자로 일치시켜 상계에 의한 소유권이전등기가 가능하도록 조치한 후 입찰참가를 하는 것이 좋다.

또한 정산 이의제기 가능성이 있는 신탁 대출의 채무자 및 수익자 등을 미리 파악해서 이의제기 가능성이 높을 경우 이의제기 상당 금액을 추가 납부 대금으로 준비할 필요가 있다.

이렇게 정산할 추정 미확정 세금 채권 등은 수탁자에게 공매대금과는 별도로 낙찰자가 예치 등 담보제공 조건으로 상계 납부를 협의할 필요가 있고, 온비드는 단지 신탁부동산 공매 절차만 대행해주므로 상계 가능 여부 등 모든 공매 조건은 수탁사에 문의해야 한다.

2

배당정산 이의제기 시 이의 금액은 별도로 지급하고, 나머지 배당정산금으로 상계 가능

한편 다른 우선수익자가 낙찰자 본인인 우선수익자를 상대로 정산 이의 제기 시 수탁자는 정산 이의 금액을 배당 유보 및 채권자 불확지 공탁(민법 제487조)을 한다. 따라서 이 경우 낙찰자 본인은 정산 이의 금액을 포함한 차액은 납부하고, 정산 유보 공탁금을 차감한 정산배당금으로 상계 납부 조건에 따라 낙찰대금 납부를 허용하도록 정산기일 전에 수탁자를 미리 설득해서 일부 상계 납부를 관철할 필요가 있다.

상계 납부의 유효성을
인정한 판결 사례

가. 1순위 우선수익권을 양수한 자가 공매 낙찰로
유입취득 시 상계 납부를 유효하다고 판시한 사례

서울중앙지방법원 2021. 9. 30. 선고 2019가합574938 판결 [정산금]

3) K는 2009. 6. 25. 대주단으로부터 대주단의 이 사건 신탁계약상 1순위 우선수익자 지위를 양수하였고, **같은 날 참가인**과 사이에 K가 이 사건 대출채무를 변제함으로써 취득하게 되는 구상금채권 136,287,351,610원과 위와 같이 대주단으로부터 양수한 **이 사건 신탁계약상 1순위 우선수익권 등 이 사건 대출채무를 담보하기 위한 권리를 모두 양도하기로 하는 계약을 체결하고 이를 원고에게 통지하였다.** 참가인은 2009. 6. 26. K가 지정하는 대주단의 대리은행인 H는행 계좌로 136,287,351,610원을 입금하였다.

4) **참가인(1순위 우선수익권의 양수인)**은 2009. 8. 21. 위 공매 절차에서 낙찰대금 **2,210억 원으로** 이 사건 신탁부동산과 제설기 등 이 사건 스포츠센터의 일부 시설을 **낙찰받았고,** 2009. 8. 28. B와 이 사건 신탁부동산에 관하여 매매대금 합계 2,190억 7,900만 원(부가가치세 별도)으로 정하여 **매매계약(이하 '이 사건 매매계약'이라 한다)을 체결**하였다. 2009. 10. 26. 이 사건 신탁부동산에 관하여 참가인 앞으로 **소유권이전등기가 경료되었다.**

바. 피고의 이 사건 신탁부동산 처분대금 정산 경위

1) 피고는 2009. 8. 24. 참가인으로부터 낙찰대금 중 10%에 해당하는 221억 원을 이 사건 매매계약상 계약금 등으로 지급받았다.

2) 피고는 2009. 9. 9. 참가인에게 1순위 우선수익권의 피담보채권 중 74억 원으로, K에게 2·3순위 우선수익권의 피담보채권 중 70억 원으로 지급하였고, 2009. 9. 14. L 외 51인에게 제3 신탁계약상 2순위 우선수익권의 피담보채권 중 2,003,340,611원으로 지급하였다. 또한 피고는 같은 날 K에게 3,905,597,900원을 부가가치세 명목의 금원으로 송금하였다.

3) **피고(수탁자)는** 2009. 9. 29. 기준으로 **참가인(낙찰자 겸 1순위 우선수익권의 양수인)으로부터 지급받아야 할** 이 사건 **매매계약상 잔대금인 1,989억 원과 부가가치세 3,905,597,900원 합계 202,805,597,900원을,**

   ① **피고가 참가인에게 지급하여야 할** 이 사건 스포츠 센터 관련 수익금 1,901,790,000원, ② 1순위 우선수익권의 피담보채권 중 127,985,561,610원과 ③ 참가인과 K 사이의 합의에 따라 참가인의 권리로 인정받은 2·3순위 우선수익권의 피담보채권 중 72,918,246,290원 합계 **(정산금) 202,805,597,900원(= ① + ② + ③)과 상계하여 정산하였다.**

4) 피고는 2009. 11. 23. 이 사건 신탁부동산의 처분대금 정산내역을 요청한 원고에게 아래 표 기재와 같은 정산내역을 송부하였다.

구분		내역	금액(원)	비고
수입		부동산매매대금계약금	21,907,900,000	
		동산매매대금계약금	192,100,000	
		이자수입	6,125,055	
		부가가치세	3,905,597,900	낙찰대금 납부할금액 상계
		매매대금 잔금	197,171,100,000	
		동산매매대금 잔금	1,728,900,000	
		합계	224,911,722,955	
지출	1순위	처분 관련비용(❸)[4]	988,185,969	
	2순위	제세금 등[5]	793,242,340	
		부가가치세-3순위(K) 지급(❶)	3,905,597,900	2009. 9. 9. 송금
		소계	4,698,840,240	
	6순위	1순위 우선수익자[6] 동산 관련 수익금(❷)	1,901,790,000	배당정산 수령할 금액 상계
		1순위 우선수익자 대출원리금(❸)	127,985,561,610	

	1순위 우선수익자 대출원리금(❸)	7,400,000,000	2009. 9. 9. 선지급
	2순위 우선수익자[7] 대출원리금	2,003,340,661	2009. 9. 14. 선지급
	2·3순위 우선수익자[8] 대출원리금(❹)	72,918,246,290	상계(채권양수)
	2·3순위 우선수익자 대출원리금(❸)	7,000,000,000	2009. 9. 9. 선지급
	2·3순위 우선수익자 대출원리금(❹)	15,758,185	2009. 10. 26. 지급
	소계	219,224,696,746	
	합계	224,911,722,955	

나) 1순위 우선수익권 137,287,351,610원 정산(❷항목)의 적법 여부

(1) 원고가 2009. 1. 19. 1차 분할대출금을 상환하지 못하자 K가 이 사건 대출채무를 병존적으로 인수한 후 대주단으로부터 이 사건 신탁계약상 1순위 우선수익권을 양수한 사실, **참가인은** K로부터 K가 보유하게 될 구상금채권과 위와 같이 K가 양수한 **1순위 우선수익권 등을 양수한 사실, 피고(수탁자)는** 2009. 9. 9. 참가인에게 7,400,000,000원을 지급하고, 129,887,351,610원을 이 사건 매매계약에 따른 **매매잔대금 채권과 상계한 사실**은 앞서 본 바와 같다. 위 인정 사실에 따르면, **피고는** 이 사건 신탁부동산 처분대금 중 137,287,351,610원 (= 선지급 7,400,000,000원 + 상계 129,887,351,610원)을 **참가인이** K로부터 **양수한 1순위 우선수익권으로 정산하였다고 볼 수 있다.**

4. 신탁법 위반으로 인한 손해배상 청구에 관한 판단

가. (상계) 정산 방법 및 공매 절차의 부당성 인정 여부

1) 살피건대, 이 사건 **신탁계약 제22조 제3항에서 "처분대금 등의 정산시기는 처분 대금을 완전 수납한 후에 한다"**라고 정하여 원칙적으로 수탁자는 신탁부동산을 처분하여 얻은 대가에 관하여 이를 **완전히 수령한 후 신탁계약에서 정한 바에 따라 정산하여야 하는 것으로 보인다.** 그러나 앞서 든 각 증거, 변론 전체의 취지를 종합하여 알 수 있는 다음과 같은 사정들 즉,

① 이 사건 **신탁부동산의 매수인과 1순위 우선수익자가 동일하여 피고의 매매잔대금 채권과 참가인의 1순위 우선수익권에 따른 권리를 상계하여 한 꺼번에 정산하는 것이 간명**해 보이는 점,

② 위와 같은 **(상계) 정산 방법이 다른 우선수익자 등의 의사에 반한다고 보기 어렵고,** 원고 또한 당시에는 위와 같은 정산 방식에 대하여 이의를 제기하지 않은 점,

③ **피고가 처분대금을 완전히 수령하기 이전에 우선수익자에 대한 정산을 마쳤다는 사정만으로 원고에게 손해가 발생하였다고 볼 만한 자료가 제출되지 않은 점** 등을 고려하면 **피고가** 위와 같은 방식으로 정산하였다고 하여 **신탁법에서 정한 수탁자로서의 선량한 관리자의 주의의무나 충실의무, 공평의무 등을 위반하였다고 보기 어렵다.**

2) 아울러 원고는, 피고가 이 사건 신탁부동산에 관한 공매 공고 기간을 14일로 정하여 제3자의 참가를 배제시켰고 그에 따라 이 사건 신탁부동산을 염가에 매각하였다고 주장하나, 한국감정원은 공매예정가격을 2,541억 원으

로 정하였고 실제로 낙찰가격이 2,210억 원으로 정해졌는바 2차례 유찰이 있었던 사정을 고려하면 피고가 이 사건 신탁부동산을 염가에 매각하였다고 단정하기 어려운 점, 이 사건 신탁계약에서 공매공고 기간에 관하여 별도로 정하지 않은 점, 이 사건 신탁부동산에 관하여 이미 1차 공매 절차가 이루어졌다가 중지되었으므로 2차 공매 절차에서는 공고 기간을 단축한 것으로 볼 여지도 있는 점 등을 고려하면 원고가 주장하는 사정만으로 피고가 공매 절차를 부당하게 진행하였다고 보기도 어렵다.

다. 최종 계산 및 정산 내역 작성 미이행 여부

살피건대, 피고가 2009. 11. 23. 원고에게 이 사건 신탁부동산의 처분대금을 정산한 내역을 송부한 사실은 앞서 본 바와 같은데, 위 정산 내역을 송부함으로써 신탁법에서 정한 최종계산을 하였다고 보기는 어려우나 이 사건 **신탁계약 제25조 제3항에서 신탁종료 시 수탁자로 하여금 최종계산에 관하여 수익자의 동의를 받도록 정하고 있는 반면 동조 제4항에서 신탁부동산의 처분으로 신탁계약이 종료되는 경우 동조 제3항 본문이 적용되지 않는다고 정한 사실은 앞서 본 바와 같으므로, 피고가 별도로 최종계산을 하여 위탁자이자 수익자인 원고에게 통지하지 않았다고 하여 수탁자로서의 의무를 위반하였다고 보기 어렵다.** 아울러 이 사건 신탁계약이 별지1 목록 기재 각각의 부동산 별로 5개의 관리처분신탁계약으로 구성되어 있기는 하나, 신탁부동산인 이 사건 신탁부동산 중 골프연습장동 5개의 호실에 관한 신탁계약을 제외한 나머지 부동산에 관한 신탁계약은 우선수익자와 우선수익권으로 담보되는 채권이 모두 동일하고, 이 사건 신탁계약은 이 사건 신탁부동산을 통틀어 공동담보라는 점을 명시하고 있다. 또한 앞서 든 각 증거 및 변론 전체의 취지를 종합하면, 제3 신탁계약의 2순위 우선수익자인 L 외 51인에 대하여는 2009. 9. 14. 선정산이 된 사실이 인정되므로, **개별 관리처분신탁계약마다 각각의 정산서가 작성되지 않았다고 하여 수탁자로서의 충실의무 등을 위반하였다고 보기 어렵다.**

나. 상계 납부 사례

광주지방법원 2015. 12. 22. 선고 2015가단9658 부당이득금반환등 판결

아. 피고는 2013. 7. 26. 위 부동산담보신탁계약의 수탁자인 주식회사 한국토지신탁의 동의를 받고 주식회사 기계환경운반○○○에게 위 일반한도 거래약정에 따른 F에 대한 대출원리금 채권 1,671,628,980원을 그 금액 범위의 위 부동산담보신탁계약에 따른 제1순위 우선수익권과 함께 양도하였다.

자. 주식회사 한국토지신탁은 2013. 7. 29. 주식회사 기계환경운반○○○에게 이 사건 아파트 및 상가의 대지인 광주 남구 B, C, D, E 토지와 이 사건 상가 중 지하2층 201호를 제외한 215개 호를 매매대금 1,801,018,340원으로 정하여 매도하였고, 주식회사 기계환경운반○○○로부터 2013. 8. 4. 위 매매대금 중 부가가치세 120,909,940원을 제외한 1,680,108,400원에서 계약금 180,101,834원을 지급받았으며, 2013. 9. 4. 나머지 **1,500,006,566원을 위 부동산담보신탁계약에 따른 제1순위 우선수익금액 중 대등액과 상계하는 방법으로 지급받았다.**

신탁부동산 NPL 투자자의 유입취득 등을 위한 공매 절차

일반적인 신탁부동산의
공매 절차

우선수익권부 NPL 회수를 위한 신탁부동산의 공매 절차를 살펴보면, 일반적으로 신탁부동산의 환가처분은 부동산담보신탁계약서 및 공매 입찰 공고 조건에서 정하는 방법 및 절차에 따라 공매 또는 수의계약으로 처분한다.

그 밖에는 특약상 1 : 1 수의계약으로 우선수익자가 우선매수하는 방법 또는 우선수익자가 지정하는 자 등에게 처분하는 방법도 있다. 이처럼 신탁법 및 관련 법규의 테두리 내에서 처분 방법 및 절차를 당사자 간 사적 자치의 합의(특약)로 자유롭게 정할 수 있다. 이에 특약으로 미리 우선매수 내정자를 정해놓고 매각하는 스토킹 호스 비딩(Stalking Horse Bidding) 방식의 공매처분도 가능한 것이다.

앞선 처분 방법 및 절차는 각 신탁회사별로 또는 특약 사항에 따라 약간의 차이가 있으나, 기본적인 절차는 거의 같다. 따라서 입찰참가자는 입찰 예정 물건에 대한 온비드 및 수탁자의 홈페이지상 공매 입찰 공고 조건 및 해당 부동산담보신탁계약서의 내용 등에 따라 입찰참가를 하면 된다.

다음에서 설명하는 환가 절차는 모든 신탁사가 동일하지 않고, 특약 등에 따라 약간의 차이가 있으나, 여기에서는 일반적인 하나의 예시를 들어 설명하고자 한다.

신탁부동산의 처분 절차는 대략적으로 설명하자면 다음과 같다.

부동산의 환가사유 발생(기한이익 상실 등) → NPL채권자인 우선수익자의 수탁자(신탁사)에 대한 환가요청(공매 신청) → 수탁자가 위탁자에게 기한이익 상실 해소 독촉(14일 이상의 기간 부여) → 환가요청 후 10일 이내에 내용증명으로 위탁자에게 처분 예정 사실 2회 통지 → 환가개시 결정 → 수탁자의 공매대상 부동산 확정 및 공매 매각 예정가격 산정(감정평가 전문기관의 감정) 등 공매 매각 계획 수립 → 공매 공고(10일 이상 공고) → 신탁관계인(위탁자 겸 수익자, 우선수익자, 임차인, 기타 신탁등기 전 근저당권자 등 등기부상 권리자) 등에게 공매 예정 통지 → 한국자산관리공사(캠코)의 온비드를 통한 전자적 공개경쟁 입찰 → 유찰 시 전차가격의 10%를 저감해서 다음 매각가격 산정 → 전차가격으로 수의계약 가능 → 공매 결과(낙찰, 유찰) 신탁관계인에게 통지 → 공매 낙찰대금은 매매계약 체결일로부터 30일 또는 60일 이내에 납부 → 공매 낙찰자에게 매매를 원인으로 한 부동산 소유권이전등기 및 신탁재산의 처분을 원인으로 한 신탁등기의 말소 → 정산 실시(채권자의 채권 내역 확인, 정산 순위에 따른 정산 실시, 정산 이의제기 시 채권자 불확지 변제공탁) → 신탁 종료

한국자산관리공사(캠코)의
온비드(OnBid) 인터넷 전자입찰 방법

온비드(https://www.onbid.co.kr/op/dsa/main/main.do) 접속 → 간편 로그인 (네이버 아이디로 로그인 시 간편하다) → 부동산 클릭 → 물건 클릭 → **신탁사 전용 관 클릭** → 매각 공고 입찰대상 물건 클릭 → 입찰 클릭(화면 중간 부분) → 입찰자 정보 수정사항 체크 → 개인정보 동의 체크 → 공고 물건 확인 체크 → 입찰참가자 준수규칙 동의 체크 → 다음 단계 클릭 → 입찰금액 수기 입력(기재) → 보증금 계산 클릭 → 납부 총액 확인 클릭 → 보증금 납부 가상계좌 생성 은행 택일 클릭 → 패찰 시 환불계좌 기재 → 하단 주의 사항 체크 → 입찰서 제출 클릭 → 공인인증서로 가 상계좌번호에 납부 기한까지 입찰금액의 10%인 보증금 이체(납부)

이때 마지막 절차에서 보증금을 미납할 경우, 입찰은 무효가 되니 입금 기한까지 입금해야 하고, 패찰 시 환불계좌로 입찰보증금이 반환된다.

가. 전자자산처분시스템인 온비드의 최고가 입찰참가자 준수규칙

입찰 과정에서 입찰참가자 준수규칙을 읽고 동의한 후 진행하게 되어 있는데, 이때 준수규칙은 다음과 같다.

제1조(목적 및 적용범위)
이 준수규칙은 한국자산관리공사(이하 "공사"라 합니다)가 관리·운영하는 전자자산처분시스템인 온비드(OnBid)에서 이용기관 회원이 실시하는 재산 및 물품의 관리·처분을 위한 전자입찰에 참가하려는 자가 입찰서를 제출하는 경우 준수하여야할 규칙을 정함을 목적으로 합니다.

제2조(정의)
이 준수규칙에서 사용하는 용어의 뜻은 다음과 같습니다.
1. "이용기관 회원"이란 온비드에 자신의 정보를 제공하여 회원가입을 한 자로서 온비드의 정보 서비스를 제공받고 이용하며, 온비드를 대여("온비드 대여"란 공사가 수수료를 받고 이용기관회원이 보유 또는 관리 중인 재산의 관리·처분을 위하여 시스템을 대여하는 것을 말합니다)받거나 이용하여 재산을 매각·구매할 수 있는 공공기관회원 또는 이용법인회원을 말합니다.
    가. 공공기관 회원 : 국가기관, 지방자치단체 및 국가 또는 지방자치단체가 출자·출연한 기관 등 공사가 온비드 이용을 승인한 공공기관
    나. 이용법인 회원 : 금융회사, 유가증권·코스닥시장 상장법인 등 공사가 온비드 이용을 승인한 법인
2. "전자서명 인증사업자"란 '전자서명법' 제8조에 따라 운영기준 준수사실의 인정을 받아 전자서명인증업무를 하는 자를 말합니다.
3. "은행공동망"이란 개별은행 간의 전산망을 하나의 네트워크로 연결하여 온라인 입출금 및 자금이체 등의 전자금융거래를 할 수 있도록 하는 시스템을 말합니다.
4. "난수발생기"란 특정한 배열순서나 규칙적 의미를 갖지 않는 임의의 수를 만들어내는 알고리즘을 말합니다.
5. "전자보증서"란 온비드를 통해 전자입찰에 참가하려는 자가 입찰보증금을 보증보험증권으로 납부하기 위하여 공사와 협약 체결한 보증보험증권 발급기관(이

하 "발급기관"이라 합니다)에 보험청약을 하고, 발급기관이 입찰자를 보험계약자로 이용기관회원을 피보험자로 하여 전자적으로 발급한 후에 온비드에 전송된 보증보험증권을 말합니다.

제3조(입찰참가방법)

① 입찰에 참가하려는 자는 온비드 회원으로 가입하고 전자서명 인증사업자로부터 발급받은 인증서(이하 "인증서"라 합니다)를 온비드에 등록한 후 입찰 화면에서 입찰서를 제출하는 방법으로 합니다. 다만, 등록하는 인증서는 전자입찰에 사용 가능한 것이어야 합니다.

② 인증서로 접속하여 입찰에 참가한 경우 정당한 권한을 가진 자가 입찰에 참가한 것으로 봅니다.

③ 기명날인은 입찰서 제출 시 인증서를 이용하여 입찰서에 전자서명한 것으로 합니다. 이 경우 전자서명은 인증서를 이용하여 입찰서를 제출함으로써 자동서명된 것으로 합니다.

제4조(입찰자 자격제한)

다음 각 호의 어느 하나에 해당하는 자는 **입찰에 참가할 수 없습니다.**

1. 타인의 입찰참가 방해, 낙찰자 결정 또는 매수인의 매수대금(사용료) 납부 방해 등 입찰 진행을 방해한 사실이 있는 자
2. 입찰에 참가하여 부당하게 가격을 떨어뜨릴 목적으로 담합한 사실이 있는 자
3. 허위 명의로 매수 신청한 사실이 있는 자
4. 입찰을 방해할 목적 등으로 온비드를 정상적으로 작동되지 않게 하거나 이와 유사한 행위를 한 사실이 있는 자
5. 입찰을 실시하는 담당 공무원 및 직원의 직무집행을 방해한 사실이 있는 자
6. 그 밖에 관련 법령 및 이용기관 회원이 별도로 정하는 자

제5조(관련 규정 및 입찰절차 준수)

입찰에 참가하려는 자는 입찰 물건 확인, 입찰 공고 조건, 계약일반 조건, 온비드 이용약관, 그 밖에 입찰에 필요한 모든 사항에 관하여 입찰 전에 이를 숙지·준수하여야 하며, 이를 소홀히 함으로써 발생하는 모든 불이익에 대한 책임은 입찰자에게 있습니다.

제6조(입찰서 기재 방법)

① 입찰은 입찰공고 물건의 입찰번호 단위로 입찰하여야 합니다. 다만, 별도의 고지가 있을 때에는 그러하지 아니합니다.

② 입찰자는 입찰서에 매수하려는 물건에 대한 입찰 금액, 유찰 등 환불 사유 발생 시 입찰보증금을 환불받을 환불계좌 및 그 밖에 필요한 사항을 기재하여야 하며, 입찰 금액의 표시는 아라비아숫자를 사용하여야 합니다.

③ 입찰보증금을 전자보증서로 납부할 경우 입찰 금액은 입찰자가 전자보증서 발급 신청 시의 입찰 예정금액 범위에서 직접 기재하여야 합니다.

④ 이용기관 회원이 허용하는 2명 이상의 공동명의 입찰에 참가하려는 경우에는 입찰 기간 중에 붙임1의 공동입찰참가신청서를 이용기관 회원에게 제출하며, 대표입찰자 명의로 입찰에 참가하여야 합니다. 다만, 이용기관 회원이 별도로 정하는 경우에는 그에 따릅니다.

⑤ 이용기관 회원이 허용하는 대리인을 통해 입찰에 참가하려는 경우에는 입찰기간 중에 붙임2의 대리 입찰신청서를 이용기관 회원에게 제출하며, 대리인 명의로 입찰에 참가하여야 합니다. 다만, 이용기관 회원이 별도로 정하는 경우에는 그에 따릅니다.

⑥ 입찰서 기재의 오류로 인하여 회원이 입은 불이익 등은 회원 본인이 책임을 부담합니다.

⑦ 제4항에서 정한 공동입찰참가신청서 또는 제5항에서 정한 대리 입찰신청서를 제출하지 않거나 허위로 작성하여 낙찰받은 경우 낙찰을 무효로 하고, 입찰보증금은 대표입찰자 또는 대리입찰자가 입찰서 제출 시 지정한 입찰보증금 환불 계좌로 이자 없이 환불하고, 환불 시 별도의 수수료가 발생하는 경우 납부한 금액에서 이를 공제합니다. 다만 이용기관회원이 별도로 정하는 경우에는 그에 따릅니다.

⑧ 제4항에서 정한 공동입찰참가신청서를 인증서에 의한 전자 서명 방식을 이용하여 전자적으로 제출할 수 있도록 이용기관 회원이 허용하는 경우에는 온비드에서 정한 방법에 따라 제출하여야 합니다.

제7조(입찰서 제출)

① 입찰서 제출은 입찰화면에서 입찰서를 온비드로 송신하는 방법으로 하되, 입찰서 제출시간은 공사가 지정한 전자서명 인증사업자가 '전자서명법' 제18조에

따라 확인한 시점을 기준으로 합니다. 다만, 전자서명 인증사업자의 시점 확인 시스템 또는 시스템에 연결된 네트워크 등의 장애가 있는 경우에는 온비드 서버에 접수된 시점을 기준으로 할 수 있습니다.

② 입찰자는 입찰서를 입찰 마감 시간 전까지 제출하여야 합니다. 다만, 온비드의 전산장애 등 특별한 사정이 있는 경우에는 입찰 마감 시간을 따로 정할 수 있습니다.

③ 입찰자는 입찰서 제출 후 입찰 응답 메시지를 확인하는 등의 방법으로 본인의 입찰서가 이상 없이 제출되었음을 직접 확인하여야 합니다.

④ 입찰자가 제출한 입찰서는 이를 변경 또는 취소할 수 없으며, 동일한 입찰자가 하나의 물건에 대하여 2회 이상 입찰서를 제출할 수 없습니다. 다만, 이용기관 회원이 별도로 정하는 경우에는 그러하지 아니합니다.

제7조의2(차순위 매수 신고)

① 입찰자는 이용기관 회원이 입찰 공고 시 명시한 경우에 한정하여 제10조에 따라 결정된 낙찰자가 대금납부 기한까지 그 의무를 이행하지 아니하면 자기의 매수 신고에 대하여 매각을 허가하여 달라는 취지의 신고(이하 "차순위 매수신고"라 한다)를 할 수 있습니다.

② 제1항에도 불구하고 차순위 매수 신고에 대하여 이용기관 회원이 별도로 정하는 바가 있는 경우에는 그에 따릅니다.

제8조(입찰보증금)

① 입찰보증금은 이용기관회원이 정하는 입찰금액의 일정률 이상에 해당하는 금액(입찰참가수수료를 납부해야 하는 경우에는 입찰참가수수료 포함)을 입찰 마감 시간 전까지 온비드에서 지정하는 보증금 납부계좌로 납부하여야 하며, 이 경우 입금된 금액에서 입찰참가수수료를 차감한 금액을 입찰보증금으로 합니다. 다만, 이용기관 회원이 별도로 정하는 경우에는 그러하지 아니합니다.

② 입찰보증금 및 입찰참가수수료(입찰참가수수료를 납부해야 하는 경우에 한함)를 입찰 마감 시간 전까지 보증금 납부계좌로 납부하지 아니한 경우 입찰은 무효로 하며, 입찰보증금은 전액을 일시에 납부하여야 합니다. 다만, 입찰보증금이 1천만 원을 초과하는 경우 입찰 마감 시간 전까지 입찰보증금을 분할하여 납부할 수 있습니다.

③ 입찰보증금 및 입찰참가수수료 납부 시 은행공동망 등의 장애로 정상적인 납부가 이루어지지 않을 수 있으므로 보증금 납부 여부는 입찰자가 온비드 화면에서 직접 확인하여야 하며, 이를 확인하지 아니하여 입찰자가 입은 불이익 등은 입찰자 본인이 책임을 부담합니다.

④ 입찰보증금을 전자보증서로 납부하려는 경우 입찰자는 발급기관이 정한 절차와 방법에 따라 온비드를 통해 부여받은 관리 번호를 이용하여 발급기관에 직접 보험청약을 하여야 합니다.

⑤ 입찰자는 발급기관으로부터 전자보증서 발급 통보를 받아 온비드에 전자보증서가 접수되었는지와 발급된 전자보증서 내용이 정확한지를 확인한 후 입찰에 참가하여야 하며, 이를 확인하지 아니함으로써 발생하는 모든 불이익에 대한 책임은 입찰자에게 있습니다.

⑥ 입찰보증금을 전자보증서로 납부할 경우 전자보증서 발급신청시의 입찰보증금은 전자보증서의 보험가입금액 및 입찰서 제출 시 입찰자가 납부하는 입찰보증금이 됩니다. 다만, 입찰자가 낙찰 받은 후 계약을 체결하지 않을 경우 이용기관회원이 발급기관에 청구할 보험금은 전자보증서의 보험가입금액을 한도로 하여 이용기관회원이 정하는 금액이 됩니다.

⑦ 입찰보증금을 전자보증서로 납부할 경우 입찰자가 선택한 전자보증서는 입찰서와 동시에 제출된 것으로 봅니다.

제9조(개찰)

개찰은 입찰 공고상에 명시된 입찰장소와 지정된 일시에 이용기관회원이 직접 집행합니다. 다만, 온비드의 전산장애 등 특별한 사정이 있는 경우에는 별도로 개찰 일시를 정할 수 있습니다.

제10조(낙찰자 및 차순위 매수신고인 결정)

① 낙찰자는 입찰공고에서 정한 바에 따른 유효한 입찰참가자 중 최고가격 입찰자를 낙찰자로 결정합니다.

② 제1항의 최고가격 입찰자가 2명 이상인 경우에는 온비드에 설치된 난수발생기에 의한 **무작위 추첨 방법으로 낙찰자를 결정**합니다. 다만, 온비드의 전산장애 등 특별한 사정이 있는 경우에는 이용기관회원이 정하는 바에 따릅니다.

③ 제7조의2에 따라 차순위 매수신고한 입찰자 중 **입찰가격이 제1항의 최고입찰**

가격에서 입찰보증금을 뺀 금액 이상인 입찰자를 차순위 매수신고인으로 결정
합니다. 다만, 이용기관회원이 별도로 정하는 경우에는 그러하지 아니합니다.

④ 제3항의 차순위 매수신고인이 2명 이상인 경우에는 차순위 매수신고가격이 높
은 입찰자를 차순위 매수신고인으로 결정합니다. 다만, 최고가 차순위 매수신고
가격이 동일할 경우에는 온비드에 설치된 난수발생기에 의한 무작위 추첨 방법
으로 차순위 매수신고인을 결정합니다.

⑤ 제3항 또는 제4항에 따라 결정된 차순위 매수신고인은 낙찰자가 매각대금 완납
시까지 입찰보증금의 반환을 요구할 수 없습니다.

⑥ 입찰자는 낙찰 여부를 온비드의 입찰 결과 화면 등을 통하여 직접 확인하여야
합니다.

제11조(입찰보증금의 처리 등)

① 낙찰자 결정 후 입찰자의 입찰참가수수료 및 낙찰자의 입찰보증금은 이용기관
회원의 입금계좌로 이체되며, 유찰자(입찰무효 또는 입찰 취소된 경우 포함) 및
환불 처리되는 낙찰자의 입찰보증금은 입찰서 제출 시 기재한 환불계좌로 이자
없이 환불되고, 환불 시 별도의 수수료가 발생하는 경우 입찰보증금에서 이를
공제합니다. 다만, 전자보증서를 입찰보증금으로 납부한 경우 낙찰자 관련사항
은 이용기관회원 입찰공고 등에서 정하는 바에 따르며, 보험료 환급 등과 관련
된 사항은 발급기관에서 정하는 바에 따라 입찰자 본인이 처리하기로 합니다.

② 제12조제1항에 따라 입찰이 연기되었을 경우 연기 이전에 정상적으로 납부된
입찰보증금은 개찰 일시까지 보증금 납부계좌에 보관합니다.

③ 제10조제5항의 차순위 매수신고인의 입찰보증금은 낙찰자가 매각대금을 완납
할 때까지 보증금 납부계좌에 보관하며, 매각대금 완납 시에는 입찰서 제출 시
기재한 환불계좌로 이자 없이 환불됩니다. 만일 환불 시 별도의 수수료가 발생
하는 경우에는 입찰보증금에서 이를 공제합니다.

④ 제10조에 따른 낙찰자가 대금납부기한까지 그 의무를 이행하지 않아 차순위 매
수신고인에게 매각하기로 결정한 경우 입찰보증금은 이용기관회원이 등록 및
신청한 이체계좌로 이자 없이 이체됩니다.

제12조(온비드의 장애발생 등에 대한 처리)

① 온비드의 장애는 시스템 다운, 시스템에 연결된 네트워크의 장애, 업무처리의

기반이 되는 인증서 서비스 및 외부연계서비스의 장애 등으로 온비드 접속 또는 입찰서의 송·수신이 불가능하거나 은행의 입찰보증금 납부계좌 발번 및 은행 대사 작업 등에 장애가 있는 경우를 말합니다.

② 온비드의 장애로 인하여 예정된 입찰진행이 어려운 경우 입찰을 연기 또는 취소할 수 있으며, 입찰연기 또는 취소의 공고는 시스템 복구 후 온비드 홈페이지(www.onbid.co.kr) 게재로 할 수 있습니다.

③ 온비드의 장애가 아닌 입찰자의 네트워크 또는 네트워크 서비스업체의 장애, 시스템 장애 등의 사유로 입찰서 등이 정상적으로 제출되지 않은 경우에는 입찰에 응하지 않은 것으로 봅니다.

④ 제2항에 따라 입찰이 연기된 경우 연기 이전에 정상적으로 입찰서 제출 및 입찰보증금이 납부된 입찰은 유효한 것으로 봅니다. 다만, 이용기관회원이 별도 정하는 경우에는 그에 따릅니다.

⑤ 공사 및 이용기관회원은 온비드의 자체적인 장애 또는 시스템에 연결된 네트워크의 장애 등으로 인하여 온비드에 장애가 발생한 경우의 입찰연기, 정정·취소 및 입찰무효처리 등에 대하여 고의 또는 중대한 과실이 없는 한 그 책임을 지지 않습니다.

제13조(계약 체결 등)

낙찰자는 이용기관회원이 정하는 기일 내에 계약을 체결하여야 하며, 대금납부기한, 제세공과금부담 및 기한 내 계약을 체결하지 않을 경우 입찰보증금의 처리 등 계약 체결과 관련한 제반사항 및 사후처리는 이용기관회원이 정하는 바에 따릅니다.

제14조(입찰서 제출시기 등에 대한 특약)

'전자문서 및 전자거래 기본법' 제6조부터 제9조까지의 적용과 관련해서는 같은 법 제10조에 따라 이 준수규칙을 우선 적용합니다.

제15조(준용법규)

이 준수규칙이 정하고 있지 아니한 사항은 온비드 이용약관, 입찰공고문, 전자거래 기본법령 및 전자서명법령 등 관련 법령에서 정하는 바에 따릅니다.

나. 입찰 주의 사항 및 입찰서 최종 제출 동의

※ 아래의 주의 사항을 반드시 읽어보시고 입찰을 진행해주시기 바랍니다.

- **입찰보증금 납부 관련 주의 사항**
  - (납부 방법) 입찰보증금은 입찰서 제출 시 등록한 환불계좌에서 입찰보증금 납부용 가상계좌로 이체하는 방법으로만 입금하여야 합니다.
    (단, 10억 원 이상의 입찰보증금을 한 번에 입금하는 경우에는 예외로 합니다)
    * 입, 출금 거래가 가능한 일반 계좌 등록 요함
    * 카카오페이, 토스페이 등 각종 페이, 오픈뱅킹, 펌뱅킹, 무통장입금, 증권계좌 등을 이용한 이체 불가
  - (납부 기한) 입찰 마감 시간 전까지 입찰보증금 전액을 납부하지 않은 경우 제출된 입찰서는 무효처리 됩니다.
    * 입찰보증금을 지준이체로 납부하는 경우 이체가 지연될 수 있으니 입찰마감 전까지 입찰보증금 납부용 가상계좌로 입금이 완료되었는지 여부를 꼭 확인해주시기 바랍니다.
  - (분할 납부) 납부 총액(입찰보증금과 참가수수료를 포함한 금액을 의미합니다)이 1천만 원을 초과하는 경우 분할 납부가 가능합니다.
  - (입금 시 유의사항) 입찰보증금 납부용 가상계좌 번호 착오 및 중복 입금 등에 따른 책임은 입찰자가 부담하므로 입찰보증금 납부용 가상계좌를 꼭 확인해주시기 바랍니다.

- 입찰보증금 납부용 가상계좌 추가 발급 관련 주의 사항
  - (납부계좌 추가 발급) 발급은행 장애 등으로 인하여 입찰서 제출 시 발급 받은 가상계좌로 입찰보증금 납부가 불가능한 경우 다른 은행의 입찰보증금 납부용 가상계좌를 추가로 발급 받으실 수 있습니다.
    * 유의사항
    ① 입찰보증금 납부용 가상계좌 추가 발급은 기존에 제출된 입찰서의 입찰보증금 납부계좌만을 추가 발급 받는 것이므로 입찰 조건은 기존과 동일합니다.
    ② 추가 발급 받은 계좌나 기존에 입찰서 제출 시 발급받은 계좌 중 하나의

계좌로만 입찰보증금을 납부하시면 됩니다.

③ 입찰자의 착오로 입찰보증금을 중복 납부한 경우 나중에 입금하신 금액은 입찰 취소 또는 집행완료 후 입찰서 제출 시 지정하신 환불계좌로 환불처리 됩니다.

• 환불계좌 관련 주의 사항

- (환불계좌 등록) 입찰보증금은 등록한 환불계좌에서 이체하는 방식으로만 입금이 가능하므로 환불계좌 등록 시 환불계좌가 정상적인 거래가 가능한 계좌인지 사전에 꼭 확인하시기 바랍니다.
- (환불계좌 정정/변경) 환불계좌는 정정/변경이 불가능하며 계좌번호 착오에 대한 책임은 입찰자가 부담합니다.
- (입찰보증금 환급) 입찰참가 후 낙찰 받지 못한 경우(유찰 혹은 취소) 납부한 입찰보증금은 등록하신 환불계좌로 환불 처리 됩니다.
  * 입찰보증금이 10억 원 이상인 경우, 입금계좌 은행과 환불계좌 은행이 다르면 은행 간 계좌이체 한도 제한으로 환불처리가 안 될 수 있으니 가급적 환불계좌는 입금계좌 은행과 동일하게 사용하기를 권장합니다.

• 참가수수료 안내

- 참가수수료는 공고기관이 입찰참가자에게 부과하는 수수료이며, 유찰 시에도 환불되지 않습니다. 입찰보증금 납부용 가상계좌로 입금하신 금액 중 참가수수료를 제외한 금액이 입찰서상의 보증금이 됩니다.

• 전자보증서 안내

- 전자보증서로 납부된 입찰보증금은 보험가입금액으로, 향후 낙찰 받은 입찰자가 계약을 체결하지 않을 경우, 피보험자(공고기관)가 발급기관(서울보증보험)에 청구할 보험금의 범위는 보험가입금액을 한도로 하여 '입찰참가자준수규칙'에서 정하는 바에 따릅니다.

☐ 각 항목의 모든 주의 사항을 숙지하였으며, 입찰서를 최종 제출하는 것에 동의합니다.

이를 모두 확인했다면 하단의 '각 항목의 모든 주의 사항을 숙지하였으며, 입찰서를 최종 제출하는 것에 동의합니다' 앞의 네모칸(□)을 클릭 후 입찰서 제출을 클릭하면 된다.

※ 입찰서 제출이 완료되어야 입찰보증금 납부계좌가 발급되며, 납부계좌 번호는 입찰 완료 화면 또는 '나의 온비드 > 입찰관리 > 입찰진행내역'에서 확인할 수 있다.

다. 온비드 인터넷 전자입찰 실행 순서

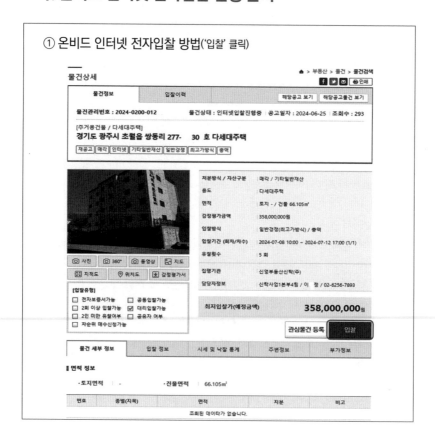

② 입찰정보 확인 및 준수규칙 동의

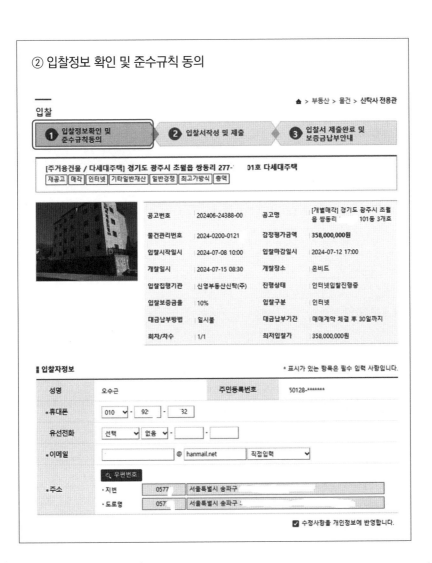

개인정보 수집 및 이용 동의

■ 개인정보 수집 및 이용 동의

한국자산관리공사의 설립에 관한 법률 시행령 제38조(고유식별정보의 처리) 제1호에 따라 <u>주민등록번호</u>, <u>외국인등록번호</u>를 처리합니다.

1. 개인정보의 수집 및 이용 목적

개인정보 수집 및 이용에 대하여 동의합니다.(선택)

☑ 동의함   ☐ 동의하지 않음

☑ **주의사항**

· 입찰자 정보를 정확하게 입력해 주시기 바랍니다.
· 개인회원의 경우 주소는 반드시 입찰자의 주민등록상 주소여야하며, 연락가능한 전화번호를 입력해 주시기 바랍니다.
· 법인회원의 경우 주소는 법인등기부등본상의 본점 소재지를 입력해 주시기 바랍니다.

공고문 확인

▌ 공고내용 확인

- ▪ **입찰서제출 전에 공고내용 및 물건상세 정보를 꼭 확인하신 후 동의해 주시기 바랍니다.**
- ▪ **압류재산의 경우에는 물건세부정보, 입찰정보, 압류물건정보를 반드시 확인하시기 바랍니다.**

-당사가 진행하는 공매(공개매각)는 한국자산관리공사에서 진행하는 공매(公賣)와는 전혀다른 일반매매에 해당합니다. 아래 공고상 매수자가 부담하여야 하는 조건을 정확히 확인하신 후 이에 동의하는 경우에만 입찰에 참여하시기 바랍니다.

-특히, 부가가치세(대상여부 공고상 기재) 및 관리비(발생일과 관계없이 전체 체납금)는 낙찰대금과는 별도로 매수자가 추가로 부담하여야 하는 비용이므로, 사전에 확인하시고 입찰여부를 결정하시기 바랍니다.

-입찰(수의계약)에 참여한 경우 유의사항 전부에 대해 동의한 것으로 간주되어, 매수자나 제3자의 법률적 해석을 근거로 매매계약 등 공매 조건을 부인, 변경 요청할 수 없습니다.

-본건 공매부동산에 관한 자세한 현황은 온비드 공고상 첨부된 공매공고 및 감정평가서 등을 토대로 입찰자가 직접 제반서류 및 현장 등을 확인하셔야 하며, 사진 및 첨부파일, 공고내용 등의 내용과 실제 현황이 다른 경우라도 매도자는 이에 대해 책임을 부담하지 않습니다.

공고문 확인   ☐ 위 내용을 확인하였습니다.

앞선 화면의 '공고문 확인' 체크 후, 다음의 내용 확인한 후 '닫기' 클릭

◇   ◑ 공고문 새창 - Whale   —   □

🔒 onbid.co.kr 공고문 새창

[개별매각] 경기도 광주시 초월읍 쌍동리 2 　　　 01동 3개호

-당사가 진행하는 공매(공개매각)는 한국자산관리공사에서 진행하는 공매(公賣)와는 전혀다른 일반매매에 해당합니다.
아래 공고상 매수자가 부담하여야 하는 조건을 정확히 확인하신 후 이에 동의하는 경우에만 입찰에 참여하시기 바랍니다.

-특히, 부가가치세(대상여부 공고상 기재) 및 관리비(발생일과 관계없이 전제 제납금)는 낙찰대금과는 별도로 매수자가
추가로 부담하여야 하는 비용이므로, 사전에 확인하시고 입찰여부를 결정하시기 바랍니다.

-입찰(수의계약)에 참여한 경우 유의사항 전부에 대해 동의한 것으로 간주되어, 매수자나 제3자의 법률적 해석을 근거로
매매계약 등 공매 조건을 부인, 변경 요청할 수 없습니다.

-본건 공매부동산에 관한 자세한 현황은 온비드 공고상 첨부된 공매공고 및 감정평가서 등을 토대로 입찰자가 직접
제반서류 및 현장 등을 확인하셔야 하며, 사진 및 첨부파일, 공고내용 등의 내용과 실제 현황이 다른 경우라도 매도자는
이에 대해 책임을 부담하지 않습니다.
(만일, 공고내용과 물건등록내용, 첨부파일 등의 내용이 상이한 경우에는 반드시 공매 담당자에게 연락을 주시기 바랍니다.)

*물건 전입세대에 대하여 신영부동산신탁은 확인하지 않습니다.
*세부내역은 첨부 공매공고안을 참고하시기 바랍니다.

- 🗎 감정평가서 쌍동 277-■(강　자).pdf (13.63 MB)
- 🗎 공매공고(안) 신영부동산신탁 온비드 강　자.hwp (105.00 kB)
- 🗎 매매계약서 신영부동산신탁 강　자.docx (27.49 kB)

[닫기]

'공고문 확인' 옆의 네모칸(□)을 클릭하고, 확인 및 입찰참가자 준수규칙 하단 '동의합니다'에 체크까지 마친 후 '다음단계' 클릭

	공고문 확인	☑ 위 내용을 확인하였습니다.

▌입찰참가자준수규칙 동의

- 입찰에 참가하시기 전에 반드시 입찰참가자준수규칙, 공매공고문 등에 명시되어 있는 유의사항 및 준수사항을 숙지하셔야 합니다. 동 사항을 확인하지 않고 입찰에 참가하여 발생한 손해에 대한 책임은 입찰자에게 있습니다.
- **반드시 아래 사항을 읽어보시고 계속 진행하시기 바랍니다.** 전문보기

전자자산처분시스템 최고가입찰참가자 준수규칙

개정 : 2023.08.25

제1조(목적 및 적용범위)

이 준수규칙은 한국자산관리공사(이하 "공사"라 합니다)가 관리 · 운영하는 전자자산처분시스템인 온비드(OnBid)에서 이용기관회원이 실시하는 재산 및 물품의 관리 · 처분을 위한 전자입찰에 참가하려는 자가 입찰서를 제출하는 경우 준수하여야 할 규칙을 정함을 목적으로 합니다.

☑ 동의합니다.

취소   **다음단계**

③ 입찰서 작성

입찰

1 입찰정보확인 및 준수규칙등의 **2** 입찰서작성 및 제출 **3** 입찰서 제출완료 및 보증금납부안내

[주거용건물 / 다세대주택] 경기도 광주시 초월읍 쌍동리 2' **1호 다세대주택**

[제공고] [매각] [인터넷] [기타일반재산] [일반경쟁] [최고가방식] [총액]

공고번호	202406-24388-00	공고명	[개별매각] 경기도 광주시 초월읍 쌍동리 1동 3개호
물건관리번호	2024-0200-012140	감정평가금액	358,000,000원
입찰시작일시	2024-07-08 10:00	입찰마감일시	2024-07-12 17:00
개찰일시	2024-07-15 08:30	개찰장소	온비드
입찰집행기관	신영부동산신탁(주)	진행상태	인터넷입찰진행중
입찰보증금율	10%	입찰구분	인터넷
대금납부방법	일시불	대금납부기간	매매계약 체결 후 30일까지
회차/차수	1/1	최저입찰가	358,000,000원

▌입찰금액 및 보증금 납부 방식 선택

입찰방법	☑ 본인입찰 ☐ 대리입찰(서류제출방식) ☐ 공동입찰 ○ 전자서명방식 ○ 서류제출방식
최저입찰가	358,000,000원
입찰금액	359000000 원 (금 · 원) · 입력하신 금액은 최저입찰가의 -%입니다. [🖩 보증금계산]
입찰보증금액	· 보증금액은 '입찰금액X입찰보증금율(입찰금액의 10%)' 로 계산됩니다. 35,900,000 원 (금 삼천오백구십만원) [🖩 납부총액확인]
납부총액	**35,900,000원** (금 삼천오백구십만원) · 입찰을 위해 납부하실 보증금액입니다
입찰보증금 납부방법 선택	● 현금 ○ 전자보증서 선택 ⌄
입찰보증금 납부계좌 발급은행 선택 ❓	[●우리은행] [IBK기업은행] [●신한은행] [BNK 부산은행] [KEB 하나은행] ※ 입찰서 제출이 완료되어야 입찰보증금 납부계좌가 발급되며, 납부계좌 번호는 ① 입찰 완료 화면 또는 ③"나의 온비드 > 입찰관리 > 입찰진행내역"에서 확인하실 수 있습니다.
환불계좌	수협)10317 ⌄ [🖩 환불계좌추가] ※ 환불계좌란 입찰보증금을 납부하고 입찰참가 후 환불사유가 발생한 경우(낙찰받지 못하거나 입찰이 취소된 경우 등)에 납부한 입찰보증금을 환불받기위한 계좌를 의미합니다. · 환불계좌에서 이체하는 방법으로만 입찰보증금 납부가 가능하오니 등록 전 정상 거래 가능 여부 및 이체 한도 등을 꼭 확인해 주시기 바랍니다.

④ 주의 사항 아래 네모칸(□) 체크 클릭 및 입찰서 제출 클릭

※ 앞서 안내한 나.의 주의 사항을 반드시 읽어보고 입찰을 진행해주시기 바랍니다.

☑ 각 항목의 모든 주의사항을 숙지하였으며, 입찰서를 최종 제출하는 것에 동의합니다.

취소 　　입찰서 제출

⑤ 중요 체크리스트 6군데 체크 후 하단 '동의' 클릭

중요 체크리스트 ☒

구분	내용	확인
집행기관	입찰공고에서 낙찰까지 모든 절차는 이용기관과 판단에 근거한 행위임을 알고 있습니까?	☑
공고내용	해당 공고내용 및 물건상세 정보를 확인했고 충분히 인지하고 있습니까?	☑
입찰참가자 준수규칙	명시된 준수사항을 읽어보았으며, 숙지하였습니까? ※ 입찰서 제출 후, 변경 및 취소 불가	☑
입찰서 작성	입찰금액 등 모든 입찰정보는 정확히 입력했습니까?	☑
입찰보증금	입찰보증금은 입찰서 제출 시 등록하신 환불계좌에서 이체하는 경우에만 납부 가능함을 인지하고 있습니까?	☑
	입찰보증금 미납부시, 해당 입찰은 최종 무효처리 됨을 알고 있습니까?	☑

※ 중요정보에 대한 미확인으로 인한 책임은 입찰자에게 있습니다.

동의

⑥ 인증서 선택 창에서 간편인증 클릭(공동인증서도 가능)

인증서 선택

간편인증

공동인증서
(구 공인인증서)

다음의 '확인' 클릭

전자서명 정보 ☒

물건명 : 경기도 광주시 초월읍 쌍동리　　　　1호
다세대주택
물건관리번호 : 2024-0200-012140

입찰자 성명 : 오수근
입찰자 주민등록번호 : 50128-*******

입찰금액 : 359000000원
입찰보증금 : 35,900,000원
보증금 납부방식 : 현금
입찰서제출일 : 2024년 7월 12일
입찰구분 : 본인 입찰

환불계좌번호 : 수협　　010317

확인

⑦ 카카오톡 클릭, 기타 입력 후 하단 서명 요청 클릭 – 핸드폰 화면상
  인증하기 클릭 – 서명 요청 클릭

⑧ 핸드폰 인증 완료 후 다음의 화면에서 '인증 완료'를 클릭하면, 입찰서
  제출 알림 화면이 보임

⑨ 제출완료 후 '나의 입찰내역 확인' 클릭

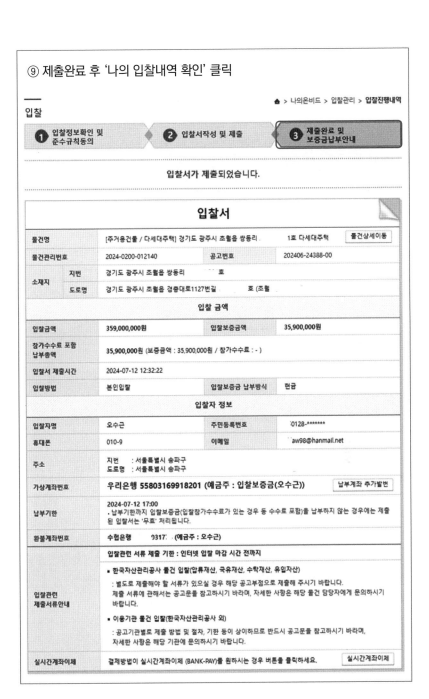

입찰

🏠 > 나의온비드 > 입찰관리 > **입찰진행내역**

① 입찰정보확인 및 준수규칙동의	② 입찰서작성 및 제출	③ 제출완료 및 보증금납부안내

입찰서가 제출되었습니다.

입찰서

물건명	[주거용건물 / 다세대주택] 경기도 광주시 초월읍 쌍동리 · 1호 다세대주택			**물건상세이동**
물건관리번호	2024-0200-012140	공고번호	202406-24388-00	
소재지	지번	경기도 광주시 초월읍 쌍동리 ··· 호		
	도로명	경기도 광주시 초월읍 경충대로1127번길 ··· 호 (초월)		

입찰 금액

입찰금액	359,000,000원	입찰보증금액	35,900,000원
참가수수료 포함 납부총액	35,900,000원 (보증금액 : 35,900,000원 / 참가수수료 : -)		
입찰서 제출시간	2024-07-12 12:32:22		
입찰방법	본인입찰	입찰보증금 납부방식	현금

입찰자 정보

입찰자명	오수근	주민등록번호	0128-*******
휴대폰	010-9···	이메일	···aw98@hanmail.net
주소	지번 : 서울특별시 송파구 ··· 도로명 : 서울특별시 송파구 ···		
가상계좌번호	우리은행 55803169918201 (예금주 : 입찰보증금(오수근))		**납부계좌 추가발번**
납부기한	2024-07-12 17:00 · 납부기한까지 입찰보증금(입찰참가수수료가 있는 경우 등 수수료 포함)을 납부하지 않는 경우에는 제출된 입찰서는 '무효' 처리됩니다.		
환불계좌번호	수협은행 9317· (예금주 : 오수근)		
입찰관련 제출서류안내	입찰관련 서류 제출 기한 : 인터넷 입찰 마감 시간 전까지 ■ 한국자산관리공사 물건 입찰(압류재산, 국유재산, 수탁재산, 유입자산) : 별도로 제출해야 할 서류가 있으실 경우 해당 공고부점으로 제출해 주시기 바랍니다. 제출 서류에 관해서는 공고문을 참고하시기 바라며, 자세한 사항은 해당 물건 담당자에게 문의하시기 바랍니다. ■ 이용기관 물건 입찰(한국자산관리공사 외) : 공고기관별로 제출 방법 및 절차, 기한 등이 상이하므로 반드시 공고문을 참고하시기 바라며, 자세한 사항은 해당 기관에 문의하시기 바랍니다.		
실시간계좌이체	결제방법이 실시간계좌이체 (BANK-PAY)를 원하시는 경우 버튼을 클릭하세요.		**실시간계좌이체**

- 입찰보증금 납부 관련 주의사항
  - (납부 방법) 입찰보증금은 입찰서 제출 시 등록한 환불계좌에서 입찰보증금 납부용 가상계좌로 이체하는 방법으로만 입금하여야 합니다.(단, 10억 원 이상의 입찰보증금을 한 번에 입금하는 경우에는 예외로 합니다)
    * 입.출금 거래가 가능한 일반 계좌 등록 요함
    * 카카오페이, 토스페이 등 각종 페이, 오픈뱅킹, 펌뱅킹, 무통장입금, 증권계좌 등을 이용한 이체 불가
  - (납부 기한) 입찰 마감 시간 전까지 입찰보증금 전액을 납부하지 않은 경우 제출한 입찰서는 무효처리 됩니다.
    * 은행별 금융거래 가능 시간 차이가 있으므로 반드시 이 점 유의하셔서 입찰보증금을 납부하시기 바랍니다.
    * 입찰보증금을 지준이체로 납부하는 경우 이체가 지연될 수 있으니 입찰마감 전까지 입찰보증금 납부용 가상계좌로 입금이 완료되었는지 여부를 꼭 확인해주시기 바랍니다.
  - (분할 납부) 납부 총액(입찰보증금과 참가수수료를 포함한 금액을 의미합니다)이 1천만 원을 초과하는 경우 분할 납부가 가능합니다.
  - (입금 시 유의사항) 입찰보증금 납부용 가상계좌 번호 착오 및 이중 입금에 따른 책임은 입찰자가 부담하므로 입찰보증금 납부용 가상계좌를 꼭 확인해 주시기 바랍니다.
  - (입금 확인) 보증금을 납부한 이후 [나의 온비드 > 입찰관리]에서 보증금 정상 납부 여부를 꼭 확인해 주시기 바랍니다.

- 공동입찰, 대리입찰 및 미성년자(만 19세 미만의 자) 입찰 관련 유의 사항
  - (공동입찰 전자서명방식) 대표입찰자를 제외한 다른 공동입찰자 전원이 입찰마감시간 전까지 온비드에서 공동입찰 전자서명을 완료하여야 합니다.
  - (공동입찰 서류제출방식) 공동입찰참가신청서(캠코 압류재산의 경우 '공동매수신청서')를 정해진 기한까지 공고기관의 담당자에게 제출하여야 합니다.
  - (대리입찰) 대리입찰신청서 등 공고기관에서 요구하는 서류를 정해진 기한까지 공고기관의 담당자에게 제출하여야 합니다.
  - (미성년자) 미성년자 입찰 참가 동의서(캠코 압류재산의 경우 '미성년자 매수신청 동의서') 등 공고기관에서 요구하는 서류를 정해진 기한까지 공고기관의 담당자에게 제출하여야 합니다.

나의입찰내역확인   인쇄

---

⑩ '상세이동' 클릭

입찰진행내역

🏠 > 나의온비드 > 입찰관리 > **입찰진행내역**

・회원님의 입찰서 제출 내역으로 입찰보증금 및 참가수수료가 있는 경우 동 수수료의 납부여부 및 입찰건의 진행상태를 확인하실 수 있습니다.

일반입찰내역 (2)	공동입찰내역 (0)

10줄씩 보기   정렬

입찰서 제출일	입찰보증금 참가수수료	물건관리번호 / 물건명 / 최저입찰가(예정금액)		입찰마감일시 개찰일시	진행상태	입찰상세
2024-07-12	미납 -	2024-0200-012140 경기도 광주시 초월읍 쌍동리.. 다세대주택 358,000,000원	I호	2024-07-12 17:00 2024-07-15 08:30	인터넷입찰진행중	상세이동

・[입찰진행내역] 메뉴에서는 입찰서 제출 후 개찰 완료 전까지의 내역이 표시됩니다.
・개찰 완료된 입찰건은 [입찰결과내역] 메뉴를 통해 확인하시기 바랍니다.
・입찰상세의 [상세이동]을 클릭하시면 입찰서 제출 내용 및 등록한 환불계좌정보 등을 확인하실 수 있습니다.
・발급받은 납부계좌로 입찰보증금 납부가 불가능한 경우에는 다른 은행의 입찰보증금 납부계좌를 추가 발급 받으실 수 있습니다.

진행중입찰내역

물건관리번호 : 2024-0200-012140
[부동산 / 주거용건물 / 다세대주택] 경기도 광주시 초월읍 쌍동리   호 다세대주택 　상세이동

재공고 | 매각 | 인터넷 | 기타일반재산 | 일반경쟁 | 최고가방식 | 총액

처분방식	매각	입찰방식	일반경쟁(최고가방식)
회차/차수	1/1	진행상태	인터넷입찰진행중
입찰기간	2024-07-08 10:00 ~ 2024-07-12 17:00		
개찰일시	2024-07-15 08:30		
감정평가금액	358,000,000원	최저입찰가	358,000,000원

▌입찰내용

입찰방법	본인입찰	입찰서 제출일시	2024-07-12 12:32:22　입찰서출력
입찰금액	359,000,000원		
납부총액	35,900,000원 (보증금: 35,900,000원 / 잔가수수료: -)		
보증금 납부방식	현금	보증금 납부기한	2024-07-12 17:00
환불계좌정보	수협은행　010317 (예금주: 오수근)		

▌납부계좌 및 납부내역

납부계좌 추가발번

납부은행	납부계좌	납부금액(원)	보증금 상태 잔가수수료 상태	미납액(원)
우리은행	55803169918201 (예금주:입찰보증금(오수근))	보증금 :　　0 잔가수수료 :　-	미납 -	35,900,000

납부일시	납부은행	납부금액(원)	납부방법	이체메시지
		납부내역이 없습니다.		

▪ 실시간 계좌이체

실시간계좌이체 (BANK-PAY) 를 통해 납부가 가능합니다.

금융결제원에서 제공하는 실시간계좌이체 서비스를 이용하실 경우에는 금융결제원에서 부과하는 별도의 이용수수료가 발생하며 이용자가 부담하셔야 합니다.

실시간 계좌이체 시 개인회원이 이용가능한 인증서: 금융결제원 공동인증서, 금융인증서(관련법령에 따라 주민등록번호 수집이 불가해, 타기관 인증서 이용 고객은 휴대폰인증을 선택하여 이용하시기 바랍니다)

결제관련문의 : 금융결제원 고객센터 1577-5500

[실시간계좌이체] [이용안내 보기 ∨]

☑ 주의사항

- **(현금으로 입찰보증금을 납부하실 경우)** 입찰보증금은 입찰서 제출 시 등록한 환불계좌에서 입찰보증금 납부용 가상계좌로 이체하는 방법으로만 입금하여야 합니다.(단, 10억 원 이상의 입찰보증금을 한 번에 입금하는 경우에는 예외로 합니다)
  * 입.출금 거래가 가능한 일반 계좌 등록 요함
  * 카카오페이, 토스페이 등 각종 페이, 오픈뱅킹, 펌뱅킹, 무통장입금, 증권계좌 등을 이용한 이체 불가

- **(전자보증서로 입찰보증금을 납부하실 경우)** 입찰참가수수료가 있을 경우 입찰참가수수료를 입찰마감일시까지 수수료 납부계좌로 입금하셔야 유효한 입찰이 됩니다.

- **(보증금이 거액인 경우)** 금융결제원의 타행이체 한도(은행창구 이용 시 최고 1억원, CD공동망 이용 시 최고 6백만 원, 전자금융망 이용 시 최고 10억 원 이내에서 은행별 자율 결정)에 의해 납부되지 않을 수 있사오니 사전에 확인하시기 바랍니다.

- **(입찰결과 확인)** 입찰결과는 "나의온비드 > 입찰관리 > 입찰결과내역" 메뉴를 통해 확인하실 수 있습니다. 알림 설정에 동의하신 경우, 휴대폰으로도 입찰결과를 받아 보실 수 있습니다.

- **(계약체결)** 입찰집행기관이 입찰공고 등을 통해 고지한 기한 내에 계약을 체결하여야 하며 자세한 내용은 입찰집행기관 담당자에게 문의하여 주시기 바랍니다. * 전자보증서로 입찰보증금을 납부한 후 낙찰자가 계약을 체결하지 않을 경우, 피보험자(입찰집행기관)는 입찰보증금(보험가입금액)을 한도로 하여 발급기관(서울보증보험)에 보험금을 청구하며, 이 경우 청구하는 보험금의 범위는 「입찰참가준수규칙」에서 정하는 바에 따릅니다.

- **(낙찰 받지 못한 경우)** 현금으로 입찰보증금을 납부하신 경우에는 입찰서 제출 시 등록한 환불계좌로 입찰보증금이 자동 환불처리되며, 전자보증서로 입찰보증금을 납부하신 경우 서울보증보험(주)의 사이버지점에 방문하시어 보험료 환급 가능 여부 등을 확인하시고 청구절차를 진행해 주시기 바랍니다.

- 현금으로 입찰보증금을 납부한 경우 문의처 : 1588-5321(온비드 고객지원센터)
- 전자보증서로 입찰보증금을 납부한 경우 문의처 : 1670-7000(SGI서울보증 고객지원센터)

[목록]

⑪ 개찰 완료 후 '입찰결과 내역' 화면에서 낙찰 여부 확인
  - 화면 속 '나의 입찰 결과'를 클릭하면 낙찰금액, 유효입찰자수, 낙찰
    가율 등 상세입찰정보를 확인할 수 있다. 알림톡 설정 시 휴대폰 문
    자로 입찰 결과를 통지받을 수 있다.
  - 낙찰 안내문 확인, 대금 납부정보, 낙찰 절차에 대한 내용은 입찰 결
    과 상세에서 확인이 가능하다.

부동산담보신탁계약서(안)

제18조(신탁부동산 처분시기)

① 乙은 다음 각 호의 1에 해당하는 경우에 신탁기간 종료 전이더라도 우선수익자의 청구에 의하여 신탁부동산을 처분할 수 있다. 다만, 제3호의 사유 발생으로 위탁자가 우선수익자의 채권을 확보하기에 충분하다고 인정하는 부동산을 추가 제공하는 경우에는 처분하지 아니한다.

1. 우선수익자와 채무자 간에 체결한 여신거래 및 보증채무약정 불이행 시. 단, 甲이 주 채무자가 아닌 경우에는 甲과 우선수익자 간의 보증계약, 담보설정계약 등에 기한 채무 불이행 시
2. 甲이 신탁계약을 위반한 경우
3. 기타 담보가치 저감 등 환가요인 발생 시

② 신탁계약 체결 시 甲으로부터 임대차보증금을 인계받지 못한 乙이 신탁등기 전 주택임대차보호법 또는 상가건물임대차보호법상의 대항력 있는 임차인으로부터 임대차보증금의 반환을 요청받고 동 사실을 甲에게 통지하여 임대차보증금의 반환을 촉구하였으나 甲이 이를 이행하지 아니하는 경우에 乙은 신탁부동산을 처분할 수 있다.

③ 제1항 및 제2항의 경우 乙은 乙에게 신고된 최종 주소로 서면통지 등을 발송하면 보통의 우송기간이 경과한 때에 甲에게 도달한 것으로 보며, 甲은 신탁부동산 처분사실을 사전에 인지하지 못한 이유 등으로 乙에게 처분행위에 대하여 이의를 제기하지 못한다.

다른 신탁회사의 약정 내용(예시)
제18조(신탁부동산의 처분)

① 수탁자는 채무자가 피담보채권에 관한 채무를 불이행하여 기한의 이익이 상실된 경우 위탁자에게 (14)일 이상의 기간을 부여하여 위반사유를 해결하여 없앨 것을 요구하였음에도 불구하고 위탁자가 적절한 조치를 취하지 아니하는 때에는 우선수익자의 서면 요청에 의하여 신탁부동산을 처분할 수 있으며, 우선수익자가 여러 명인 경우에는 최우선 순위인 우선수익자가 서면으로 요청해야 한다.

② 제1항의 경우 수탁자는 우선수익자의 신탁부동산 처분요청을 받은 날로부

터 10일 이내에 내용증명우편으로 처분예정 사실을 위탁자에게 통지하여야 한다. 수탁자가 제1항에 따라 이 신탁계약상 적힌 주소 또는 이 신탁계약 체결 후 위탁자가 신고한 주소로 2회 이상 내용증명우편에 의한 통지를 보냈음에도 불구하고 그 통지가 계속 반송된 경우에는 수탁자의 책임 있는 사유 없이 위탁자의 책임 있는 사유로 위탁자의 변경된 주소 등 소재를 알지 못하는 경우에 한하여 최종 내용증명우편을 발송한 시점에 그 통지가 도달한 것으로 본다.

제19조(처분방법)
① 공개경쟁 입찰로 매각하는 것을 원칙으로 한다. 단, 유찰 시 다음 공매공고 전까지 전차 공매조건으로 수의계약할 수 있다.
② 제20조에서 정한 금액 이상을 제시한 응찰자 중 매수희망금액이 가장 높은 자를 낙찰자로 결정한다.
③ 그 밖의 처분조건 및 처분가격, 방법, 절차 등은 신탁 특약으로 정한다.

제20조(공매 예정가격)
① 신탁부동산의 처분 시 예정가격은 감정평가 전문기관의 감정평가액 이상으로 乙이 결정하는 것을 원칙으로 한다. 다만, 신탁기간 개시 후 6개월 이내로서 가격변동 요인이 발생하지 않을 경우에는 수익권증서상의 신탁부동산 가격 이상으로 乙이 결정할 수 있다.

다른 신탁사의 약정 내용(예시)
① 신탁부동산의 처분 시 예정가격은 **수익권증서에 기재된 재산가액 또는 우선수익권 수익한도 금액 중 큰 금액의 150% 해당 금액을 예정가격**으로 한다. 다만 위탁자 또는 우선수익자의 요청으로 처분을 위하여 별도의 감정평가를 하는 경우에는 동 금액을 예정가격으로 한다.
② 제1항의 예정가격으로 처분되지 않을 경우 다음 처분예정가격은 직전의 처분 시 예정가격을 기준으로 10% 해당액을 순차적으로 차감한 금액으로 한다.

제21조(처분대금 납부기한)

① 신탁부동산 처분대금은 처분계약을 체결한 날로부터 30일(또는 60일) 이내에 완납하는 것을 원칙으로 한다.

② 3회 이상 처분을 시도하여도 처분되지 않을 경우 매수예정자를 용이하게 확보하기 위하여 신탁부동산의 이해관계인이 가지는 채권을 만족시킬 수 있는 범위 내에서 처분대금 납부기한을 연장하여 분할 납부하게 할 수 있다. 이 경우 예정가격은 직전의 처분 예정가격 미만으로 할 수 없다.

기한이익 상실 등 환가사유 발생 및 NPL채권자인 우선수익자의 청구로 공매 절차 시작

채권자인 우선수익자와 위탁자인 채무자, 보증인 또는 물상보증인 간에 체결한 여신거래 및 보증채무 약정 불이행 등 대출의 기한이익을 상실한 경우와 위탁자가 신탁계약을 위반한 경우, 기타 담보가치 저감 등 환가사유 발생 시에 신탁기간 종료 전이더라도 채권자인 우선수익자가 수탁자에게 신탁부동산의 공매 청구를 함으로써 공매 절차가 시작된다. 신탁부동산의 환가 절차인 공매 공고로 사실상 점유자인 위탁자는 실제 점유와 상관없이 신탁 약정상 명도 의무가 발생된다.

상실된 기한이익이 부활하는지 여부(서울남부지방법원 2020. 6. 26. 선고 2019가합104885 손해배상(기) 판결)
① 이 사건 약관 제7조 제5항에 의하면, 채무자가 조합에 대한 채무의 기한의 이익을 상실한 경우라도, **조합의 명시적 의사표시가 있거나**, 분할상환금 · 분할상환원리금 · **이자 · 지연배상금의 수령 등 정상적인 거래의 계속이 있는 때에는**, 그 채무 또는 조합이 지정하는 채무의 기한의 이익은 **그때부터 부활한다.**

환가요청 접수 사실의 통지

우선수익자로부터 환가사유가 기재된 환가요청문을 접수하면 환가 사유 입증 서류를 징구하고, 동 접수 사실을 우선수익자의 환가요청문 사본을 첨부해서 배달증명부 내용증명으로 위탁자 및 채무자에게 통보해야 한다. 수탁자에게 신고된 위탁자의 최종 주소로 서면통지를 발송하면 보통의 우송기간이 경과한 때에 위탁자에게 도달한 것으로 보며, 위탁자는 신탁부동산 처분 사실을 사전에 인지하지 못한 이유 등으로 수탁자에게 처분행위에 대한 이의를 제기하지 못한다.

이는 수탁자가 환가 실행 전에 위탁자 등에게 환가요청 사실을 전달함으로써 선관주의 의무 등 고지 의무를 다하고, 채무자 등에게 연체채무의 변제 기회를 제공하기 위해서다. 수탁자가 직권으로 진행하는 경우에는 우선수익자에게도 환가사유 발생 사실을 통지한다.

기한이익 상실 해소 촉구 및
신탁부동산의 처분

수탁자는 채무자가 기한이익 상실 등의 경우에 신탁기간 종료 전이더라도 우선수익자의 청구에 의해 신탁부동산을 처분할 수 있다. 다만, 담보가치 저감의 경우 위탁자가 우선수익자의 채권을 확보하기에 충분하다고 인정하는 부동산을 추가 제공하는 경우에는 신탁부동산을 처분하지 않는다.

채무자가 피담보채권에 관한 채무를 이행하지 않아 기한의 이익이 상실된 경우, 수탁자는 위탁자에게 14일 이상의 기간을 부여해서 위반 사유를 해소할 것을 촉구한다. 이러한 촉구에도 위탁자가 기한이익 상실을 해소하는 등 기한이익을 부활시키지 못한 경우에는 우선수익자의 서면 요청에 의해서 신탁부동산을 처분할 수 있으며, 우선수익자가 여러 명인 경우에는 최우선 순위 또는 공동 우선수익자가 서면으로 요청할 수 있다.

한편 수탁자는 우선수익자의 신탁부동산 처분 요청을 받은 날로부터 10일 이내에 내용증명 우편으로 처분예정 사실을 위탁자에게 통지해야 한다. 수탁자가 신탁계약상 적힌 주소나 신탁계약 체결 후 위탁자가 신고한 주소로 2회 이상 내용증명 우편에 의한 통지를 보냈음에도, 그 통지가 계속 반송된 경우에 이는 약정상 수탁자의 책임 있는 사유 없이 위탁자의 책임 있는 사유로 위탁자의 변경된 주소 등 소재를 알지 못하는 경우에 해당되기 때문에, 최종 내용증명 우편을 발송한 시점에 그 통지가 도달한 것으로 본다.

기한이익 상실, 공매 신청, 기한이익 상실 해소 이행최고, 환가(공매)처분 개시 순서로 공매가 진행된다(서울중앙지방법원 2017. 4. 27. 선고 2015가단5298272 건물명도 판결 참조).

〈부동산담보신탁계약서〉

A(피고 A, 이하 "위탁자"라 함)은 별지3 기재의 부동산(이 사건 각 부동산, 이하 "신탁부동산"이라 함)을 아시아신탁(원고, 이하 "수탁자"라 함)에 신탁하고 수탁자는 이를 인수함에 있어 다음과 같이 부동산담보신탁계약(이하 "신탁계약"이라 함)을 체결한다.

다. 그 후 피고 A(위탁자)는 2014. 1. 14. 원고(수탁자)의 동의 없이 피고 A의 아버지인 피고 B와의 사이에 이 사건 각 부동산 중 별지1, 2 기재 각 부동산에 관하여 임대차계약을 체결하였고, 피고 B는 현재까지 별지1, 2 기재 각 부동산을 점유하고 있다.

라. 스○이저축은행은 2014년 4월경 피고 A에게 대출금이 **만기가 경과되어 기한의 이익이 상실되었음을 통보**하면서 대출원리금(2014. 4. 16. 기준 2,529,186,044원)을 전액 상환해 달라는 내용의 **기한이익 상실 및 상환 최고 통지서를 내용증명으로 발송**하였고, 2014년 7월경 원고에게 이 사건 각 부동산에 관하여 **우선수익자로서** 채무자인 피고 A에게 **기한이익 상실사유가 발생하여** (상호저축은행 여신거래기본약관 제7조에 의거) 대출금을 상환하기 위해 **공매를 신청**하니 진행해 달라고 요청하였다.

마. 이에 원고는 2014. 7. 17. 피고 A에게 우선수익자인 스○이저축은행이 피고 A의 기한이익상실을 사유로 환가(공매)요청하였음을 통지하니 2014. 8. 6.까지 **환가(공매)처분 요건을 해소한 후 우선수익자의 환가(공매) 철회 요청 등의 확인**

서면을 첨부하여 제출하고 위 이행최고기간 내에 우선수익자의 확인서면이 원고에게 **접수되지 않을 경우에는** 신탁부동산인 이 사건 각 부동산에 대해 이 사건 담보신탁계약에 의거한 **환가(공매)처분을 개시할 예정이라는 내용의 문건을 발송**하였다.

환가를 위한 공매 등
매각 절차 개시

공매는 신탁부동산의 처분에 대해서 불특정 다수인을 상대로 매매 가격을 경쟁시켜 공매 예정가액 이상의 최고가액 입찰자에게 매각하는 방법이다.

신탁부동산 처분 시 공매 예정가격은 위탁자 또는 우선수익자의 요청으로 처분을 위해서 별도의 감정평가를 거쳐 감정평가기관의 감정평가액 이상으로 결정하거나, 감정평가를 생략하고 수익권증서에 기재된 재산가액 또는 우선수익권 수익 한도금액 중 큰 금액의 150% 해당 금액으로 정하기도 한다.

감정평가 업체는 수탁자가 선정하는 것을 원칙으로 하는데, 별도 감정평가를 요청하는 경우에는 공정성을 기하기 위해 2개 업체를 선정해서 감정을 의뢰하고, 2개 업체의 감정가를 평균한 금액 등을 공매 예정가격으로 정한다. 유찰 시에는 직전 예정가액의 10% 이내의 해당액을 순차적으로 차감한 금액을 예정가액으로 한다.

한편 수 개의 담보 부동산이 신탁되고, 우선수익자의 채권 금액이 적어 일부 부동산만 환가해도 채권 회수가 충분히 가능하다면 일부만을 공매 대상으로 확정해서 매각하면 된다. 또한 위탁자 측의 부동산을 과다하게 매각해서 공매 진행 중지 가처분 신청 등의 분쟁을 야기할 필요는 없다.

공매 예정가격을 결정해서 공매 공고 시 건물분의 부가가치세를 예정가격에 포함하거나, 별도로 표시해서 예정가격을 분명하게 적시해야 한다. 공매 공고는 온비드 및 수탁사의 홈페이지 등을 통해 공매예정일로부터 최소 10일 전에 공고해야 한다. 그러면 공매 예정가격 이상 최고액 입찰자를 낙찰자로 정하고, 최종 유찰 시 유찰가격 이상으로 수의계약을 할 수 있다.

입찰보증금은 입찰금액의 10% 이상을 인터넷 입찰 마감 시간 전까지 온비드 지정 계좌에 입금해야 한다. 이때 보증금액은 '입찰금액×입찰보증금율(입찰금액의 10%)'로 계산한다. 공매 개찰 결과에 따라 유찰자의 입찰보증금은 입찰서 제출 시 지정한 환불계좌로 입찰일 익일에 이자 없이 환불되며, 별도의 송금수수료가 발생될 경우에는 입찰보증금에서 이를 차감한다.

처분대금은 계약금과 잔금으로 분할해서 납부하고, 계약금은 입찰보증금으로 갈음한다. 잔금은 매매계약을 체결한 날로부터 30일 또는 60일 이내에 완납해야 한다. 공매 비용의 부담 주체는 위탁자 또는 수익자이며 이는 처분대금에서 우선해서 충당한다. 매매계약서는 수탁자의 표준 매매계약서(표준약관)를 기본으로 작성한다.

공매 공고를 게시한 경우에는 위탁자 또는 수익자, 채무자, 우선수익자, 기타 등기부상 권리자 등에게 공매 공고의 주요 내용 및 게시 장소를 포함한 공매 예정 통지서를 송부한다. 위탁자 또는 수익자에 대한 공매 통지서가 송달되지 않은 경우에는 분쟁을 예방하기 위해서 2회에 한해 주소지 또는 근무지에 등기우편으로 재차 통지한다. 공매 진행은 한국자산관리공사가 관리·운영하는 전자자산처분시스템 내 인터넷 전자입찰 서비스 온비드에서 실시한다.

낙찰자 결정은 최저 매매가격 이상 응찰자 중 최고 금액 응찰자에게 낙찰하는 방식으로 이루어진다. 다만 최고 금액 입찰자가 2인 이상인 경우 온비드 시스템에 의한 무작위 추첨으로 낙찰자가 결정된다. 그런데 현행 공매는 대부분 단독 입찰도 가능한 일반 경쟁 입찰 방식으로, 1인 이상의 유효한 입찰로 성립하기도 한다.

해당 입찰 건의 공고기관이 공지된 날에 낙찰자를 선정하고, 입찰자는 낙찰 여부를 온비드의 입찰 결과 화면인 '나의 온비드 ' 입찰 관리 ' 입찰 결과 내역'에서 확인할 수 있다. 또한 서비스를 신청한 회원에게는 입찰 결과를 이메일이나 휴대폰 문자 메시지(SMS)로도 보내주니, 편리하게 확인이 가능하다.

신탁부동산의
매매계약 체결

　낙찰자는 낙찰일로부터 5영업일 이내(토지거래 허가 또는 신고대상 물건은 주무관청으로부터 허가 또는 신고수리 통보를 받은 날로부터 5일 이내)에 수탁회사 소정의 매매계약서에 의해 수탁자와 계약을 체결해야 한다. 입찰보증금은 계약 체결 시 매매대금으로 대체되며, 계약 체결일로부터 30일(또는 60일로 정한 경우도 있음) 이내에 잔금을 포함한 매매대금 전액(부가가치세 등 포함)을 납부해야 한다.

　만일 계약을 체결하지 않은 경우에는 낙찰을 무효로 하고, 입찰보증금은 수탁자에게 위약금(신탁재산)으로 귀속된다. 이 경우 부가가치세 상당액도 위약금에 포함된다. 매매대금 수납이 완료되면, 매수인에게 등기이전에 필요한 제 서류를 교부하고, 소유권의 이전에 협조해야 한다.

　공매가 유찰될 경우에는 전 차수 공매 예정가격 이상의 금액으로 선착순에 따라 수의계약을 체결할 수 있다. 수의계약을 체결하고자 할 경우에는 매수요청자로부터 매수 희망 금액의 10%에 해당하는 금액과 함께 매수 신청서 및 신청인의 신분을 증명하는 서류를 제출받아야 한다.

공매대금 배당정산

    수탁자는 우선수익자 및 신탁부동산 관련 채권자에게 입증 서류를 첨부한 채권 계산서의 제출을 요청하고, 채권액을 확인한다. 신탁부동산 처분대금의 정산일은 처분잔대금 수납 이후로 한다.

공매 및 신탁계약 종료

    매각 대상 부동산의 소유권 이전 완료 및 신탁등기 말소가 이루어지면, 소유권 이전 결과와 신탁비용 명세표 및 처분대금 정산표, 회수 서류 등을 첨부해서 보관한다. 낙찰자의 소유권 이전 후 점유권원 없는 위탁자 및 임차인 등에 대한 점유이전금지 가처분 신청과 부동산 인도소송에 관해서는 후술하기로 한다.

신탁법 제61조(동전), (현) 신탁법 제101조
신탁이 종료된 경우에 신탁재산이 그 귀속 권리자에게 이전할 때까지는 신탁은 존속하는 것으로 간주한다. 이 경우에는 귀속 권리자를 수익자로 간주한다.

대법원 2002. 3. 26. 선고 2000다25989 판결 [소유권이전등기 등]

신탁법 제61조 본문은 "신탁이 종료한 경우에 신탁재산이 그 귀속권리자에게 이전할 때까지는 신탁은 존속하는 것으로 간주한다"고 규정하고 있는바, 이는 신탁이 종료하여도 그 잔여재산을 귀속권리자에게 완전히 이전시킬 때까지 상당한 시일이 걸리므로, 귀속권리자의 권리를 보호하고 신탁의 나머지 업무를 마치도록 하기 위한 것에 불과하고, 특히 귀속권리자가 위탁자 또는 그 상속인일 때에는 수탁자는 위탁자 또는 그 상속인이나 이들이 지시하는 자에게 남은 재산을 이전하거나 대항요건 등을 갖추도록 하는 직무권한만 갖는다 할 것이므로, 위 법 조항에서 존속하는 것으로 간주되는 신탁은 그 목적에 한정하는 법정신탁이라 할 것이고, 따라서 그 신탁목적 달성에 필요한 비용만 그 법정신탁기간 중의 비용으로 귀속권리자가 상환하여야 한다 하겠는데, 원래의 신탁기간 중에 발생한 비용의 대출이자 등 금융비용은 신탁법 제61조에 의하여 존속하는 것으로 간주되는 법정신탁의 목적 달성에 필요한 비용이라고 볼 수는 없다.

특수 매각 방식인 스토킹 호스 비딩 (Stalking Horse Bidding) 공매는 무엇인가?

가. 수의계약 및 경쟁 입찰의 유리한 점을 혼합한 매각 방식

스토킹 호스 비딩(Stalking Horse Bidding, 이하 스토킹 호스 매각 방식)은 신탁부동산 공매 시 우선매수 의향자(우선매수권자)를 내정해놓고, 경쟁 입찰을 통해 더 유리한 조건을 제시할 다른 낙찰자를 찾는 공매 방식이다. 이는 수의계약 및 경쟁 입찰의 유리한 점을 통합해서 매각의 불확실성을 경감하고, 경쟁 입찰을 통해 내정한 우선매수권자보다 더 높은 가격을 제시한 낙찰자를 예비 낙찰자로 선정할 수 있다.

이 경우 우선매수권자의 매수의향금보다 더 높은 입찰가격을 제시하는 입찰자(이하 예비 낙찰자)가 있을 경우, 우선매수권자에게 예비 낙찰자가 제시한 금액에 매수할 수 있는 권리(이하 우선매수권)의 행사권을 1회 부여한다.

이후 우선매수권자가 우선매수권 행사 시 예비 낙찰자는 낙찰받을 권리를 상실하게 되며, 이때 예비 낙찰자에게는 별도의 보상이 지급되기도 한다(토핑피, Topping fee : 우선매수권자가 최초 제시한 매수의향금의 2% 금액). 그런데 우선매수권자가 개찰일로부터 3영업일간 우선매수권을 행사하지 않는 경우, 예비 낙찰자를 최종 매수인으로 확정해 그와 계약을 체결하게 된다.

이처럼 스토킹 호스 매각 방식은 사전에 내정한 우선매수권자가 있어 매각의 불확실성이 경감되고, 추가적인 공개경쟁 입찰로 매각가격을 더 상승시킬 수 있는 여지가 있다. 이는 매각가격을 끌어올리기 위한 숨은 우선매수 조건부 공개경쟁 입찰이라고 할 수 있다.

한편 민사집행법상 공유자는 타 공유물의 경매 시 우선매수권이 있는데, 경매의 경우 가장 높게 제시된 가격으로 공유자가 우선매수 할 수 있는 권리를 주고 있으며, 법원은 다른 경매 응찰자가 있다고 하더라도 공유자에게 매각을 우선적으로 허가하도록 규정하고 있다.

법원에 의해 정상적인 입찰 절차를 진행하고, 그 절차를 통해 최고 매수신고가격이 결정되면 공유자는 그 가격과 동일한 금액으로 자신이 매수할 것인지를 결정할 수 있게 된다. 만일 공유자가 예상한 가격보다 높게 가격이 결정되었을 경우, 공유자는 우선매수를 포기할 수 있다.

이와 같은 공유물 공유자의 우선매수권은 마치 스토킹 호스 매각 방식에서의 내정자 우선매수권과 유사한 부분이 있다.

나. 스토킹 호스 매각 방식으로 최고의 낙찰가(150%)를 얻은 사례

다.에서 다룰 하나은행의 실제 사례를 간략히 살펴보면, 여기서 하나은행은 업무용 부동산 등을 ㈜하나자산신탁에 처분 위탁 후 2차 유찰가격(물건번호 1번) 6,050,000,000원인 시점에서 스토킹 호스 매각 방식으로 매각 방식을 변경해 우선매수자를 내정해놓았다. 그리고 공개경쟁 매각 공고 후 2차 가격의 150% 수준인 9,000,501,520원에 매각되게 함으로써 매각가격을 극대화시켜 공매의 흥행에 크게 성공했다.

2.최저입찰가격 및 입찰기간, 개찰일시

물건번호	차수	최저입찰가격	입찰기간	개찰일
1	2차	6,050,000,000	2021.01.06.(수) 10:00 ~ 2021.01.26.(화) 16:00	2021.01.27.(수) 10:00
2	6차	3,700,000,000		

다. 스토킹 호스 매각 신탁부동산 공매 입찰 공고 실제 사례

하나은행 처분신탁부동산 공매(입찰) 공고 – 스토킹 호스 매각 방식
매각대상 : 서울특별시 구로구 오류동 37-XX 대 360㎡ 등 2건

■ 매각 방식(중요)
• 본 공매는 공개경쟁 입찰[스토킹 호스(Stalking Horse Bidding, 우선매수권자 계약) 방식의 매각]로 진행합니다.
• 스토킹 호스(Stalking Horse Bidding) 방식의 매각 절차에 따라, 상기 매매목적물은 본 공매 공고 전 매수의향자(이하 '우선매수권자')와 부동산 매매의향서가 체결되어 있습니다.
• 본 공개경쟁 입찰을 통하여 우선매수권자의 매수의향금 보다 더 높은 입찰가격을 제시하는 입찰자(이하 '예비낙찰자')가 있을 경우에는 우선매수권자에게 예비

낙찰자가 제시한 금액에 매수할 수 있는 권리(이하 '우선매수권')를 행사할 수 있는 기회를 1회 부여합니다.

- 우선매수권자가 상기 우선매수권을 행사하는 경우 예비 낙찰자는 낙찰받을 권리를 상실하게 되며, 이 경우 예비 낙찰자에게는 별도의 보상(Topping fee : 우선매수권자가 최초 제시한 매수의향금(VAT제외)의 2% 금액(VAT제외))이 지급됩니다.

- 만약 우선매수권자가 개찰일로부터 3영업일간 우선매수권을 행사하지 않는 경우 예비 낙찰자를 최종 매수인으로 확정하여 계약을 체결하게 됩니다.

- 매수인은 공매 공고, 스토킹 호스(Stalking Horse Bidding) 매각 방식, 입찰참가자 준수규칙, 매매계약서 등 입찰에 필요한 모든 사항에 관하여 입찰 전에 완전히 이해한 것으로 간주되며, 이를 이해하지 못한 책임은 매수인에게 있습니다. 동 규칙과 매매계약서는 당사에 비치되어 있으니 사전에 열람하시기 바랍니다.

- 본 공매는 스토킹 호스(Stalking Horse Bidding) 방식의 매각 절차에 따라 우선매수권자가 존재하며 우선매수권자에게 우선매수권이 부여되어 있습니다. 이와 관련 우선매수권자가 우선매수권을 행사하는 경우 예비 낙찰자는 낙찰받을 권리를 상실하게 되며 우선매수권자가 우선매수권을 포기하는 경우에 예비 낙찰자는 최종 매수인으로 선정됩니다. 이와 관련 입찰자 및 매수인은 본 공매 입찰 전에 인지 또는 이해하지 못한 사유 등으로 당사에 일체의 이의를 제기할 수 없습니다.

■ 계약 체결

- 스토킹 호스(Stalking Horse Bidding) 방식 매각 절차에 따라 우선매수권자가 개찰일로부터 3영업일 안에 우선매수권을 행사하지 않는 경우에는 예비 낙찰자를 최종 매수인으로 확정하여 계약을 체결합니다.

- 최종 매수인으로 선정된 예비 낙찰자는 유선 통지일로부터 3영업일 이내에 계약을 체결하여야 하며, 계약을 체결하지 않을 시 낙찰은 취소로 하고 예비 낙찰자의 입찰보증금은 수탁자(신탁재산)에 귀속됩니다. 또한 예비 낙찰자가 3영업일간 연락을 받지 않거나 연락처의 오기로 인한 통지 수령이 불가한 경우에 낙찰이 취소될 수 있으며 이에 대하여 당사에서는 일체의 책임을 지지 않습니다.

신탁부동산 NPL 투자 이론 완전 정복

제1판 1쇄 2024년 11월 11일

지은이 오수근, 박수호
펴낸이 한성주
펴낸곳 ㈜두드림미디어
책임편집 김가현, 배성분
디자인 노경녀(nkn3383@naver.com)

㈜두드림미디어
등 록 2015년 3월 25일(제2022-000009호)
주 소 서울시 강서구 공항대로 219, 620호, 621호
전 화 02)333-3577
팩 스 02)6455-3477
이메일 dodreamedia@naver.com(원고 투고 및 출판 관련 문의)
카 페 https://cafe.naver.com/dodreamedia

ISBN 979-11-94223-23-8 (03320)